春秋卦

傅剑仁◎著

花山文艺出版社

图书在版编目（CIP）数据

春秋卦 / 傅剑仁著．—石家庄：花山文艺出版社，2017.3（2017.12 二版，2018.10 重印）

ISBN 978-7-5511-3272-5

Ⅰ．①春… Ⅱ．①傅… Ⅲ．①散文集—中国—当代
Ⅳ．①I267

中国版本图书馆CIP数据核字（2017）第041655号

书　　名： 春秋卦
著　　者： 傅剑仁

策　　划： 张采鑫
责任编辑： 梁　瑛
责任校对： 李　鸥
封面设计： 景　轩
美术编辑： 胡彤亮
出版发行： 花山文艺出版社（邮政编码：050061）
（河北省石家庄市友谊北大街330号）
销售热线： 0311-88643221/29/31/32/26
传　　真： 0311-88643234
印　　刷： 大厂回族自治县正兴印务有限公司
经　　销： 新华书店
开　　本： 700×1000　1/16
印　　张： 19.75
字　　数： 260千字
版　　次： 2017年12月第2版
2018年10月第2次印刷
书　　号： ISBN 978-7-5511-3272-5
定　　价： 38.00元

目　录

第三部分　布道之春秋

第四部分　素描之春秋

《春秋卦》导读

春秋，即历史。据说商代一年分春秋二季，之后的西周，一年分春夏秋冬四季。各诸侯国的史官，冠“春秋”之名而载历史。墨子说：“吾见百国《春秋》。”《汉书·艺文志》载：“古之王者世有史官，君举必书，所以慎言行，昭法式也。左史记言，右史记事，事为《春秋》，言为《尚书》，帝王靡不同之。”

卦，并非等同占卜术。八卦，传说起源于人文始祖伏羲，用“——”代表阳，用“– –”代表阴，用三个这样的符号，组成八种形式，叫作八卦。每一卦代表一定的事物。乾代表天，坤代表地，坎代表水，离代表火，震代表雷，艮代表山，巽代表风，兑代表泽。八卦互相搭配又得到六十四卦，用来象征各种自然现象和人事现象。故说，卦，源于唯物现象，其深刻的意蕴，是变化无穷的唯物辩证法。

卦，是事物发展规律的认知路径。

春秋时期，翻天覆地的变动，契合的是卦。

全书分四部分，分别作导读提示。

第一部分：大师之春秋

从春秋到战国，再到秦汉，是中华民族思想理论集大成的重要历史阶段，儒、墨、道、法、兵、卦等思想理论体系，在诸子百家的理论碰撞中，溅出全人类最绚丽的火花，形成了较为完整的治国理政思潮，流传至今仍光彩耀世！

站在这个历史流程中的思想理论大师众多，本书之所以选择晏子、孔子、吕不韦、董仲舒与春秋联系起来写，是因为这四位大师的著作，都以“春秋”冠名，且写的内容都是炎黄祖先格物、致知、诚意、正心、修身、齐家、治国、平天下的精彩故事。

虽然四位大师的思想理论，同出炎黄祖先一源，但论述的出发点、阐释的视角又各有见地。这对炎黄祖先的思想理论体系，无疑是极大的丰富、扩展。不仅使得炎黄子孙能更完整、更全面地学习、领悟，而且也能更深刻地认知四位大师各不相同的理论智慧。

第二部分：争霸之春秋

春秋，演绎的是争霸之春秋。

春秋有“五霸”之说。《荀子·王霸》的排序是：齐桓公、晋文公、楚庄王、吴王阖闾、越王勾践。《风俗通·五伯》的排序是：齐桓公、晋文公、秦穆公、宋襄公、楚庄王。

除了齐桓公、晋文公、楚庄王始终在霸主的序列外，秦穆公、宋襄公、吴王阖闾、越王勾践是不是霸主，史学家争论不休，质疑不断。

秦穆公虽未称霸中原，但他称霸西域，无可厚非，当是霸主。

吴王阖闾把强大的楚国打残了，帮中原诸国出了口气，他虽在霸主的平台没晃几下便下来了，但毕竟上去过。

越王勾践灭吴后，周王室送去了胙肉，被封赏为“侯伯”，也算有个正式的霸主注册。

至于宋襄公被称作霸主，难以令史学家信服。他在齐桓公去世后，觉得是个机会，摆出霸主的谱搞多国会盟，结果霸主没当成，还被楚军俘虏。这等霸主，历史的底气不足。

鉴于以上情况，笔者所写的“争霸之春秋”，舍下了宋襄公，加上了郑庄公。

郑庄公不被周王室认定为霸主，源于他与周王室的恩怨。郑庄公作为周王室的上卿，二十多年未履行“替天子讨不庭”的职责，周平王气不过，周桓王也气不过，虽然他高举“尊王攘夷”的大旗，极力与周王室修好，但周王室不认账，周桓王还率诸多小国对郑国群殴。郑庄公忍了又忍，绝地反击，本可乘胜将周王朝灭掉，可他在关键时刻，让出道来，叫周桓王体体面面地回去。这一做法本身，便是霸主作为，符合“以力假仁者霸”的春秋大义。

第三部分：布道之春秋

春秋，是齐、晋、楚、秦等强国用武力争霸之春秋，也是儒、墨、道、法、卦、兵等百家用思想理论争鸣之春秋。争霸演绎的是众多诸侯国的消亡，争鸣演绎的是思想文化的百花齐放。

把各自创立的思想理论推广、传播，是春秋强国争霸天下的重要组成部分。

于是，老子骑着青牛，走出周朝的深宫大院，朝西域走去……

于是，孔子走下讲坛，“莫春者，春服既成，冠者五六人，童子六七人，浴乎沂，风乎舞雩，咏而归……”

于是，墨子昼夜兼程赶到楚国，与制造了云梯的鲁班演绎城池攻防决战……

于是，孙子斩吴王宠妃而列兵布阵，扬威中原……

于是，列子“泠然善也，旬有五日而后反”。不仅在他乘风所到之处，枯木逢春，重现生机，而且带回了“愚公移山”“鲲鹏展翅”等大量恢奇怪诞、气伟而采奇的寓言故事……

炎黄祖先的诸多大师，为炎黄子孙贡献了各不相同的布道高招。

第四部分：素描之春秋

孔子说儿子孔鲤：“不学《诗》，无以言。”为什么？

不只是鲁国有史官，各诸侯国都有史官，“君举必书”。他们敢秉笔直书，为后人记载真实的史实吗？孔子说，史官敢！齐国的史官，因为记载“崔抒弑君”，前赴后继，太史伯的脑袋落地，太史仲拿着写好的“崔抒弑君”来了，太史仲的脑袋落地，太史叔拿着写好的“崔抒弑君”来了，太史叔的脑袋落地，太史季拿着写好的“崔抒弑君”来了……

炎黄祖先“无罪推定”的法治理念，早于西方法治先进国家的年头，用手指扳着算不过来，得用计算机来算……

漫游在水里的鱼儿，见到西施浣纱，忘了游水，渐渐沉入水底；天空飞翔的大雁，见到西施浣纱，忘了展翅，掉落地上。华夏史上第一位美女西施，经历多少磨难，才跟范蠡跑的……

还有春秋的战争礼仪、炎黄祖先的见面礼、老祖宗对国宝的看法、拒收礼物的高招等等今天的我们看来稀罕的事情，春秋都用最原始的素描，作了最精彩、最灵动的诠释。

最后附录与春秋相关的二文。一篇是，我就《郑伯克段于鄢》发表过一篇文章，巨五一先生读后写的与我交流的文章。五一先生读了大量的古籍，他又擅长思改，且常把我国的某一历史事件，与古希腊、古印度，包括西方国家同期发生的历史事件进行比较、分析，从中寻找历史发展的巧合，特别是这种“巧合”背后人类发展史的密码。五一先生在该文中，特地对孔子作的《春秋》，以及由此延伸并扩展的左氏、公羊、穀梁等人的《春秋》进行了比较分析，这对于加深理解《春秋卦》一书很有助益，故收入本书。另一篇是，我写的《黄河壶口——龙上水》。这是一篇即兴写的散文，读下来与《春秋卦》内涵吻合，故作为附文收入。

第一部分

大师之春秋

从春秋到战国，再到秦汉，是中华民族思想理论集大成的重要历史阶段，儒、墨、道、法、兵、卦等思想理论体系，在诸子百家的理论碰撞中，溅出全人类最绚丽的火花，形成了较为完整的治国理政思潮，流传至今仍光彩耀世！

站在这个历史流程中的思想理论大师众多，本书之所以选择晏子、孔子、吕不韦、董仲舒与春秋联系起来写，是因为这四位大师的著作，都以“春秋”冠名，且写的内容都是炎黄祖先格物、致知、诚意、正心、修身、齐家、治国、平天下的精彩故事。

虽然四位大师的思想理论，同出炎黄祖先一源，但论述的出发点、阐释的视角又各有见地。这对炎黄祖先的思想理论体系，无疑是极大的丰富、扩展。不仅使得炎黄子孙能更完整、更全面地学习、领悟，而且也能更深刻地认知四位大师各不相同的理论智慧。

晏子与《春秋》

晏子，名叫晏婴，春秋后期齐国人，任齐卿，先后相齐灵公、齐庄公、齐景公，长达半个多世纪，相齐景公时间最长。

《晏子春秋》主要记载的是他相齐景公时的事情，特别是他面对和处理一些事情时，对儒家理念的阐释和光大。

晏子长相不起眼，不仅个子矮小，而且身材比例和五官配置也不精致。如此一个其貌不扬之人，为何能相齐三君，且令当时诸侯国及后人景仰呢？《晏子春秋》读下来，冲击我意识最强烈的，是他高尚的民本思想，以及由此派生出来的民本智慧。

《晏子春秋》载，因劝谏而引起齐君“不悦”“忿然作色”近二十次，因此而辞相达十多次，还被罢相多次，齐灵公、齐庄公、齐景公都罢过他的相位，最长一次被齐景公罢相七年。但三位罢过晏子相位的齐君，最终还是把他召回，继续听他直言无隐的劝谏。

齐灵公有个癖好，喜欢身边的嫔妃穿男人的服饰。这一来，齐国大街小巷见不到穿花衣裳、穿裙子的女人了，引起其他诸侯国的耻笑。齐灵公于是下令，禁止女子穿男装，否则，“裂其衣，断其带”。这一君令下去，满大街都是撕破的衣服和扯断的衣带，但女穿男装的人不仅不见减少，反而日渐增多。齐灵公不解，问计于晏子，晏子说：你宫内的女人穿男装，却禁止宫外的女人穿，这就好比挂牛头卖马肉，怎么能叫人信服呢？只有“使内勿服，则外莫敢为也”。齐灵公听计，一个月后，大街小巷就见不到穿男装的女人了。

齐灵公之后，齐庄公继位，他尚武好斗，穷兵黩武，刚愎自用，听不得逆耳之言，坚持直言相谏的晏子不被齐庄公待见。但国家安危的关键时刻，又不得不仰仗晏子。一次，晏子出使离开齐国，齐庄公关起宫廷大门，谋划攻打莒国之事。没过两天，齐国都城发生动乱，人们以为发生了宫廷政变，纷纷操起兵器，冲向大街小巷。齐庄公慌了，急忙找人商议对策。商议出来的对策就是一句话：“孰谓国有乱者，晏子在焉。”这句话一传出，人们收起兵器，纷纷回到家中。

即便晏子在齐国有如此大的稳定作用，但他的直谏还是使得齐庄公对他很是讨厌。晏子不看齐庄公的眼色，每上朝都坦言直谏。结果是，谏一次，齐庄公收回一次分封给晏子的封邑和财物。几乎没有什么可收的时候，齐庄公与臣僚喝酒，见晏子不在，特地把他叫来。晏子一到，齐庄公令乐工演唱：“已哉已哉！寡人不能说也，尔何来为？”翻译成白话即是，“算了吧算了吧！寡人不喜欢你，你来做什么呢？”晏子刚进宴会大厅，热热闹闹，没听清乐工演唱的是什么。齐庄公看晏子没听清，令乐工连唱了三遍。这下晏子听清了，从座席起身，面朝北一屁股坐在地上。齐庄公问他为何坐在地上，晏子回答说：打官司的人是坐在地上的，我坐在地上，就是要与你打官司。晏子的讼词是：“婴闻之，众而无义、强而无礼、好勇而恶贤者，祸必及其身。”最后补充一句，这大概就是说你！齐庄公当然受不得晏子的如此数落，晏子也知道他数落的后果是什么，于是回家，把家里所剩无几的财产全部还给朝廷，带着家人徒步向东走去，一直走到海边，在那里种田为生。

在脱下朝服时，晏子亮出了他为官的民本旗帜：“君子有力于民，则进爵禄，不辞富贵；无力于民而旅食，不恶贫贱。”

齐庄公把晏子赶跑后，更加肆无忌惮了，后宫一群美女他看不上，偏偏看上了宠臣崔抒之妻，并与之私通。为了羞辱崔抒，齐庄公跑到崔抒的府上与他妻子厮混时，特地把崔抒的帽子拿走送人，炫耀自己是从崔抒的床上拿来的。在齐庄公再来到崔抒的府上找他妻子时，崔抒与另一大夫庆封合谋，把他杀死了。

齐庄公被杀后，崔抒、庆封拥立齐景公。齐景公在这样一种情况下登台，大权旁落。作为齐景公的左相和右相，崔抒、庆封即把齐国的大夫、将军、名人、庶士劫持到姜太公祠庙，以祭祀为名，杀牲口，饮血酒，逼迫大家歃血结盟。太公祠庙里设了一个三丈高的祭坛，里里外外被上千名全副武装的官兵包围。崔抒、庆封宣布，进入祠庙的人都必须解下佩剑，“有敢不结盟者，戟钩其颈，剑承其心”。并命令大家在用手指蘸血涂到嘴上时，要朗读誓词，即如有不与崔抒、庆封结盟而亲附王室的，就要遭殃。

晏子也站在被迫结盟者的行列，进入太公祠庙时，他不解佩剑，慑于他在齐国的影响力，崔、庆让步。但在蘸血涂到嘴上时，晏子不肯朗读他们规定的誓词，而是仰天长叹：“呜呼！崔子为无道，而弑其君，不与公室而与崔、庆者，受此不祥！”在晏子前头，因为手指蘸血慢了一点儿，已有七个人头落地。见晏子不按规定的誓词朗读，崔抒愤而上前，用剑指着他说，你如果不改你说的话，“戟既在脰，剑既在心”。面对利剑指心时，晏子说的是：“曲刃钩之，直兵推之，婴不革矣！”

恪守天地正道，即死不惧，这本就是人世间的巨大能量！崔抒剑指晏子的手发抖，不得不把利剑放下。

这之后，崔抒和庆封家族相互争权夺势，双双败亡。晏子重新走上历史舞台，相齐景公。

齐景公是个鲜活的君王，他横征暴敛，骄奢淫逸，亲近小人，大抵昏君身上有的毛病他几乎都有。但他又与昏君有所不同，他心地善良，又能纳谏，听到好的劝谏不仅喊好，而且立马诏令执行。但他每每言听计从，又每每朝令夕改，似任性的顽童。比如，齐景公建了一个豪华的宫殿，叫西曲池，他进该殿之前，自己给自己做了一番精心打扮，身穿黑色图案的上衣，白色绣花的下裳，全身五颜六色，披头散发，面无表情，一副很酷的样子。进到殿里，他问晏子，祖先的霸业是个什么样子？那意思是问，我这么酷，像不像霸主？晏子则说：“万乘之君，而壹心于邪，君之魂魄亡矣，以谁与图霸哉？”翻译成白话即是，作为一个大国君王，却一门心思用在歪门邪道上，你的魂魄都丢失了，还能和谁共图霸业啊？晏子这么一说，齐景公赶紧把衣服脱了，逃也似的离开了宫殿。再比如，齐景公半夜三更找人喝酒，先到晏子家敲门，晏子一听君主是来喝酒找乐，拒绝。他掉头来到齐国著名军事家司马穰苴家敲门，司马穰苴一听君主是来喝酒找乐，拒绝。齐景公吃了两回闭门羹，不生气，也不放弃，转而来到宠臣梁丘据家，喝了一顿酒才回宫休息。酒喝醉了，几天不上朝，又遭到晏子一顿“教训”。不仅如此，齐景公还掏鸟窝，打猎，酗酒，玩女人。他栽了一棵树，被人砍了，要砍人家的头；他喜欢的竹子被人砍了，他亲自驾车把人逮住；他宠爱的小妾死了，他守在她的尸体旁三天三夜不合眼，还流泪……

如此性格特点的君王，言听计从，屡听屡犯是必然的。虽屡犯是不可避免的，也是君王的通病，但屡听，却不是所有君王能做到的。齐景公的屡听，使得贫弱的齐国，在春秋后期强国崛起的侵伐吞并中，摇摇晃晃走来而得以延续，也使得一部饱含中华民族优秀思想、文化精华的《晏子春秋》，耀然于世，传承至今。

晏子的坦言直谏，高举的是民本旗帜，表达的是民本智慧。民本思想是贯穿于《晏子春秋》的一条主线，也是该书的灵魂。晏子家住一个市场旁边，齐景公关心他，多次劝他搬走，他不搬。在晏子出使国外时，齐景公把他的房子拆了，在宫殿旁给他盖了新房。晏子回国后，坚持在原地原栏把房子修复。他对齐景公说：房子是他的祖先按“非宅是卜，唯邻是卜”的占卜后选定的，他作为后人不能离开。他住的地方离市场近，买东西方便。齐景公问他市场什么东西贵，什么东西便宜。晏子说：“踊贵鞋贱。”即假肢贵，鞋便宜。齐景公重刑罚，砍了不少人的足，所以假肢贵，鞋便宜。晏子借题发挥，劝谏齐景公减轻对人民的刑罚。晏子就是这样，只要劝谏，便围绕民生的主题展开。

晋国的叔向很纠结，他有一个两难的事情久困于心，于是请教晏子。叔向的问题是：世道混乱违背了事理，君王邪僻不施行仁义，在这种是非颠倒的情况下，为臣如言行正直，就无法顾及百姓，而顾及百姓，就要牺牲道义。困惑他的是，该坚持正直抛弃百姓呢，还是保护百姓抛弃正直呢？晏子的回答是："卑而不失尊，曲而不失正者，以民为本也。苟持民矣，安有遗道？苟遗民矣，安有正行焉？"保护百姓，怎会抛弃事理？抛弃百姓，哪有正直的行为？这就是晏子在世道混乱的情况下，坚守的劝谏高地。

叔向还有问题要问，他问："哪种思想最高尚？哪种行为最淳厚？"

晏子答："意莫高于爱民，行莫厚于乐民。"

叔向又问："意孰为下？行孰为贱？"

晏子答："最卑鄙的思想是苛刻待民，最低贱的行为是作恶多端而最终害了自己。"

"意莫高于爱民，行莫厚于乐民"；"意莫下于刻民，行莫贱于害身"。这就是晏子高举的民本旗帜！

高举民本旗帜，人生境界随之升华，个人的名誉、地位、利益随之淡化。天下之事，有什么事比人民利益更大？为臣之道，有什么境界比维护人民利益更高？站在这样的高地，晏子才有"一日三谏"的传世，说白了，就是一天之内三次劝谏惹得齐景公不高兴，也可以说是三次得罪齐景公。

下面细说说。

一次，齐景公外出游玩，站在山上往北眺望，远远看到齐国的都城，繁荣的景象与为君的权势跃然于心，于是他发出人为什么不能永远活着而不死的感慨。晏子对景公的感慨作了这样的回答：上帝认为人的死亡是好事，好人死了安息了，坏人死了不再作恶了。如果古人都不死，你只能戴着斗笠、穿着粗衣，手持大锄小耙弯腰屈膝劳作在田间，哪还会有闲工夫感慨死亡的事情。景公听了“忿然作色”。这便是“一日三谏”的第一谏。游玩中，齐景公的宠臣梁丘据乘坐六马拉的车来了，齐景公说，只有梁丘据与他和。晏子则说，你俩不是和，而是同。他的解释是：和，就好比是做羹汤，有火，有水，有作料，经过调配，增补不足的味素，减少过多的味素，达到一种美好的境界；同，就好比做羹汤用水加水，就好比弹琴，只弹一个音调，毫无味道。晏子没有就此打住，而是联系君臣关系如何相处，大谈政通人和的道理，他说：“君所谓可，而有否焉，臣献其否，以成其可；君所谓否，而有可焉，臣献其可，以去其否。是以政平而不干，民无争心。”晏子说的是：君王认为合适的，其中也有不合适的，臣子指出其中不合适的，以成就其合适的；君王认为不合适的，其中也有合适的，臣子指出其中合适的，以去除其不合适的，如此政治就会平和而没有冲犯，人们也就没有争斗之心。齐景公听了也是不悦，他不是觉得晏子讲的道理不对，而是说他与梁丘据意气相投，甚至同流合污不高兴。这便是“一日三谏”的第二谏。“一日三谏”的第三谏是，游玩到天快黑了的时候，齐景公仰头望天，看到彗星，心中不快，叫人祭祷消除这个灾星。晏子则说：“此天教也。日月之气，风雨不时，彗星之出，天为民之乱见之，故诏之妖祥，以戒不敬。今君若设文而受谏，谒圣贤人，虽不去彗，星将自亡。今君嗜酒而并于乐，政不饰而宽于小人，近谗好优，恶文而疏圣贤人，何暇在彗！茀又将见矣。”这里需解释的是后两句话，说的是你来不及去掉彗星，更大的灾祸跟着就会来。这样劝谏的结果，当然是齐景公“忿然作色，不说”。

晏子的劝谏，当然不是一根直肠子，想什么就说什么，他不仅有深厚的儒家治国理论功底，而且知识面极其丰富，因而劝谏所讲的道理，所打的比方，令人信服。

比如，齐国严重干旱，齐景公派人占卜，占卜的结果是鬼神在高山大河作怪，需征赋税祭祀灵山。晏子反对，他的理由是，灵山以石头为身躯，以草木为毛发，如今它的毛发都干枯了，它还盼雨呢，祭它有什么用！齐景公说，那就祭祀河神。晏子又反对，他说，河神以水为国，以鱼虾为民，现在它的河流都要干涸了，它的子民都快干死了，它还盼雨呢，祭它有什么用？齐景公说，那该怎么办？晏子说，请你离开宫殿，露天居住，与灵山河神共担忧，或许会降雨。齐景公率文武大臣风餐露宿，三天后，果然天降大雨。

比如，齐景公横征暴敛，刑罚严重，导致民怨沸腾。齐景公令晏子进行整治，晏子则说：整治刑律，找个会写字的女奴就可以办妥；整治民心，你派人把百姓一个个烧死就可以了。齐景公很恼火，质问道：你就再也说不出什么办法吗？晏子说，一寸长的竹管没有底，天下的粮食也不能把它填满。如今齐国男耕女织，夜以继日，都不够用来供奉君王，这就是没底的竹管。一个小孩，手中有一缕火星，天下的柴草也不够他烧。如今你身边的近臣，贪财略地，都是手握火把的人，已经把百姓弄得水深火热了。晏子所打的这两个比方，要揭示的是：君王要节俭，对身边的臣僚要严格限制，对百姓要宽厚，只有这样，民心才能安定。

比如，齐景公身上长了疥疮，还得了疟疾，他令两个祭祀官备足牛羊祭品和美玉礼器，遍祭山川鬼神和祖宗神灵，折腾了一年，病不见好，便下令把两个祭祀官杀掉。晏子劝他说：如果祝祷有好处，那么诅咒就有害处。你疏远身边的忠臣，宠信小人，对人民横征暴敛，百姓民不聊生，怨声载道。在这种情况下，你派两名祭祀官员到上帝面前为你祝祷，而天下众多民众在上帝那里诅咒你，众口铄金啊！两个人为你祝祷，怎比得上众人对你的诅咒呢？上帝如果神灵，就不会听两个祭祀官的祝祷，而会听众人的诅咒，你的病又怎么能好呢？齐景公觉得有道理，赦免了两个祭祀官，同时驱逐身边的佞臣，下令减免赋税，减轻刑罚。两个月后，病好了。

比如，火星居于虚位整一年不走，齐景公觉得不祥，询问晏子。

晏子说，虚宿的分野是齐国，说明齐国将承受上天的惩罚。齐景公问为什么，晏子说："为善不用，出政不行。贤人使远，谗人反昌。百姓疾怨，自为祈祥。"这样做的后果是，导致众星宿乱了位次，火星回转逆行，灾星就在身旁。齐景公问如何去掉灾星，晏子说："盍去冤聚之狱，使反田矣；散百官之财，施之民矣；振孤寡而敬老人矣。夫若是者，百恶可去，何独是孽乎！"齐景公照晏子说的做，三个月后，火星便移走了。

比如，齐景公修建路寝宫后，因为夜里有猫头鹰叫，不去居住。宠臣柏常骞于是施展骗术，把猫头鹰杀死了。如此一来，齐景公就更宠信他了，并向他询问能否通过祭祀增寿。柏常骞继续往下骗，说能为齐景公增寿七年。齐景公也有些不信，便问增寿有什么征兆。是啊！没有什么征兆给予证明，谁到死时知道是增寿了还是没增寿。柏常骞也不含糊，说增寿的征兆就是地震。齐景公讨得这个征兆后非常高兴，立即下令百官置办柏常骞为他增寿所需用品。柏常骞一脸兴奋从宫里出来，碰上晏子，忍不住给晏子炫耀。晏子问："昔吾见维星绝，枢星散，地其动，汝以是乎？"翻译成白话即是，夜里我看到维星不相连，枢星也离散了，这就是地震的先兆，你就是根据这个说的吧？柏常骞无语了，不得不承认。晏子告诉他，国君只有政治和道德顺应天道，才能增加寿命。这事你不要让国君知道，你该祭祀祭祀，反正祭祀没好处也没害处，但你身为大臣，所要做的是少征赋税，不要耗费民财。

在晏子的劝谏中，诸多治国理政的重大问题都有涉及，且始终不离民本的主题。比如，齐景公问如何谋事、如何成事，晏子的回答是："谋度于义者必得，事因于民者必成"；"义谋之法也，民事之本也"。齐景公询问为君之道，晏子的回答是："为君，节养，其余以顾民，则身尊而民安。"齐景公询问为臣之道，晏子的回答是："为臣，忠信而无逾职业，则事治而身荣"；"进不失廉，退不失行"。又比如，齐景公问治国之道，晏子的回答是："举贤以临国，官能以敕民，则其道也。举贤官能，则民与君矣。”至于如何判断贤与否，晏子的回答是：“观之以其游，说之以其行。无以靡曼辩辞定其行，无以毁誉非议定其身。如此，则不为行以扬声，不掩欲以荣君。故通则视其所举，穷则视其所不为，富则视其所分，贫则视其所不取。”此外，诸如教化百姓的问题，君臣和谐亲民的问题，治理国家最担心的问题，为人处世的技巧问题，如何让百姓富裕安定的问题，等等，晏子都从理论与实践的结合上，给出了精辟的答案。就连当今世人遭遇和困惑的诸多问题，诸如官场如何自保的问题，诸如隐居的问题，诸如看破红尘的问题，诸如对财富的态度问题，等等，早在春秋后期的晏子，都从理论上指明了方向，其中不乏至今仍闪闪发光的论断。

《晏子春秋》是一部炎黄子孙的精神宝库，得到历朝历代特别是学者的推崇和传承。大史学家司马迁就说：“假令晏子而在，余虽为之执鞭，所忻慕焉。”但也必须看到，晏子的所作所为，包括他提出的一些理论，有其历史的局限性。

比如，晏子被派往齐国一个叫东阿的小邑当邑宰，三年下来，诋毁他的言辞传遍全国。齐景公很生气，决定罢免他，晏子谢罪说：“婴知婴之过矣，请复治阿，三年而誉必闻于国。”齐景公于是叫他继续留任，三年后，果真如晏子所说的那样，溢美之词传遍全国。齐景公高兴了，决定奖励他，晏子辞而不受。晏子不接受奖励的理由是：头三年“当毁者宜赏”，后三年“当赏者宜诛”。解释说来就是，头三年他修路建桥，整治治安，秉公执法，得罪了邪恶之人和达官显贵，惹得诋毁他的声音传遍全国，其实那三年应是“当毁者宜赏”。后三年，他与邪恶之人、达官显贵同流合污，结果赞扬之声传遍全国，其实应是“当赏者宜诛”。这种用同流合污博得赞赏的做法，与《晏子春秋》的整体格调不吻合。

再比如，“二桃杀三士”，这是春秋后期一个著名典故，与齐景公、晏子有关。

齐景公好勇斗狠，豢养了三名勇士，他们勇力无比。晏子认为，齐景公豢养的三勇士，“上无君臣之礼，下无长率之伦，内不可以禁暴，外不可以威敌，此危国之器也，不若去之”。齐景公认为有道理，但担心杀不了他们。于是晏子想了个法儿，拿出两个桃子，叫他们三人凭武力吃桃。晏子深知，这三人毫无谦让之心，绝不会把两个桃分成三份来吃，必凭武力来抢，也必死无疑。结果与晏子判断的完全吻合。徒手杀死一头大公猪，两次搏杀母老虎的公孙接第一个站出来，拿一个桃走了，他也不屑于与他人共吃一个桃。曾搏杀战场、击退三军的田开疆第二个站出来，把剩下的这个桃拿走了，他不屑于与他人共吃一个桃。不会游泳，但潜入水中逆行百步，顺流九里，抓住巨鳖，割下鳖头，像鹤一样飞跃出水的古冶子拔剑而起，喝令公孙接、田开疆把桃子放回去。这二人自知不是古冶子的对手，一旦搏杀，必死无疑，只好把桃子放回。但放回桃子，又觉得丢人，只好拔剑自杀。剩下的古冶子，义气劲儿上来了，他认为，凭武力他俩吃一个桃子是合适的，剩下一个理应归自己，但他二人受到他的羞辱自杀了，自己独吞二桃也不合适，便把桃子放回，然后也自刎了。晏子建议齐景公诛杀他们的理由，是这三人只有勇力而不知礼节，是国家安全的隐患。但从史料记载看，公孙接、田开疆之所以自杀，除了自身勇力不及古冶子外，还有一个重要原因，是“取桃不让，是贪也；然而不死，无勇也”。古冶子之所以自杀，他自己说清了，即“二子死之，冶独生之，不仁；耻人以言，而夸其声，不义；恨乎所行，不死，无勇”。史料的这些记载，证明这三个勇士并非不仁、不义之人，与晏子诛杀他们的理由是不吻合的。

晏子还有一些做法，虽然受到孔老夫子的高度赞扬，但因时过境迁，在今天看来也是欠妥的。一次，晏子出使鲁国，回国后发现大批群众正在为齐景公兴建宫殿服劳役，当时天气寒冷，挨饿受冻的人很多，国人都盼望晏子早点回来，阻止建殿劳役。晏子回国后与齐景公饮酒，借着酒劲儿唱道：“冻水洗我，若之何！太上靡散我，若之何！”“太上靡散我”，意思是国君让我没法活。晏子唱完歌，叹息着流泪。齐景公知道他唱的是宫殿劳役之事，表示派人去下令停工。晏子则抢先来到工地，鞭打那些干活的人，边打还边念叨，说国君要建个宫殿，你们不卖力干。挨打的人都说，晏子这是在帮助老天实行暴虐。正打着呢，齐景公派来宣布停工命令的人就到了。命令一宣布，大家欢欣鼓舞。为此，孔老夫子大发感慨，赞扬晏子替齐景公掩过。

说到孔老夫子，有必要说说晏子与孔老夫子打交道的情况，特别是二人在理论与实践上的分歧。晏子出生时间不详，去世的时间是公元前500年。孔子的寿辰是公元前551年至公元前479年，与晏子同活一个时代51年。但孔子还没出生，晏子就已是齐国的上卿了，他应该是听着晏子的故事长大的，尤其是晏子出使楚国的故事，孔子小时候也许听过。

故事是这样的。晏子在各诸侯国的名气很大，他出使楚国，楚君想灭他。晏子个子很矮，其貌不扬，楚国便在大门口旁挖了个小洞，叫晏子从洞里钻过。晏子说，如楚国是个狗国，那我就从洞里钻过，如不是，我得走大门。楚君被羞辱后，又想了一招，接见晏子饮酒时，故意押着一个犯人路过，楚君问什么人、犯的什么罪。押解人员答，齐国人，犯的盗窃罪。楚君于是对晏子说，你们齐国人到我们楚国偷盗。晏子则说，齐国人在齐国不偷，到了楚国，因为楚国有盗窃之风，所以也就变小偷了。晏子的机敏，使得楚君认输，他说：“圣人非所与熙也，寡人反取病焉。”

可以肯定地说，当时的晏子，比当时年轻的孔子，名气要大，故事要多。但孔子并非等闲之辈，他三千弟子三千张嘴，早已把他的名声传遍天下了。因此晏子与孔子见面、打交道，是不可避免的事。

晏子出使鲁国，孔子特地派弟子前去观察他的言行。弟子回来对孔子说，按礼制规定，“登阶不历，堂上不趋，授玉不跪”，晏子全部做反了。晏子把公事办完后，去见孔子，孔子也不客气，指出他的行为不合礼制。晏子则说，礼制规定，“大者不逾闲，小者出入可也”。接着他解释：鲁君来时走得很快，所以我上台阶时越级；在堂上我小步快走，是要快点赶到我的位置；鲁君授玉时手放得很低，所以我要跪着去接。孔子无语了，教育他的弟子要“因事制宜”，不能拘泥于规定的礼节。

孔子对他的弟子说：晏子辅佐齐国三位君王，但善政不能遍及普通百姓，晏子是个小人。晏子听说后，找上门去见孔子。这回晏子不客气了，他说，听说你评价我是小人，所以我来见你。像我晏婴这样的人，不能拿大道理给人当饭吃，我家族中靠我的俸禄来祭祀祖先的有数百家，齐国贫寒之士靠我的俸禄救助活命的也有数百家，我是为这个才当官的。我并非国君，没有能力惠及每一个庶民。孔子又无语了，但事后承认，晏子是个真君子。

孔子到齐国，见齐景公而不见晏子，随行弟子觉得不合适，孔子说：“吾闻晏子事三君而顺焉，吾疑其为人。”晏子听说后的应对是：君子独自站立时对影子问心无愧，独自睡觉时对魂魄问心无愧。水上人批评山中人伐木的斧头，山中人批评水中人捕鱼的渔网，不是无知吗？

……

《晏子春秋》里，公元前五百多年两位大师的理论对弈，碰撞出的思想火花，是耐人寻味的。虽然两人的你来我往，看似有些较劲，孔子都谦虚地承认晏子是他的老师，还特地派弟子向晏子道歉。但晏子对孔子“克己复礼”的那套儒家理论，旗帜鲜明地提出了批评。我们不妨实录如下：

孔丘“浩裾自顺，不可以教下；好乐缓于民，不可使亲治；立命而怠事，不可使守职；厚葬破民贫国，久丧道哀费日，不可使子民；行之难者在内，而儒者无其外，故异于服，勉于容，不可以道众而驯百姓。自大贤之灭，周室之卑也，威仪加多，而民行滋薄；声乐繁充，而世德滋衰。今孔丘盛声乐以侈世，饰弦歌鼓舞以聚徒，繁登降之礼以示仪，务趋翔之节以观众；博学不可以仪世，劳思不可以补民；兼寿不能殚其教，当年不能究其礼，积财不能赡其乐；繁饰邪术以营世君，盛为声乐以淫愚民。其道也，不可以示世；其教也，不可以导民”。

晏子对孔子理论、做法的这番批评，非常重要，故翻译成白话。

孔丘“倨傲自顺，不能教育下面的人；爱好音乐放纵百姓，不能让他亲自治民；安于天命怠慢做事，不能让他担当职务；主张厚葬而使百姓破财国家贫困，丧葬时久而让人哀伤不止浪费时日，不能让他作为人民的父母；实行道义难入人的内心，可儒者追求外在之美，所以服饰奇异，尽力整容修貌，不能引导民众教诲百姓。自圣贤去世，周王室就衰微了，威严的礼仪增多了，可百姓的行为却越发轻薄；声歌音乐繁多普及了，可社会道德却越发衰败。如今孔丘鼓吹音乐使世风奢侈，修整管弦歌舞以聚集门徒，使登堂下阶之礼越发烦琐以显示仪节，致力于行走的步法节奏来向世人示范；他虽然博学但不能做世人的表率，劳神费心却无益于百姓；人们两辈子也学不尽他的学说，半辈子也无法搞清他的礼，积聚钱财也供不起他那些音乐；他只会繁缛地粉饰他的邪说来迷惑当代国君，大肆制乐作歌以浸淫蛊惑民众。他的道术，不可向世人显示；他的学说，不可用来引导民众”。

晏子对孔子理论的批评，是系统的，完整的。他俩同处一个时代，对社会问题的认知和感悟，是今天的我们所无法体会的。《晏子春秋》不是晏子本人写的，是晏子同时代的人记载并经后世学者反复修订而成的。记载人和修订者的情感寄托、对孔子理论的看法融入该书，也未可知。因此，我们不能把晏子对孔子理论的批评，看成是他俩在理论上争高低，而应看作是两位理论大师，将儒学这一中华民族的思想瑰宝，充实、完善的伟大创举，携手提升！

但，不管我们愿意还是不愿意听，我们都不得不承认，晏子对孔子的批评，在今天仍有现实意义。

孔子与《春秋》

《春秋》是鲁国史官编纂的，始于鲁隐公元年，即公元前722年，止于鲁哀公十四年，即公元前481年，前后242年。鲁国编纂的历史，当然以鲁国为主，兼及周王室及其他诸侯国。

孔老夫子是鲁国人，又是儒学泰斗，他对鲁国编纂的《春秋》，进行了全面的整理，删除了不少，也增添了不少，其最大的特点是，“约其文辞而指博’，有些事件只用一字记载，多的也不过四十余字，是褒是贬隐喻其中。由于其文字隐晦难懂，又蕴含褒贬，所以便出了专门解释《春秋》的三本书，即《左传》《公羊传》《穀梁传》。《左传》据说是战国时期的左丘明所著，该书以史料为主，以讲历史故事的方式阐释《春秋》。孔子传《春秋》于子夏。《穀梁传》据说是子夏口头传授给他的学生穀梁俶所著；《公羊传》据说是子夏口头传授给他的学生公羊高，公羊高传授给子孙成书。这两部著作，主要以道义和思想阐释《春秋》。

孔老夫子编纂的《春秋》，并非单纯记载历史事件，而是通过历史事件的记载，阐释儒学精义，论述治国安邦之道。《春秋》用炎黄祖宗演绎的多行不义必自毙、以小人之心度君子之腹、风马牛不相及、欲加之罪何患无辞、先声夺人、鞭长莫及、结草报恩、病入膏肓、心腹之患、马首是瞻、有备无患、举棋不定、断章取义、疲于奔命、尾大不掉、数典忘祖、多难兴邦等精彩的历史故事为底版，穿越两千多年时空，滋养一代代炎黄子孙的灵魂，契合中华文明发展的脚步，一路走来，走到今天，走进人们的笔下，走进民众口中，走进治国安邦的思想领域，走进全社会道德、智慧、文明的广阔天地，大写着古老文明进化的篇章。这是一笔宝贵的精神财富，是中国智慧的思想源头！真不敢想象，假如没有孔老夫子的《春秋》，我们追溯文明古国的步子该往哪儿走呢？我们今天叫得很响的实现中华民族伟大复兴的中国梦，有源头吗？有底气吗？

孔老夫子的理论自信，使得他认定古老西周时代厘定的社会制度，是最完美的制度。他说："吾学夏礼，杞不足征也。吾学殷礼，有宋存焉。吾学周礼，今用之，吾从周。"周文王、周武王推翻商纣王残暴统治的伟大创举、周公旦讨伐不庭的王室宣威、成康两王治理天下的四海咸服、穆王远征四夷的开疆拓土，使得孔老夫子十分钦佩，对他们用儒家理论框定的治国秩序，更是信奉得五体投地。他的著名呐喊"克己复礼"，就是他编纂《春秋》高举的旗帜。在这面旗帜下，孔老夫子以西周王朝的儒家礼制作为衡量标准，评判春秋时期所发生的各种事件，进行"礼也""非礼"的褒扬或批判。

孔老夫子是伟大的理想主义者，他崇尚西周王朝，信奉儒家礼制，不是仅仅停留在信仰的精神层面，而是用毕生精力付诸实践，付诸传授，付诸呐喊。眼见得天下"礼崩乐坏""弑君犯上""檑木滚石"的大戏，伴着生灵涂炭不断上演，孔老夫子心急如焚。他信奉西周礼制的理想付诸实践的第一大举措，就是谋求做官，企望利用官员手中的权力，治国理政，调整世道发展的方向，使之回归西周礼制的发展轨道。为此，孔老夫子先后辗转齐国、卫国，最后在鲁国谋了个司寇。在司寇的位置上三年，他特立独行，口必言圣贤，行必循礼制，同朝为官的同僚不适应，老百姓也适应不了，惹得民众用歌谣骂他："麛裘而韠，投之无戾；韠而麛裘，投之无邮。"意思是说，那个穿着鹿皮又穿蔽膝的司寇，抛弃他没关系；那个穿着蔽膝又穿着鹿皮裘的司寇，抛弃他没罪尤。

在做官的路上被抛弃出局以后，孔老夫子没有放弃恢复西周礼制的伟大理想，他把这个理想付诸实践的第二大举措，就是设坛讲学，广收弟子，传授西周礼制，阐发儒学精义。“世衰道微，邪说暴行有作，臣弑其君者有之，子弑其父者有之，孔子惧，作《春秋》。”这之后的孔老夫子，毕生走在传授、呐喊、劝谏的路上，谒见过八十多个诸侯国的君主，收了三千多个研习儒学的弟子，培养出了七十二个精通儒学的贤士。

在弟子面前，孔老夫子永不更改的是儒家礼制的言传身教。他的弟子凡是从远方来的，孔子就扛着手杖问候他说：“你的祖父没灾没病吧？”然后持杖拱手行礼，问候说：“你的父母没灾没病吧？”然后拄着手杖问候说：“你的哥哥弟弟没灾没病吧？”最后拖着手杖转过身去，问候说：“你的妻子、孩子没灾没病吧？”孔老夫子用扛着手杖、持杖拱手、拄着手杖、拖着手杖转身四种持杖问候方式，把儒家礼制的贵贱等级、亲疏关系演示出来。

在影响社会风尚的细微方面，孔老夫子对弟子的教育也独具特色。当时鲁国的法律规定，从别的诸侯国赎出做奴仆的鲁国人，可以去国库支取金钱。子贡从别的诸侯国赎回了当奴仆的鲁国人，却不去支取金钱。对此，孔老夫子对他进行了严厉批评，认为子贡这样做，没给社会起好的影响作用，大家都不支取金钱，鲁国在别的诸侯国做奴仆的人，就没人去赎了。子路救了一个溺水的人，那人牵了一头牛来酬谢他，子路收下了。对此，孔老夫子表扬了子路，认为这样做，鲁国人见到有人溺水，就会奋不顾身去救……

孔老夫子崇尚西周王朝，信奉儒家礼制的伟大理想，更集中的，还是体现在他对编纂《春秋》的史料取舍及评价的态度上。

史学家把“春秋之始”定为鲁隐公元年，即公元前722年，在此之前，史称西周。西周始于周武王率领各部落推翻商王朝的暴政，打那以后，各部落变成了各诸侯国，周天子一口气分封了一千八百多个诸侯国，各诸侯国公认周天子为天下共主。西周王朝结束在周幽王手里，他为逗褒姒一笑，烽火戏诸侯，一把火把西周的历史烧断了。

接下来的东周历史，在周幽王的儿子周平王手里接上了。周平王叫宜臼，周幽王不喜欢他，废了他的储君地位，还进行追杀。宜臼逃到外公申侯家，周幽王仍不放过，发兵攻打申国，申侯一看来势不妙，请来犬戎帮忙。犬戎是我国西北地区的少数民族，与南方的“南蛮子”属于同类称呼。犬戎一出手，周幽王大败，周都镐京沦陷，周幽王也崩了。

天下不能没有共主，申国、许国、郑国等姬姓诸侯国，把宜臼扶进天子殿堂，史称周平王。与此同时，西虢国把周幽王的另一个儿子余臣，也扶进天子殿堂，史称周携王。余臣不是周幽王的嫡子，血统继位的合法性不具备，所以绝大多数诸侯国只认周平王，而不认周携王。

周平王把国都迁到洛邑，东周历史就开始写了。周平王站在东周的起始点上，也是有所开创的，他把黄河以西的大片土地给了晋国，晋国帮他把周携王灭了；他把东虢国的土地给了郑国，郑国帮他把东虢国灭了；他把被犬戎占领的大片土地给了秦国，换取了秦国对他的支持。在一次次送出大片土地后，奄奄一息的东周王朝才得以喘息。

东周王朝的这样一个开始，“春秋之乱”也就不奇怪了。

令孔老夫子感到不爽的是，他所编纂的《春秋》，一下笔就是“春秋之乱”。

史学家认定的“春秋之乱”源头，是“周郑交质”。本书中《“以力假仁者霸”的郑庄公》篇写到这一事件。郑庄公的父亲姬友，史称郑桓公，是周厉王的小儿子，周宣王的胞弟，周幽王的叔叔，虽出自姬姓的同一血脉，但郑国是周王室分封的诸侯国，不能与周王室平起平坐。按照这种礼制，当周平王提出让自己的世子到郑国当人质时，这本身就“非礼”了。而作为郑庄公，拒绝，才符合“礼也”，可他没有拒绝，而是欣然接受，只不过派自己的世子到周朝当人质，算是扯平了。郑国与周朝地位本来就不平等，你在交换世子作人质上扯平，这一做法本身，就是僭越，就是孔老夫子所说的“非礼”。

孔老夫子对“周郑交质”非常气愤，定性为“春秋之乱”的始发点。他甚至认为，一百多年前的周夷王，为了感谢扶持他继位的诸侯，一改周天子立于殿堂接受诸侯朝拜的惯例，亲自走下殿堂接见诸侯，这一做法破坏了天子的权威性，不符合“君君臣臣”的礼制规矩，也是“非礼”。

在孔老夫子愤怒的内心深处，我们能看到他手下刀笔的纠结。他向往周朝、崇尚周朝的礼法制度，甚至发出“克己复礼”的呐喊，但周朝发生的一些七七八八的事情，与儒家礼制大相径庭。就说周平王吧，你被父亲周幽王追杀，逃到申国，申国搬来犬戎反击，攻陷镐京，把周幽王弄崩了，你穿上周幽王的天子袍，你这不是弑父吗？这弑父问题怎么下笔？孔老夫子很为难，要是实事求是写，天下诸侯怎么看，东周历史不是断代了吗？

类似违反礼制的问题实在是太多了，不好下笔，于是孔老夫子发明了“春秋笔法”。这一笔法十分考究，一件事记载时间，表明一个意思，不记载时间，又表明一个意思。如鲁隐公是摄政者，孔老夫子在他摄政的不到十一年时间里，有十年不记载正月，所表明的意思是，鲁隐公不属于正宗国君。鲁桓公继位后，鲁国的历史在他的笔下有了正月，所表明的意思是，鲁桓公是正宗国君。

“春秋笔法”，说到底是忌讳笔法，它有亲有疏，有厚有薄，是先秦史官明哲保身的记史笔法。这一笔法，不是孔老夫子首创的，但在他的手里，达到了登峰造极。

是不是这样？我们用史料说话。

孔老夫子编纂的《春秋》，把鲁国十二个世代，分为他“于所见”“于所闻”“于传闻”三个历史阶段。孔老夫子“于所见”的有三世，共六十一年；“于所闻”的有四世，共八十五年；“于传闻”的有五世，共九十六年。

孔老夫子对于自己经历的“于所见”，其“春秋笔法”是“微其辞，隐微其言辞”。即不用明显的言辞批评指责，表示为尊者讳。说到底，是躲避迫害，明哲保身。比如，孔老夫子“于所见”的鲁昭公二十五年发生的一件大事，他的“春秋笔法”是这样记载的：“秋七月上辛大雩，季辛又雩。”单看孔老夫子的这一记载，看不出他记的是什么。真实的情况是这样的：鲁昭公昏庸残暴，搞得民怨沸腾，而鲁国的季氏家族，安抚民众，大得民心。鲁昭公想杀季氏，便以求雨祭祀的方式“雩”，打算把季氏杀掉。一个月有三个带“辛”的日子，第一个叫“上辛”，最后一个叫“季辛”或“下辛”，一般求雨祭祀在“上辛”日。鲁昭公想杀季氏，“上辛”日祭祀了一次，可能是没杀成，接着又搞“季辛”日祭祀，结果被季氏打败，鲁昭公逃到了齐国。鲁昭公元年，孔子才十岁，到鲁昭公二十五年时，孔子三十五岁了，他对鲁昭公“又雩”是“于所见”的。明明知道鲁昭公做得不对，但不好指责，因为继位的是他的儿子鲁定公，指责了将引火烧身，所以用“春秋笔法”，写成“又雩”。

往前推，孔老夫子对于自己“于所闻”的记载，其“春秋笔法”是有所忌讳的，因为这是父辈所经历的年代，这个年代对孔老夫子来说是近代史，下笔重了，会惹麻烦，所以，对于鲁国所发生的国祸，下笔时写感到痛心，以表示情感倾向。比如，鲁文公十八年，他的儿子子赤，被襄仲杀死，孔老夫子的“春秋笔法”是这样记载的：“冬，十月，子卒。”这个记载有月无日，为什么不记日子呢？因为国君被杀，是极痛心的事，不忍心记下那个日子。

再往前推，孔老夫子对于“于传闻”的记载，其“春秋笔法”因为年代久远，就实事求是写了。比如，鲁庄公三十二年，他的儿子子般被庆父杀了，孔老夫子的“春秋笔法”是这样记载的：“冬，十月，乙未，子般卒。”“十月，乙未”是十月二日。时间久了，也没什么忌讳了，就按实际情况写了。

为了更准确地领悟“春秋笔法”，我们请出郑国的姬寤生来，看孔老夫子对其他诸侯国是如何运用这一笔法的。

郑国的共叔段与母亲联手，从姬寤生手里抢夺君位这件事，孔老夫子的记载只用了六个字：“郑伯克段于鄢。”这六个字集中体现了他的“春秋笔法”。姬寤生是国君，不称其国君，而称其“郑伯”，是批评他有失兄长职责，没有教育好弟弟，故意放纵弟弟走上谋反的道路；共叔段跟姬寤生争君位，是兄弟之争，共叔段自据其城，不是国君却俨然像国君一样，所以不用“征伐”，而用“克”；这件事是共叔段做得不合礼制，所以不称共叔段为“弟”，而是直接点段的名进行批评；共叔段失败后逃到共城，孔老夫子就没写，不好下笔，写成当哥哥的把弟弟逼到共城吧，不合适，写成弟弟自个儿跑到共城吧，也不合适，所以干脆就不写。

郑、齐、鲁联手攻打宋国，夺得郜邑和防地，分赃时郑庄公把这两块地给了鲁国，给齐国戴了顶高帽进行吹捧，自己什么也没要。对这件事，孔老夫子是这么记载的：“夏，翚帅师会齐人、郑人伐宋。六月壬戌，公败宋师于菅。辛未，取郜。辛巳，取防。”这一记载的“春秋笔法”体现在时间上。通常情况下，孔老夫子是不记载时间的，这里特地记下攻取郜邑和防地的时间，表明打败宋国夺其城池，是违反礼制的，把日子记下来，以便后人引以为戒。左丘明觉得看不过眼，但又不好直接反驳，只好借用第三方人士的评论，表明自己与孔老夫子的不同看法。他在《左传》里写道：“君子谓，‘郑庄公于是乎可谓正矣。以王命讨不庭，不贪其土以劳王爵，正之体也。’”

再看姬寤生死后，孔老夫子是这么记载的：“郑伯寤生卒。”这个记载的“春秋笔法”，是用违反礼制规定表达出来的。天子死叫崩，诸侯死叫薨，大夫死叫卒，这是记载的礼制规范。姬寤生是郑国国君，死了的记载规格应是“薨”，用“卒”来记载，是降格处理。你姬寤生放纵弟弟共叔段造反，还把母亲迁出都城，你如此违反礼制，能不对你矮化一下吗？

孔老夫子的“春秋笔法”也有例外，他是儒家礼制的卫道大师，“礼崩乐坏”是儒家思想文化领域的大崩塌，面对这种事情，他便会不分鲁国还是其他诸侯国，大骂：“始作俑者，其无后乎。”

孔老夫子大骂的是鲁隐公。

鲁惠公的正宗夫人仲子去世了，接替君位的鲁隐公特地为仲子修了一座陵寝，亲自主持典礼，大操大办。按礼制规矩，典礼是要跳舞的，跳舞的人数是有严格规定的，天子用八佾，三公用六佾，诸侯用四佾，大夫用二佾。“佾”就是人排成多少排的数量。鲁隐公为仲子葬礼的等级是六佾，位列诸侯之上，天子之下，这在孔老夫子看来，严重违反礼制，因而在定性为“礼崩乐坏”的同时，忍不住大骂。

鲁国是周公旦长子伯禽的封国，在诸侯国中，鲁国的一个特殊职能，是掌天子之礼，鲁国保存着天子礼乐的吹鼓手，负责王室宗正、史官、祭祀等礼仪工作。对于这些礼制，鲁隐公十分清楚，为什么在仲子的葬礼上违反呢？

这得联系鲁隐公的苦衷来说。

公元前722年，鲁惠公去世，鲁隐公继位。孔老夫子编纂的《春秋》，就没有记载鲁隐公继位的事，原因是他不是正宗的国君，而是摄政者。

鲁隐公是鲁惠公的庶子，他的母亲是声子，地位低贱。鲁隐公的母亲虽地位低贱，但他的庶子地位却很特殊。原因是，鲁惠公没有名正言顺的夫人，他这个庶长子将来继承君位，顺理成章。

鲁惠公原本也是这么安排的。

但父亲给鲁隐公找媳妇，使得他的命运逆转。

给鲁隐公找的媳妇是仲子，是宋武公的女儿，据说仲子生下来后，手掌有“鲁夫人”三个字的掌纹。鲁惠公听说后，赶忙派人到宋国给儿子提亲，宋武公也觉得这是天意，双方一拍即合，皆大欢喜。

将仲子当儿媳妇娶过来后，鲁惠公动心了，这仲子长得亭亭玉立，楚楚动人，干脆自己娶了，儿子再找不迟。这样，本来儿子将来当国君时的“鲁夫人”，直接升格为父亲这个现时国君的“鲁夫人”。

仲子没过多久，就生下儿子允，立为世子。鲁隐公的世子地位随即降格为庶子。但因为鲁惠公薨得早，世子允还是娃娃，鲁国王室把鲁隐公推举出来摄政，那意思很明确，待世子允长大了，你就一边去吧。

摄政国君不是正宗国君，很难拿捏，轻了不是重了也不是。鲁隐公之所以在仲子的葬礼上违反礼制，是为了讨好世子允。毕竟世子允慢慢长大了，将来的国君帽子是他戴的，提前做些铺垫，对自己不是坏事。

但鲁隐公违反了礼制，孔老夫子对他毫不客气。

“春秋之乱”“礼崩乐坏”，是孔老夫子最不愿看到的事。但这样的事太多太多了，他不得不采用“春秋笔法”来写。

我们不得不说，“春秋笔法”是智者笔法、高明笔法，在这一笔法中留下的许多历史纠葛、盲点，孔老夫子没有作“礼也”“非礼”的点评。时世变迁，炎黄后人的眼光会变，评判道德、礼制的标准会不变吗？相信后人的智慧，春秋时的诸多理不清的历史纠葛、盲点，还是留给后人去品味吧。

吕不韦与《春秋》

战国时期，吕不韦在秦国为相十三年，头三年，相庄襄王，后十年相秦王政，即秦始皇。秦王政即位时十三岁，秦国的治国方略、大政方针，都由吕不韦掌控。公元前239年，吕不韦召集天下名士，编纂了《吕氏春秋》，书成之后，将其“布咸阳市门，悬千金其上，延诸侯游士宾客有能增损一字者予千金”。吕不韦为相后，广收天下名士，引进了大批儒、墨、道、法等百家学者。让这些人对“布咸阳市门”的《吕氏春秋》挑毛病，是为了将其修改得完美无缺，好上加好。

可以毫不夸张地说，天下名士共同编纂的《吕氏春秋》，是先秦著作中结构体系最完备的著作，也是收纳炎黄祖宗优秀传统文化最丰富的著作，还是文字最考究、引典最准确的著作，是当时天下学者名流共同学识、智慧的结晶。作为主编吕不韦，居功至伟！

其实，在《吕氏春秋》问世之前，吕不韦已经创作了属于他自己的一部《春秋》。

吕不韦，河南濮阳人，经商，家累千金。到赵国国都邯郸做生意，见到了秦国派往赵国当人质的嬴异人，拍案叫绝，说“此奇货也，不可失”。

嬴异人在邯郸很潦倒，他是秦国太子嬴柱二十多个老婆中，最没有地位的夏姬所生的儿子，派到赵国当人质。秦国给嬴异人的待遇很差，门户装点不起来，赵国的达官贵人也懒得跟他交往。吕不韦独到的政治目光，加上他独特的经商谋划，认为嬴异人是“奇货”，可以运作起来赚大钱。他主动拜访嬴异人，对他说：我可以光大你的门户。嬴异人听了发笑，说：你还是留点儿劲儿去光大你的门户吧。吕不韦则说：我当然要光大我的门户，但必须是在光大了你的门户之后。

光大嬴异人门户的第一步，就是把嬴异人的庶子改为太子。在这个过程中，吕不韦商人的特点和政治家的特点，集中在驾驭全局、抓住本质上融通迸发。

嬴异人是秦国二十几个王孙中最没有地位的一个。没有地位，并非没有继承资格，关键在于如何运作了。这一点，吕不韦看清了。

但是，有继承资格是一回事，能否继承又是一回事，这之中的关键，是谁的手里捏着确定继承人的权柄。这一点，吕不韦也看清了。

在太子嬴柱后宫的一群老婆中，唯一能够扭动嬴柱手中权柄的，是华阳夫人。而华阳夫人最大的闹心事，就是没有给嬴柱生下一个儿子作继承人。她有能力把别人的儿子要过来做儿子，但老婆群中地位高的，华阳夫人若要她的儿子，必有一争，你没有儿子，正好我的儿子可以补上太子的位置，我干吗要给你呢！地位低的，不敢去争，争也没用，还巴不得把儿子送给华阳夫人做儿子。吕不韦选的“奇货”，是嬴柱后宫巴不得把儿子送给华阳夫人的夏姬所生的儿子。

华阳夫人干不干，认不认这个儿子，是全局中关键的关键。这一点，吕不韦不仅看清了，而且运作得极其“商人”。

吕不韦拿出二十四万两黄金，用一半让嬴异人去装点门户，广交朋友，扩大影响。赵国的君亲国戚、达官贵人，以前懒得搭理穷困潦倒的嬴异人，一夜之间看他的眼色全变了，马车豪华了，出手大方了，请客高档了，整个人焕然一新，赞誉之声不胫而走。

吕不韦用另一半黄金贿赂华阳夫人的姐姐。吕不韦虽是富商，但若揣着大把黄金直奔华阳夫人的宫殿，门卫就会把他挡住，甚至抓起来问罪。华阳夫人的姐姐就不同了，她随时可以去，送什么贵重礼物，旁人也不会多心。再说呢，华阳夫人缺儿子，不缺黄金珠宝，华阳夫人的姐姐虽然也不会缺黄金珠宝，但再多也是不嫌多的。

吕不韦用黄金珠宝把华阳夫人的姐姐拉到和自己坐一条板凳后，吕不韦要说的话，便从华阳夫人姐姐嘴里出来了：靠自己的美貌得到宠爱，一旦美貌衰退，宠爱也就消失；夫人得到的宠爱已到极致，但没有儿子，如果不在这时从庶子中培养一位贤才，确定为嫡子，万一有那么一天，色衰爱弛，说也不可能了；庶子群中，嬴异人最有才干，他自知上有哥哥，下有弟弟，嫡子根本没有他的份；夫人如果特别垂爱他，使嬴异人本没有国家而忽然有了国家，夫人本没有儿子而忽然有了儿子，则夫人的宠爱，将在秦国永存。

姐姐的这番话，深深地打动了华阳夫人，于是她流着泪对嬴柱说：我不幸未能为您生一个儿子，愿收嬴异人做我的儿子，我有了儿子，就可以托付终身了。嬴柱深爱华阳夫人，不仅满口答应，而且当即剖开玉石，交给华阳夫人作为信符。嬴柱还特地赏赐给嬴异人很多金银财宝，聘请吕不韦当他的老师。

吕不韦用二十四万两黄金的商人式运作，大获成功。嬴异人这个在二十多位王孙中地位卑微的庶王孙，陡地成了名正言顺的太子，成了秦国的合法继承人。

商人的胃口是填不满的，商人兼政治家的胃口，更是填不满的。吕不韦花二十四万两黄金，买了顶秦国国君继承人的老师桂冠，虽然戴着这顶桂冠，可以谋取比二十四万两黄金高出无数倍的利益，但他并不满足，他还惦着嬴异人给他许诺“得分秦国与君共之”的半壁江山。二十四万两黄金买不来半壁江山，这个账吕不韦算得清楚。君王一旦得势翻脸不认功臣和恩人的历史演绎，吕不韦也很清楚。因而他在帮助嬴异人做合法继承人的目的达到后，开始下一步的盘算，即如何紧紧把嬴异人抓在自己的手上，叫他完全服从自己的意志。于是，在战国时期最令人叫绝的一个美人计，在吕不韦一手导演下上演了。

吕不韦在邯郸做生意，因为有钱，娶了一个邯郸美女，叫赵姬。

吕不韦成了嬴异人的老师后，经常招他到府上喝酒。民间的传说是，开始嬴异人到吕不韦府上喝酒，吕不韦不让赵姬露面，待赵姬怀孕了，才叫赵姬出来斟酒。也许是赵姬实在是太漂亮了，也许是嬴异人本身就是个淫色之辈，还也许是酒喝得半醉起了作用，嬴异人一见赵姬，顿时色眼放光，神魂飘荡，当即提出叫吕不韦赠给他。吕不韦则假装生气，教训嬴异人不能夺老师之爱。他二人一个真要一个假不给地闹腾一番后，吕不韦最终把赵姬赠给了嬴异人。

一年后，赵姬生一子，叫嬴政，即中国历史上赫赫有名的秦始皇。

秦始皇的爷爷嬴柱继位不久便去世了，他的父亲嬴异人继位三年后去世，嬴政继位，时年十三岁，尊吕不韦为相国，号称仲父，主持秦国的国事。

吕不韦为相十三年，特别是因为嬴政年少主持秦国大政方针的十年间，他亲率秦军扩张征剿，壮大国力。东周，这个名存实亡的天下共主，就是在他手里灭掉的。接着发起了对赵、魏、楚、齐、燕、韩等战国六雄的征伐，他的出发点，就是吞并六国，一统华夏。历史不得不这样记载：吕不韦主政时期，在对六国发起的连续征伐中，取得了一个接一个的重大胜利，极大地扩展了秦国的疆域，为秦国一统天下奠定了基础，做出了不可磨灭的贡献。不仅如此，吕不韦一反秦国独尊法术的传统政策，广收天下名流学士，特别是儒、墨、道、法等百家的名士，广泛吸取他们的学派精华，用于秦国内政的治理。吕不韦还一反我国历史上重农抑商的传统做法，主张尚农的同时，提倡“农攻粟，工攻器，贾攻货”，使得秦国的农、工、商全面发展，秦国的工商业者“礼抗万乘，名显天下”，为秦国兼并六国、一统天下奠定了丰厚的物质基础。

懂政治的商人吕不韦，就这样创作了一部属于他自己的《春秋》。

但吕不韦没有就此罢休，他丰富的人生阅历，尤其是他主政秦国的全局谋划，特别是他对治国理政的思考沉淀，使得他还要创作，创作一部属于炎黄子孙的《吕氏春秋》。

公元前239年，即秦王政亲自主政秦国的前两年，吕不韦将网罗天下的三千多学士名流召集起来，共同编纂了《吕氏春秋》。

吕不韦为什么选择在这个时间节点上编纂《吕氏春秋》？史学家说法不一。有的认为，吕不韦已经产生了强烈的危机感，这危机来自年轻气盛、气魄宏大的秦王政。

事情是这样的。

赵姬最早是吕不韦的老婆，赠给嬴异人做老婆后，没过几年嬴异人就死了，丢下赵姬年轻轻地守寡。赵姬耐不得这种寂寞，故而与吕不韦“淫行从密”。眼看着已经当上秦国国君的嬴王政一天天长大，吕不韦害怕了，找了个叫嫪毐的人，拔光胡须，送进太后宫，陪伴赵姬，自己从赵姬那里拔出腿来。吕不韦的腿拔出来了，可嫪毐的腿越陷越深，他与赵姬在太后宫生了两个儿子。嫪毐胆子贼大，密谋杀掉嬴王政，接替秦国国君。

因为这个原因，使得吕不韦恐惧，他预感到自己主持秦国大政的时日不长了，相国的帽子迟早也得摘掉，所以趁自己有权时，召集天下名流学士编纂《吕氏春秋》，假使他日嫪毐的脏事败露，亦可凭一部《吕氏春秋》使自己扬名立万，也使秦王政把他当大学者看待，留一条善终之路。

也有人认为，吕不韦凭着他政治家的敏感，认定秦国一统天下是大势所趋，他作为秦国的相国，必须提早谋划统一后的秦国如何治理，实行什么方针政策维持秦国的长治久安，尤其在思想理论上，必须提出作为一统天下的秦帝国的治国纲领，以迫使秦王政依照自己的主张行事，维持他自己的权势地位。

是不是这样，我们用《吕氏春秋》说话。

《吕氏春秋》全书分纪、览、论三部分。“纪”按春夏秋冬各十二个月分为十二纪，每纪五篇文章，共六十篇。春季部分主要讲养生，劝谏天子发布政令要与春天生养之季相适应；夏季部分讲教育和音乐，劝谏天子发布政令要与万物生长繁荣相适应；秋季部分主要讲战争，以“秋德肃杀”为要，劝谏天子把惩治罪恶、征伐不义放在重要位置；冬季部分主要讲“节丧”“安死”的内容，劝谏天子必须顺应“冬阴闭藏之气”。“览”按“有始”“孝行”“慎大”“先识”“审分”“审应”“离俗”“恃君”等内容分为八览，每览八篇文章。如“有始览”，以“法天地”为宗旨，把天地运行的自然之道作为人事的依据，强调“太一出两仪，两仪出阴阳，阴阳变化，一上一下，离则复合，合则复离”的自然观。“论”按“开春”“慎行”“贯直”“不苟”“似顺”“士容”等内容分为六论，每论六篇文章。如“开春论”，撮取首句“开春始雷”的前二字作为篇名，主要论述“善说”，即“言尽理”，提出了“言尽理而得失利害定”的论断，意在说明节用爱人、明法慎罚等礼义仁法的道理极其重要，以契合“善说”要义。

《吕氏春秋》是中华民族先秦时期的百科全书，也是集炎黄祖先儒墨道法等诸子百家先进思想文化、天文、农业、科技于一体的知识宝库。

该书第一次完整地记载了九野及二十八星宿的名称，这可是天文学的伟大创举。我们的祖先没有在记载星宿的名称止步，而是把每月太阳月亮所在的位置，星星在什么位置和与之相应的节气、物候特征等对应起来，以此告诉人们，太阳、月亮、星星在什么位置，便处于什么节气，该耕种收获什么作物。我们的祖先把彗星、天棓星、天竹星、天英星、有斗星、有宾星等九种星列为妖星，认为这些妖星在不同的季节、不同的位置出现时，人世间就会出现种种怪异，如牛马开口说话，猪狗相互交配，马长犄角等。该书警告君主，出现这样的怪异时，君主要检讨自己，爱民恤民，积德行善，只有这样，灾祸才可避免。

该书第一次比较全面地记载了我国音乐旋律的起源，特别是乐律的六律、六吕，及其计算的三分损益法，为炎黄后人研究古代音乐史，提供了宝贵的资料。

该书第一次全面系统总结了我国先秦时期种植农作物的实践经验，并对种田和供养做出了明确规定，即每个农夫要供养九个人，但种下等田的，要供养五个人，饲养的家畜包括在一个农夫的劳动之内，折合计算。在“任地”篇中，就如何使用土地的问题，包括土质改造、灌溉、除草、耕作等十个方面的具体细节，提出了明确要求。在“审时”篇中，对稻、黍、麻、豆、麦等主要农作物，什么季节种，怎么种，怎么施肥浇水，怎么除草杀虫等，讲得十分详尽。包括庄稼种好了，吃到嘴里是什么味道，吃了对人体有什么好处，等等，都详尽作了介绍。

该书到底还有多少个“第一次”，包括人体有“三百六十节、九窍、五藏、六府”，以及各个器官的生理要求等，是不是第一次论及，因本人的学识粗浅，不得而知。

全书读下来，其知识含量的丰富，使人耳目一新，眼界大开。

比如，古人不睡大房的事；古人染发，但不提倡重复染；古人有复姓叫中行、北人、公肩、东野的等；古代的舞蹈分文、武两种，文舞执羽旌，武舞执盾牌、大斧；古人也赌博，并指出一心想赢的人却赢不了；古人正规的坐姿是，两膝着地，臀部靠在脚后跟上；孔子是大力士，能举起国都城门沉重的门闩；传说我国古代有不穿衣服，也不用遮挡的裸民国，有人长着三张脸的三面国；古中山国的习俗是，以日为夜，夜以继日，男女耳鬓厮磨，互相依偎，纵情享乐，唱歌喜好悲声；古代绘画，青与赤相间谓之“文”，白与赤相间谓之“章”，合起来叫“文章”。等等的知识，我不仅无知，而且还是平生第一次读到。

不知道的实在是太多了，面对《吕氏春秋》传授的诸多知识，我只有汗颜。也有一些知识知道一点儿，但没有完全弄明白。

比如，我们常常看到古文里出现“七尺男儿”之说，知道古时的尺长比今天的短，但究竟短多少，就不知道了。《吕氏春秋》告诉我们，古时的五尺，约合今天的一米多点儿，“堂堂七尺男儿”，气概固然宏大，但个头比我们今天的男儿要矮小很多。

再比如，“郑卫之音”，知道不是那种振奋精神的音乐，属靡靡之音。但为何把“郑卫之音”定为靡靡之音，就不得而知了。《吕氏春秋》告诉我们，“郑卫之音”又叫“桑间濮上之音”。据说一个叫师延的乐官，制作了一曲靡靡之乐，献给纣王。纣王沉迷于这个乐曲，导致亡国，师延也投濮水而亡。后卫灵公路过濮水，听到水面飘来这个乐曲，便叫乐官师涓记录下来演奏，卫国也因此衰亡。

还比如，郭隗与千里马的故事，在我国流传很广，郭隗没找来千里马，只是花重金买了一堆千里马的骨头回来。《吕氏春秋》告诉我们，先秦之前，我国有十位名誉天下的相马大师，经他们相中的马，都是马中极品。十位大师相马各有绝招，相马的部位也各不相同。相马大师寒风，是观察马的口齿；相马大师麻朝，是观察马的面颊；相马大师子女厉，是观察马的眼睛；相马大师卫忌，是观察马的须髭；相马大师许鄙，是观察马的臀部；相马大师投伐褐，是观察马的胸肋；相马大师管青，是观察马的嘴唇；相马大师陈悲，是观察马腿；相马大师秦牙，是观察马的前部；相马大师赞君，是观察马的后部。所有这十位相马大师，相马的一个部位，便知道被相之马的骨节高低，腿脚快慢，体质强弱，才能高下。

还比如，先秦之前是什么人发明创造了什么，为人类做出什么突出贡献，一般人都知之甚少，我基本上是一无所知。读了《吕氏春秋》才知道：大桡创造了六十甲子记日，黔如创造了虏首计算法，容成创造了历法，羲和创造了计算日子的方法，尚仪创造了计算月份的方法，后益创造了计算年份的方法，胡曹创造了衣服，夷羿创造了弓，祝融创造了市肆，仪狄创造了酒，高元创造了房屋，虞姁创造了船，伯益创造了井，赤冀创造了臼，乘雅创造了用马驾车，寒哀创造了驾车的技术，王亥创造了驾牛的方法，史皇创造了绘画，巫彭创造了医术，巫咸创造了占卜术。虽然这些创造背后的故事在该书中没有记载，但有了这些个线索，再去查找资料，也就有了方向了。

当然，《吕氏春秋》不是蒙学教材，它是为秦王朝一统天下而做的思想理论准备，提出了一整套的政治主张作为治国的纲领。这之中，尤其难能可贵的是，儒墨道法等我国先秦之前诸子百家的先进思想理论、政治主张、治国安邦方略等，都经过严格筛选后进行了吸收。

说经过严格筛选，是有依据的。《吕氏春秋》的立言原则，是以先秦之前炎黄祖先七十一位圣贤的论述为依据的。这七十一位圣贤，包括黄帝、炎帝、尧、舜、禹、文王、武王，春秋五霸的君主，当然还包括晏子、孔子、老子、墨子等既有治国安邦实践经验，又有重大思想理论建树的政治家、思想家、理论家和军事家。《吕氏春秋》写道："君子之学也，说义必称师以论道，听从必尽力以光明。听从不尽力，命之曰背；说义不称师，命之曰叛。"谈论道理，一定要引用先贤的话来阐明道义，便是《吕氏春秋》的立言原则，不坚持这一原则，就是背叛。

秦国从西北边陲一路走来，以"独尊法术"作为其治国的基本国策。显然，这一国策用于一统天下的治理是单调的，不够的。一统天下的理论涵盖，必须是儒墨道法等百家理论的精华。这便是《吕氏春秋》所遵循的编纂方向。当然，在这个方向中，法家理论是笔墨很浓的。

民本思想是儒学的精华，《吕氏春秋》吸收其为政治理论，认为民众是国家存亡安危的关键，治理天下，首先要得民心。"人主有能以民为务者，则天下归之矣。""古之君民者，仁义以治之，爱利以安之，忠信以导之，务除其灾，思致其福。"在坚持民本思想的同时，《吕氏春秋》还倡导德政治国，其"劝学"篇鼓励人们加强学习，认为圣贤是"疾学"而成的，那些品德低下的人是因为"生于不学"。至于儒家倡导的诚信和孝道，《吕氏春秋》更是不惜着墨。它把诚信作为天道运行规律看待，认为"君臣不信，则百姓诽谤，社稷不宁；处官不信，则少不畏长，贵贱相轻；赏罚不信，则民易犯法，不可使令；交友不信，则离散郁怨，不能相亲；百工不信，则器械苦伪，丹漆染色不贞。”认为讲诚信，就能与天意相通。它把孝道作为治国之本，把孝说成“三皇五帝之本务，万事之纪”，视孝为“民之本教”，执守孝道，能使“百善至，百邪去，天下从”。认为一个人的罪过，“刑三百，罪莫重于不孝”。总之，儒家的思想精华，包括墨家的兼爱、节用、尚德等理论，在《吕氏春秋》的治国方略中交相辉映。

《吕氏春秋》的天道观非常鲜明，它吸收老子“道生一，一生二，二生三，三生万物”，以及《淮南子》“道始于一”的自然观和宇宙起源理论，并在此基础上大胆突破创新，提出了“道”就是“太一”的主张：“道也道，致精也，不可为形，不可为名，强为之，谓之太一。”“道也者，视之不见，听之不闻，不可为状。有之不见之见、不闻之闻、无状之状者，则几于知之矣。”道家顺乎自然、清静无为的理论，在《吕氏春秋》劝谏天子的“无为”“礼贤”中得以充分体现。比如“下贤”篇，歌颂了得道之人的高尚情操，赞美其不把贫贱富贵放在心上，“以天为法，以德为行，以道为宗，与物变化而无所终穷，精充天地而无竭，神覆宇宙而无望”。劝谏君主向尧帝学习，不以帝王的身份去见得道圣贤之士，而应恭恭敬敬，以礼相待。

这里，有必要也说说佛教。佛教是西汉末年从印度传过来的，在我国的先秦时期，似乎没有佛教一说。但《吕氏春秋》读下来，佛教的一些重要思想，在其治国理念中多有体现。如多处阐发的“君也者，以无当为当，以无得为得者也”；“思虑自心伤也，智差自亡也，奋能自殃，其有处自狂也”；“至神逍遥倏忽，而不见其容；至圣变习移俗，而莫知其所从；离世别群，而无不同；君民孤寡，而不可障壅”；“得道者必静，静者无知，知乃无知，可以言君道也”。这些论述，与佛教理论中“五蕴皆空”“诸法空相”“心无挂碍”“无智亦无得”等，是完全契合的。该书中还多处着墨，倡导佛教“行善积德”“以善消灾”的理念，并用很多小故事予以佐证。有一个故事是这样的：成汤为帝时，庭院里突然长出一颗奇异的谷子，傍晚的时候发芽，第二天天亮时就长成两手合围那么粗了。臣僚提出占卜，成汤不同意，他说：怪异的事物是灾祸的先兆，如遇到怪异的事不做善事，灾祸就会降临。于是成汤早上朝，晚退朝，探望民间病人，吊唁乡间死者，千方百计安抚百姓。三天后，庭院里的异谷便消失了。

《吕氏春秋》在阐释一系列治国安邦理论时，不是只搬出先秦之前炎黄七十一位圣贤的话作论断，而是选择了很多小故事予以佐证。这些小故事，不少来自民间，非常鲜活，生动地揭示了炎黄祖先的大智大慧。

“介立”篇讲了一个小故事，是这样的：东方有位叫爰旌目的名士，行路途中饿晕倒地。狐父那个地方一个叫丘的强盗看见了，摘下盛有水泡饭的壶去喂他。喂了三口后，爰旌目醒过来了，便问他是什么人，丘说自己是狐父的丘。爰旌目一听，顿时大惊失色，说：“呔！你不是强盗吗？我信守节义，绝不吃你的食物！”说罢，两手抓地往外吐吃下去的东西，吐不出来，喀喀地哎了一阵，就趴在地上死了。这个小故事要说明的道理很明确，指世人要保持高尚的节操，不能为三斗米折腰。

“疑似”篇讲了一个小故事，是这样的：梁国北部有个黎丘乡，那里有个奇鬼，善于模仿人的子孙的样子。当地有个长者上集市，喝醉了酒往家走，奇鬼就模仿他的儿子，搀扶他回家，一路上苦苦地折磨他。这位长者回家后酒醒了，斥责他的儿子，他的儿子哭着磕头，说：您这是遇到鬼了！我昨天到东乡去了，有人能作证的。长者相信了儿子说的，也确认是那个奇鬼捣乱。第二天，长者带着利剑，特地到集市饮酒，又喝醉了。他的儿子放心不下，特地去接，长者见到他儿子，拔剑就刺，把儿子杀死了。这个小故事是劝谏君王对于“疑似之迹，不可不察，察之必于其人”。文章甚至认为，即使最贤明的舜做车夫，尧做主人，禹做车右，进入草泽也要问牧童，到了水边也要问渔夫。

在“用民”篇讲了一个小故事，是这样的：宋国有个人急于赶路，可他骑的马不肯往前走，他把马杀了，换了一匹马赶路。可这匹马还是不肯往前走，他又把这匹马杀了，又换了一匹马。如此换了三匹马，杀了三匹马。吕不韦讲这个故事要说明的问题是：有的人只想树立自己的威严，而不知道树立威严的方法。这种人在君主身边很多。有了官职地位，有没有本事他不去想，先把架子端起来，威风耍起来，以为这就是威严。其实，威严是要有凭借的，凭借什么？凭借爱和利。为官者，爱民之心，为民谋利之心，被民众认同了，威严才能树立起来。

……

《吕氏春秋》讲述的这种小故事很多，故事所揭示的道理非常深刻。不仅如此，为解释某个道理而打的比方，也极其精妙！

比如，为了强调君主建功立名的关键在于求得贤人，它打的比方是：假如有这样一个良医，他给十个人治病，治好了九个，那么，找他治病的人就会成千上万。求得贤士，就好比良医治病一样，成千上万的人都会归附。再比如，为使君王认清什么是目的，什么是手段，引用了道家大师子华子劝谏韩昭釐侯时打的一个比方。韩魏两国为一块土地争得不可开交，子华子对韩昭釐侯说，假如天下所有的人给您写下铭文，“左手抓取这篇铭文就砍去右手，右手抓取这篇铭文就砍去左手，但只要抓取了这篇铭文就一定占有天下”。请问您是抓取呢，还是不抓取呢？听了子华子所打的比方，韩昭釐侯掂量出了轻重，放弃了与魏国的争夺。

类似这样的比喻很多，就像坐在教室听课一样，担心学生听不懂，老师信手拈来，用学生经历过或知道的事情打比方，叫学生一听就懂。

此外，《吕氏春秋》在提倡顺应自然天候而养生的论述中，不少道理今天仍完全适用。比如：水中含盐分及其他矿物质多的地方，多有头上无发和颈上生瘤的人；水中含盐分及其他矿物质少的地方，多有脚肿和痿躄不能行走的人；水味甜美的地方，多有美丽和健康的人；水味辛辣的地方，多有生痘疮和痈疮的人；水味苦涩的地方，多有患鸡胸和驼背的人。这些知识，就是今天行医的人，也不会不赞同。再比如，该书的养生理论，提倡饮食要按时，要无饥无饱；性欲要有所节制，不得纵情过度；要保持经常运动，以使精气流通，防治郁结生病。《吕氏春秋》特地告诫后人：“出则以车，入则以辇，务以自佚，命之曰‘招蹷之机’。肥肉厚酒，务以自强，命之曰‘烂肠之食’。靡曼皓齿，郑卫之音，务以自乐，命之曰‘伐性之斧’。三患者，富贵之所致也。”

三患者，富贵病也。

《吕氏春秋》成书两年后，嬴政亲自主政秦国，嫪毐与赵姬淫乱的事败露，吕不韦脱不了干系，相国被免，回到河南老家。一年后，秦王政赐信给他，用严厉的斥责发出要砍他脑袋的信号，吕不韦深知自己走到路的尽头了，服毒自杀。

吕不韦死了，但他留下了炎黄子孙世代传诵的《吕氏春秋》，在这部不朽之作中，吕不韦永远鲜活！

董仲舒与《春秋》

公元前140年，年仅十七岁的汉武帝刘彻，下诏在全国征召贤良学士，并以“古今治国之道”为题，亲自主持考试。

全国各地以悬梁刺股之艰辛而从古代诗书中寻找升迁之道的一群儒生，汇集在汉武帝刘彻招贤纳才的旗帜下，吭吭哧哧、之乎者也地讲述从古经中搬来的治国之道之皮毛。

董仲舒，就站在这群儒生之中。

考试轮到董仲舒了，他漫步登上考试殿堂，一口气回答了武帝刘彻提出的三个问题，即大道之要，帝王之道，天人之应。

武帝刘彻一连提出这样三个问题向董仲舒发问，是有原因的。

刘彻是少年天子，他十六岁从父亲景帝刘启手里接过帝位，戴上武帝的皇冠。刘彻的一帮兄弟姐妹和叔伯舅爷，也就是爷爷刘恒、父亲刘启的三宫六院美女姬妾所生的皇子和皇亲国戚，在年轻的武帝刘彻登基之前，就已经形成了一股掣肘他的强大政治势力。且这帮源于父辈血统的皇亲国戚，胃口大得无论享受什么特权都填不满，经常以最荒诞、最龌龊的胡作非为，包括以造反叛乱来释放其破坏性。

武帝刘彻当然知道，他的爷爷文帝刘恒，是一位宅心仁厚的皇帝，他对被高皇后吕雉迫害的皇子皇孙，极尽宽容。可他的兄弟刘长，即刘邦“幸”过的一个邯郸美女生的儿子，擅杀朝廷命官，罪当腰斩，他却极力袒护。刘长在自己的封国出入乘坐黄盖辇车，比拟天子，在受到指责后，便南联闽越，北通匈奴，乞师大举，反叛朝廷……

武帝刘彻当然记得，他的父亲景帝刘启，克勤克俭，兢兢业业，对流淌着刘氏血脉的皇亲国戚，也是多有迁就，厚加宽容。可在他黄袍尚未穿热时，刘邦的一群儿子、孙子，不满足在各自封国享受的奢华富贵，在吴王刘濞的号召下，胶西王刘卬、胶东王刘雄渠、淄川王刘贤、济南王刘辟光、赵王刘遂、楚王刘戊，全都举起反叛的旗帜，向刘启的帝位发起猛烈进攻……

虽深居皇宫之中，一直被人哄着捧着长大的少年天子刘彻，对皇宫之外各封国的情况也十分清楚。

燕王刘定国，与父亲的妃子私通，并生下儿子。这还不算，他还强占弟弟的老婆，后来发展到与自己亲生的三个女儿乱淫……

江都易王刘建，还是太子时，就把别人献给父王的一个美女，留下自己享用。在他父王去世时，刘建把十个美女召到守丧庐舍，叫她们全部脱得一丝不挂，与她们群奸群宿。刘建的亲妹妹前来为父亲吊丧，刘建以国王的身份逼妹妹与他成奸。刘建游览素台宫，叫四个宫女挤在一条小船上，从小船的晃晃悠悠和四个宫女的尖叫声中寻求刺激。觉得不过瘾，又故意把小船弄翻，看着四个不会游泳的宫女在水中挣扎而放声大笑，拍手称快。在刘建的宫中，对有过失的宫女，扒光她们的衣服，或叫其击鼓，或叫其爬树，且爬到树上不让下来。对过失大的宫女，刘建常常放出狗来将其活活咬死。尤其令人发指的是，刘建令人把宫女的衣服扒光，捆住宫女的手脚，捉来公羊或公狗与其交配……

赵王刘彭祖，每当中央政府派来的丞相到任，他便装扮成下人，到客栈去迎接，设置许多巧诈的问题引诱对方，作为对其进行要挟的把柄。使得到赵国为相的朝廷命官，要么很快被朝廷惩治，要么睁只眼闭只眼，任其胡作非为。刘彭祖还有一个爱好，常常夜里溜出宫殿，到客栈对商人进行敲诈，吓得商家都不敢在邯郸留宿……

在各诸侯国发生的诸多龌龊中，武帝刘彻还看清了一点，即由于自己年少，太皇太后、皇太后对他的权力多有限制，因而源于刘氏血脉的这帮皇子皇孙，不仅胡作非为的胆量放大，而且对他取而代之的欲望急速膨胀。

面对这种严峻的形势，抱负宏大的少年天子刘彻，决定招贤纳才，把一批满腹经纶、各具治国才略的人士招揽到自己身边，以巩固自己的天子地位，树起不可轻视的绝对权威。

董仲舒的应对，契合了武帝刘彻的心意。在大道之要、帝王之道、天人之应的三策应对中，董仲舒君权神授的论述，天子是天之子的论述，大一统的论述，中央政府高度集权的论述，用儒家学说教化天下的论述，包括“天不变，道亦不变”的论述等，正是武帝刘彻最愿意听到的理论。尤其是这么多单个的理论，从董仲舒嘴里形成体系说出来，使得年少的武帝刘彻，虽然始终端着天子的架势，但掩饰不住的认同感从发问中流露出来。

董仲舒捕捉到了武帝刘彻的这一变化，故而在应对的最后，大胆提出：《春秋》大一统者，天地之常经，古今之通谊也。今师异道，人异论，百家殊方，指意不同。是以上亡以持一统，法制数变，下不知所守。臣愚以为诸不在六艺之科、孔子之术者，皆绝其道，勿使并进。邪辟之说灭绝，然后统纪可一，而法度可明，民之所从矣。

董仲舒以“罢黜百家，独尊儒术”作为应对的总结说出来以后，长舒了一口气。

董仲舒的殿试获得巨大成功，武帝刘彻大为赞许，一张嘴把他提升为江都国丞相。董仲舒以一本《春秋》搭桥，一步登上食邑两千石的高官。政治嗅觉极其灵敏的丞相卫绾，从董仲舒的殿试及重用上嗅出了武帝刘彻的政治图谋，呈上一册奏折，建议“凡是研究申不害、韩非、苏秦、张仪言论的，都是乱政之辈，请一律罢黜”。

武帝刘彻准奏。

从此，百花齐放、百家争鸣画上了一个惨痛的句号，思想学术自由翱翔的翅膀被封杀，取而代之的是，一个天子，一种理论，一统天下。

董仲舒在汉景帝刘启时被授予博士，沿着《公羊春秋》的轨迹，专攻孔老夫子的《春秋》，并设帐讲学。他让学有所成的老弟子教新弟子，自己则关在屋里勤学苦研，三年竟没有去过一次后花园。他是做学问的，属于书呆子。一方面，他到江都国做丞相，主持一个封国的政务，不是他的长项。另一方面，学识支撑起来的人格，使得他不可能与当时流行的潜规则同流合污，因而他在江都国丞相的位置上，没有大的建树。只是在江都易王刘非提出“桓公决疑于管仲，寡人决疑于君”，想请董仲舒帮助他推翻武帝刘彻，夺取中央政权，“卒为霸主”时，董仲舒旗帜鲜明地进行了规劝，获得江都易王的认可，也使得董仲舒在江都国丞相的位置上平安无事地待了六年。

从书斋走出来的董仲舒，在江都国丞相的位置上，想做官却做不好，想搞学问又没那么多时间，放下却又放不下。正是在这样一种状态下，董仲舒这个江都国丞相，做得晃晃悠悠，无建树，也无过错。恰在这时，公元前135年2月发生的辽东高庙和4月发生的高园便殿两次火灾，使得董仲舒又拾起了他做学问的老本行。

在常人看来，发生火灾是正常的事，可董仲舒不这么看，他运用自己研究的理论，把它上升到灾异谴告的高度，并且与皇帝做得不好联系起来。于是，他匆匆忙忙拿起笔来，写了一篇《灾异记》，得出的结论是：“在内不正者，虽贵如高园殿，犹燔灾之，况大臣乎！此天意也。”矛头直指武帝刘彻，把灾祸引到自己的头上。

《灾异记》写完之后，董仲舒就是否上书武帝刘彻有些犹豫，毕竟这么做是有危险的，他也舍不得丢弃两千石的官位和俸禄。可他写《灾异记》的风声传出去了，一向与他不和的主父偃，不知通过什么途径，“窃其书而奏焉”，把董仲舒还没想好交不交给武帝刘彻的《灾异记》，交上去了。武帝刘彻二十岁冒头，正血气方刚，一看《灾异记》便火了，“召诸生示其书，有刺讥”，于是下诏严加惩处。

查处的任务交给了吕步舒，他是董仲舒的弟子，但不知《灾异记》是董仲舒所著，认为作者是“下愚”，打算逮捕斩首。查着查着查清了，知道作者是自己的恩师董仲舒，下不去手了，转而向武帝刘彻恳求。武帝刘彻当然想得起“天人三策”来，于是对董仲舒手下留情，“幸蒙不诛”，但把他的江都国丞相帽子摘了，降为中大夫。

董仲舒幸免于难，只好打道回府，回到今河北景县河渠乡大董故庄，过他宁静的乡村生活，开始研究他的《春秋繁露》。

主父偃为什么陷害董仲舒？有必要说一说。

主父偃戴的也是一顶“儒者”帽子，他抱着儒家的经书寻求升迁之道，游荡了四十余年，也没有找到路径，家人亲朋都看不起他，他如一条丧家之犬，六十来岁了尚未尝过被人尊重的滋味。董仲舒的应对使得儒术独尊后，主父偃觉得有可乘之机了，一连九次上书武帝刘彻。毕竟抱着儒家经书游荡了四十余年，儒家一些理论观点，主父偃也能搬出来说事，所以九次上书，八次得到武帝刘彻认可。比如，主父偃在谏伐匈奴的上书中写道：“国家虽然广大，好战一定灭亡；天下虽然太平，忘战一定危险。”虽然这话是从《司马法》里抄来的，但他毕竟能抄来，且运用得恰到好处。所以他抓住机会，一年之内升了四次官，由一个流浪汉升至谒者，主管朝廷礼宾事宜。

登上谒者高位的主父偃，创造了一套“贪理”，他是这么说的：“我自束发游学四一余年以来，一直不得志，以致父母不把我当儿子，兄弟不收容我，朋友也遗弃我，我穷困的日子太久了。一个男人活着的时候不能做大夫备五鼎、烹佳肴，死的时候也要备五鼎、烹佳肴来祭祀。我现在就好像路途遥远而太阳已经下了山一样，等不及了，所以我要倒行逆施，急暴从事。”

主父偃“贪理”的核心是“等不及了”。他游荡了四十余年，积攒了四十余年的怨恨，当上朝廷谒者时，已经一把年纪了。年轻的时候浑身有的是劲儿却没本钱去使，如今老了有本钱去使吧，又没有多大劲儿了，也使不了多长时间了。于是乎，主父偃浓缩人生，急暴从事，利用有限的时间去做无限的贪婪，大肆敛财，毫无顾忌。所以当得知董仲舒写了《灾异论》，对武帝刘彻“有刺讥”后，主父偃便不惜充当小偷，将《灾异论》偷出来，接着充当告密者，把《灾异论》交给武帝刘彻。这种下三滥的卑鄙手法，与主父偃“等不及了”的贪婪人格是完全吻合的。

董仲舒回到大董故庄后，除了研究他的《春秋繁露》外，几乎没有演绎出任何故事，朝廷偶尔派人去看望他，顺便向他讨教一些问题，日子过得平静如水。

公元前130年，武帝刘彻再次组织全国招募人才的统一考试。此时信奉黄老学说的窦太后死了，再没人能阻止他“独尊儒术”了。一批钻研六经特别是《春秋》的儒生，汇聚在武帝刘彻“独尊儒术”的旗帜下。董仲舒应试，再次被录为博士。年过六十五岁的公孙弘，也是再次被录用为博士。

公孙弘这个博士，董仲舒是看不起的。

公孙弘庶民出身，年轻时做过几天薛县的狱吏，因犯法被免职回家。回家没事做了，便在家乡的海边放猪。成天赶着一群猪在海边游荡，与猪为伴，望着浩瀚无垠的大海发呆，无聊至极，公孙弘很不甘心。年过四十之后，公孙弘抱起一本《春秋》，从中寻找做官的路径。

武帝刘彻登基后的第一次招揽人才考试，已经年满六十的公孙弘应召赶考，把读了二十年的《春秋》搬出来应对，一考过关，被任命为博士。武帝刘彻第一次派公孙弘出使匈奴，结果公孙弘把事情办得大出其格，完全偏离武帝刘彻的意图；再派他巡视西南夷，公孙弘不接受教训，“还奏事，盛毁西南夷无所用”，以“罢弊中国以奉无用之地”为由，反对东置苍海，北筑朔方，惹得武帝刘彻很恼火，被罢官回家。回家继续放猪他不甘心，在武帝刘彻第二次招揽人才的考试中，公孙弘又来了，结果一百多人参加考试，公孙弘考了个倒数第一名。殿试结果送到武帝刘彻手里以后，刘彻莫名其妙地御笔一勾，把最末一名勾到第一名，公孙弘再次被录为博士。

两度为博士，第一次被免官回家，这次的机会就不能错过了。于是乎，公孙弘仍旧抱着那本《春秋》，遵从儒术的做派，把自己练成了一个既虚伪又阴险的杂合物。因为虚伪，他骗取了许多臣僚的赞许；因为阴险，他把自己隐藏包裹得很深。因而他官运亨通，爬上了汉朝廷丞相的高位。

骗得了其他臣僚，骗得了皇上，但骗不了满腹经纶的董仲舒。董仲舒看不起公孙弘的人格，认为“弘为从谀”，公孙弘因而对董仲舒“嫉之”。

已经登上丞相高位的公孙弘，虽然表面上对董仲舒十分尊敬，任何时候、任何场合都装出一副与董仲舒“亲密得如同生死之交”的样子，但他的骨子里就刻下了董仲舒骂他“从谀”的仇恨，找机会报复，是公孙弘虚伪加阴险的必然反应。

公元前124年，公孙弘向武帝刘彻举荐董仲舒，叫他去胶西国任丞相。

胶西国的国王刘端，是武帝刘彻同父异母的哥哥。这个患有阳痿病的暴君，不能享受女人却夜夜要更换女人。他掌握的资产财物不让登记，府库因损毁漏雨而使得物资霉烂，损失以万万计。刘端还时不时地赶走所有侍从和警卫，封闭宫门，自己则换上粗布衣衫，常常在深夜溜出宫去，似流氓痞子一般敲诈商户，抢劫财物。尤其令董仲舒深感畏惧的是，朝廷派往胶西国食邑两千石的官员，刘端都千方百计设置陷阱，给予治罪，治不了罪的，他就亲自下手，请其喝酒时，在酒里下毒将其毒死……

去给这样一个恶棍当丞相，董仲舒知道自己会是个什么下场。权衡再三，董仲舒上任没几天，便称病辞官，回到景县老家。从此，他短暂的从政生涯画上了句号，他漫长的学术构建重新开始。

《春秋繁露》是董仲舒学术理论研究的传世佳作，其理论成果的最显著特色，是智慧。

让我们细细品评。

董仲舒一下笔，即是对社会上、学术界对《春秋》存有疑惑的问题进行解释。孔老夫子编纂的《春秋》，“约其文辞而指博”，加之他大量运用“春秋笔法”记人记事，甭说识文断字的普通人看不懂，就连专门研究《春秋》的人，也有许多记载搞不懂。董仲舒是大学者，长时间的研究，使得他对《春秋》融会贯通，理解深透。因而在《春秋繁露》的前半部分，董仲舒挑出社会上普遍感到疑虑不解的四十多个问题，采取提问解答的方式，一一作了解释。比如，我国古代丧法规定，大丧之后不过三年不能娶妻。文公四十一个月后娶妻，过了三年，合乎丧法，可孔老夫子编纂的《春秋》，仍予以严厉批评。很多人对此不理解，孔老夫子“讥之”对吗？董仲舒旗帜鲜明地维护孔老夫子的《春秋》，他的解释是：人们的疑惑是源于表象，而没有看到本质。文公“取必纳币，纳币之月在丧分，故谓之丧取”。用现在的话说即是，文公娶妻虽在三年之后，但他决定娶妻，尤其是送彩礼的时间，是在三年丧期之内，这是问题的本质，所以孔老夫子“讥之”，予以严厉谴责。再比如，孔老夫子说过，春秋无义战，可在孔老夫子的《春秋》里，有两次复仇的战争称为义战，这怎么解释？董仲舒解释道：这就好比说一亩地里颗粒无收，但还是有几棵麦苗一样。近三百年之久，各种战争不计其数，但正义的复仇之战只有两次，把只有几棵麦苗，说成“无麦苗”没有不妥。

对《春秋》诸多问题的权威解释，不是炫耀董仲舒的学识，而是向全社会宣示这样一个道理：我董仲舒提出的学术理论，不是空穴来风，而是源于圣学，是炎黄祖先的正宗理论。

沿着这个思路，董仲舒张扬了他的智慧理论。

董仲舒的智慧理论，聚焦在“天人感应”上，他首先用“君权神授”，把天子捧上天。董仲舒继承古人对天的神化，把天说成是天地万物的主宰，是至高无上的，“天不变道亦不变”，任何力量都丝毫撼动不了天的绝对权威。皇帝就是上天派自己的儿子来主宰天下的，皇帝就是天子，是只有上天才能授予的绝对权威。董仲舒在“天人之应”的对策中，“君权神授”的阐述，少年天子刘彻听了心花怒放。他正需要这样的理论，论证他这个皇帝是神授的，是天意，是绝对权威。

接下来的理论构建，董仲舒还是沿着天展开的。他提出“天之数，人之形，官之制，相参相得也”。他分析指出，天道莫不成于三，天有日、月、星三光，地有高、下、平三形，人有君、父、师三等。一日由早、中、晚组成，三日组成一规，三旬组成一月，三月组成一季，三季而完成事功。董仲舒说：“求天数之微，莫若于人。”为什么？因为人的身体有四肢，每个肢体有三节，三乘以四为十二，十二节相互支撑，人的形体就立起来了。不仅如此，一年有四季，每季三个月，三乘以四为十二，十二个月相互承接，一年的时间也就结束了。官员的设置也是顺应上天的安排，天子下面有三公，三公下面有九卿，九卿下面有二十七大夫，大夫下面有八十一元士，总计一百二十人，构成了官员结构。为了强化他的天人之应，董仲舒把天的一年四季，与人的喜、怒、乐、哀对接起来；把十月怀胎，与天道的功效对接起来；把春夏秋冬四季，与庆、赏、罚、刑四政对接起来，形成了“天德施，地德化，人德义。天气上，地气下，人气在中间”的“人副天数，天人一致”理论。董仲舒分析指出，从类的角度看，人头圆像天，足方像地，头发像星辰，耳目像日月，鼻口呼吸像风和气。从数的角度看，人有小关节三百六十节，与一年的天数相当，大关节十二节，与一年的月数相当，人体有五脏，与五行相当，人有四肢，与四季相当，眼睛一开一合，与昼夜相当，性情有时刚强有时柔和，与冬季、夏季相当，有时悲哀，有时欢乐，与阴阳之气相当。这都说明，天与人是合一的，天人之间可以相互感应、相互触动……

如果董仲舒的研究仅仅停留在这个层次，难免给人牵强、编排的感觉，没有多少新意，也不成其理论。但细细地把《春秋繁露》读下来，一种强大的理论思维迎面扑来，创造这种理论的智慧，令人拍案叫绝！

董仲舒在对“天人感应”做了如此多的铺垫后，把自己最想说的，也即是最关键的说出来了：天子是上天派到人世间的主宰，但天子是天之子，必须听命于天。请注意：经过董仲舒“天人合一”契合后的这个“天”，就是民意。他说：“天之生民，非为王也，而天立王，以为民也。故其德足以安乐民者，天予之；其恶足以贼害民者，天夺之。”其核心是，天之子为民造福，就成其为天子，贼害民众，上天便会夺去天子之位。其理论依据是“天人感应”，即人民的言行举止，可以上感天，下动地，决定君主的兴废存亡，君行道，民必归之，君行不义，民必叛之。那么道是什么呢？董仲舒的结论：道即是天。天是什么呢？天即是儒家治国教化天下的儒学。“道者，所由适于治之路也。仁义礼乐皆其具也。”

董仲舒“天人感应”的核心在于，能量巨大无比的天，是一种外在的、不可捉摸的神秘力量，这种力量的施展，在于是否宜于民，宜于民，便能受天之佑，享鬼神之灵。不宜于民，虽贵为天子，终究要被推翻。

如果“天人感应”的理论构建就此打住，那是远远不够的。董仲舒清楚，武帝刘彻抱负宏大，一种上感天，下动地，决定君主兴废存亡的“民意”理论，是吓不住他的。凭武帝刘彻的脾气秉性，他会大嘴一张，大手一挥，把这一理论废弃掉。而要使武帝刘彻接受这一“民意”理论，必须延伸并嫁接一种理论，作为说服他的理由。

于是，在董仲舒“天人感应”的理论中，延伸并嫁接了一个理论，即灾异谴告说。

灾异谴告说的核心是：“国家将有失道之败，而天乃先出灾害以谴告之。不知自省，又出怪异以警惧之。尚不知变，而伤败乃至。”天的谴告，并非无缘无故，而是有的放矢。“凡灾异之本，尽生于国家之失。”“天子不能奉天之命，则废。”

至此，董仲舒完成了“天人感应”理论的闭合。也完成了他这一智慧理论对天子的制约，包括恐吓。

是啊！天子是上天的儿子，他的权力是上天赋予的，人世间没有力量能管束他，任由他暴虐放任，可就苦了天下百姓了！“天人感应”理论明明白白地告诉天子，你不要以为你是天子，就没人管你了，上天是你的老子，上天能管住你，你的执政宜于民，你便能受天之佑，享鬼神之灵，不宜于民，你以为上天就不管你了，上天会废掉你的天子之位。

不能只是限制和恐吓，还必须讲出一番道理，叫天子接受。于是董仲舒设计的灾异谴告说，有退有进，循序渐进。当发现天子的执政“有失道之败”时，第一个层次是“灾害谴告”，即以大涝、大旱，或大地震等自然灾害，向天子发出谴告。在这个层次，如果天子受到谴告，改邪归正，回到“宜于民”的轨道上来，自然灾害就会停止。如果天子在“失道之败”的道路上继续往前走，那么第二个层次就不是灾害谴告了，而是用“怪异警惧”。如太阳被天狗吃了，星星像下雨一样坠落，彗星拖着长长的尾巴横扫天际，蝗虫铺天盖地飞来，鸟儿在天空中退着飞，山上的巨石突然立起来，等等。在受到上天的“怪异警惧”之后，天子仍不知悔改，那么第三个层次就是“伤败乃至”，即不可挽回的祸殃降临，天子就要换人了。

这可是天子最惧怕的事情！

董仲舒清楚，作为一种理论，仅仅使天子知道惧怕还不够，还必须教他懂得解除灾异的方法。于是，董仲舒一改《尚书》关于五行排列的“天次之序”，将水火木金土的排列，改为木火土金水，尊土为五行之主。利用这个顺序，提出了五种解救灾异的方法。董仲舒提出：“五行变至，当救之以德，施之天下，则咎除；不救以德，不出三年，天当雨石。”具体说，当“木”发生变异，草木就会在春天凋谢，说明劳役赋税太重，解救方法是，减少征发劳役，减轻百姓税赋，开仓救济贫困的百姓；当“火”发生变异，就会出现冬暖夏冷的反常现象，说明君主不能赏善惩恶，贤良人士不得重用，隐居不仕，解救的方法是，推举贤良人士，奖赏有功人员；当“土”发生变异，大风就会横扫大地，五谷会受到损失，说明君主不信任贤者，不尊敬长辈，生活上荒淫放纵，解救的方法是，少建宫室，重用孝敬父兄之人，抚恤庶民百姓；当“金”发生变异，毕星和昴星就会回施三重，兵事不断，盗贼多有，说明君主背信弃义，贪图财货，解救的方法是，选用廉洁正直的人为官，推行教化；当“水”发生变异，冬天就会多雾，春夏就会下冰雹，说明国家法令松弛，刑罚得不到实施，解救的方法是，关心监狱的犯人，诛杀严重犯罪的人，在全国举行五天的统一搜查行动。

董仲舒提出的利用五行解救灾异的方法，所揭示的问题，都直指天子，所预期的效果，都是庶民百姓。

还没完，董仲舒又把君王的自身修养与五行对应起来。一是对应“貌”。君王对大臣没有礼貌，态度不恭敬，那么木材就不成材，夏天多暴风。二是对应“言”，君王的言论不能使百姓信服，那么金属就做不成器物，秋天多霹雳。三是对应“视”，君王的目光被佞臣蒙蔽，大火就会向上燃烧，秋天多闪电。四是对应“听”，君王的言路闭塞，听觉不清晰，水就会往下渗，春夏两季就会暴雨相连。五是对应“思”，君王心胸不宽容，农业就没有收成，秋天多雷。

不难看出，董仲舒设计的君王自身修养与五行对应，其实质，是告诫君王按儒家思想，朝着“宜于民”修炼。

为了证实“天人感应”的真实可靠，董仲舒在《春秋繁露》中大谈了一番求雨术和止雨术。他说：“天有阴阳，人亦有阴阳。天地之阴气起，而人之阴气应之而起；人之阴气起，而天地之阴气亦宜应之而起，其道一也。明于此者，欲致雨，则动阴以起阴，欲止雨，则动阳以起阳。”他由此认为，大禹为什么治水？是因为舜帝去世，百姓如丧考妣，天下停止音乐演奏三年。这三年的时间，阳气被阴气压住了，所以大禹继任后，天下大雨滂沱，到处洪水泛滥，他不得不先治理水患。求雨的要点是：百姓不能生火，不能冶炼，男人要躲藏起来，“暴巫聚尪八日”，即把女巫和脸面畸形向上的人，聚集在一起，让烈日曝晒八天。女巫好理解，尪人即脸面畸形向上的人，这种人不喜欢下雨，原因是下雨时，雨水会沿着他畸形的脸倒流到嘴里和鼻孔里去，曝晒女巫和尪人，老天就会下雨。止雨的要点是，女子要躲藏起来，祭祀活动只敲锣击鼓，但不能唱歌，等等。在《春秋繁露》中，董仲舒不惜笔墨，完整地记载了他主持止雨时向神社的祝告词。祝告词也没有什么特别的，只是很虔诚地请求社神，停止下雨，解除百姓的困苦。至于管不管用，雨有没有停下来，就不知道了。

读完《春秋繁露》，掩卷沉思，感慨颇多。该书无疑是一部儒学宝典。董仲舒提出的各种理论，包括灾异谴告说和求雨止雨说等，在祖先的经典中都能找到原始依据。但我们还是要说，搬来祖先的经典，经过自己的深入思考，整合成新的理论体系，这是只有董仲舒才能完成的伟大创举！尤其是他对“天人感应”的阐释，高举“宜于民”的旗帜，把包括皇帝在内的天下子民，纳入儒学教化的轨道，这一智慧理论，千秋万代闪闪发光！

第二部分

争霸之春秋

春秋，演绎的是争霸之春秋。

春秋有“五霸”之说，哪“五霸”？说法不一。

《荀子·王霸》的排序是：齐桓公、晋文公、楚庄王、吴王阖闾、越王勾践。

《风俗通·五伯》的排序是：齐桓公、晋文公、秦穆公、宋襄公、楚庄王。

除了齐桓公、晋文公、楚庄王始终在霸主的序列外，秦穆公、宋襄公、吴王阖闾、越王勾践是不是霸主，史学家争论不休，质疑不断。

秦穆公虽未称霸中原，但他称霸西域，无可厚非，当是霸主。

吴王阖闾把强大的楚国打残了，帮中原诸国出了口气，他虽在霸主的平台没晃几下便下来了，但毕竟上去过。

越王勾践灭吴后，周王室送去了胙肉，被封赏为“侯伯”，也算有个正式的霸主注册。

至于宋襄公被称作霸主，难以令史学家信服。他在齐桓公去世后，觉得是个机会，摆出霸主的谱搞多国会盟，结果霸主没当成，还被楚军俘虏。这等霸主，历史的底气不足。

鉴于以上情况，笔者所写的“争霸之春秋”，舍下了宋襄公，加上了郑庄公。

郑庄公不被周王室认定为霸主，源于他与周王室的恩怨。郑庄公作为周王室的上卿，二十多年未履行“替天子讨不庭”的职责，周平王气不过，周桓王也气不过，虽然他高举“尊王攘夷”的大旗，极力与周王室修好，但周王室不认账，周桓王还率诸多小国对郑国群殴。郑庄公忍了又忍，绝地反击，本可乘胜将周王朝灭掉，可他在关键时刻，让出道来，叫周桓王体体面面地回去。这一做法本身，便是霸主作为，符合“以力假仁者霸”的春秋大义。

“以力假仁者霸”的郑庄公

郑庄公姬寤生，十三岁继位，用二十多年时间，摆平了母亲和弟弟对他君位的抢夺，稳住了国内的局势。但他作为周朝的上卿，二十多年没有履行为周王朝催粮派款、武装缴贡的职责，连到洛邑觐见周天子的事都没做，可犯了大忌。

周天子是天下共主，上卿相当于周天子的政府总理，上卿这个职务，不是自己的爷爷与周天子的爷爷有血缘关系，是当不上的。姬寤生从父亲手里接下国君，同时就接下了周朝上卿。按照周武王的规定，各诸侯国每年要派大夫来洛邑汇报工作，同时交付纳贡，三年要派国中的上卿来，五年诸侯要亲自来。一年不来的要降爵位，两年不来的要收回国土，三年不来的要点兵讨伐。姬寤生在郑庄公的位置上穿了二十多年周朝上卿的朝服，却不搭理周天子，后果极其严重。

对此，郑庄公十分清楚。

天子周平王率先出招，提议西虢国的国君虢公忌父当上卿，取代郑庄公。忌父也是王室贵族，符合接任上卿的血缘条件。但忌父的父亲虢石父是周幽王的亲信，也就是那个为逗褒姒一笑而“烽火戏诸侯”的始作俑者。提拔这种政治上有污点的人当上卿，难以叫天下服气。忌父也认识到这一点，不仅明确拒绝，而且不打招呼便跑了。

忌父前脚跑，郑庄公后脚到。他一脸诚恳地向周平王承认自己没履行好上卿职务的错误，表示不好意思再干下去了，真心拥护虢公忌父接任上卿。

郑庄公接的这招，把周平王逼得无路可走了，忌父不接上卿跑了，现成的上卿又要撂挑子，国中不能没有上卿，于是他耍赖，说没有这回事，并主动提出让世子狐到郑国去当人质，以表示自己对郑庄公的信任。天子的儿子到郑国当人质，你郑庄公不能没有一点儿表示吧？于是郑庄公提出让自己的世子忽到周朝当人质。这一“周郑交质”事件，不仅被编纂《春秋》的孔老夫子斥之为“非礼”，而且被定性为春秋之乱的源头。既然被孔老夫子定性为“非礼”，接下来郑庄公的麻烦就大了。

果然大麻烦来了。“郑周交质”两个月后，周平王崩了，郑庄公急忙送世子狐回去接班，世子狐赶回周朝，尚未把天子的黄袍穿上，突然薨了。狐的儿子林穿上东周历史上第二位天子黄袍，史称周桓王。郑庄公立即掏出大把钱物，帮助周桓王处理爷爷和父亲的后事，不成想，少年天子周桓王不理他的茬，而是打发人到鲁国筹款走了，故意疏远郑国。不仅如此，周桓王也提议虢公忌父接替郑庄公当上卿，再次发出挤对郑庄公的强烈信号。

郑庄公不得不再次接招。

公元前720年4月，麦子成熟的季节，郑国卿士祭仲，率大军来到周朝温地，没有攻城，而是提出要粟千钟，即要一千亩地的麦子，用以解决国内饥荒。温地守城官员不给，郑国大军，自己割了一部分麦子走了。同年秋天，郑国军队又在周朝的成周收割了一次稻子。郑庄公用派军队割周天子的麦子、稻子的方式，表达强烈不满，展示自己的肌肉。

至此，周郑交恶，为周天子讨公道的卫、宋、陈、蔡四国扯起“尊王”的旗号，发起了对郑国的讨伐，仗没打起来，四国军队在郑国割了一片稻子撤了，也算替周桓王出了一口恶气。

这事没完，郑庄公心知肚明，他打算反击，把郑国周边这些小国教训一顿。不能同时对四国开战，那是打不赢的。打蛇打七寸，拿谁开刀呢？经过缜密分析，郑庄公决定先打宋国。

恰在这时，建都于山东邹城的郑国使者来到郑国，控诉宋国抢他地盘的野蛮行径，请求郑国出面主持公道，并表态愿为郑国征伐宋国打头阵。郑庄公立即拍板，率两国军队发起对宋国的进攻，势如破竹，一路打到了宋国的国都商丘。登上宋国的国都城墙后，郑庄公突然想起老祖宗“以力假仁者霸”的训示，在对商丘的城墙实地考察一遍后，领着两国的军队撤走了。

本以为打了宋国这个蛇头七寸，郑国四邻小国会服帖下来，不成想，越打，宋国蹦得越高，越打，鲁国、齐国等国力强盛的国家，对郑国的非议越多，维护正义的呼声一浪高过一浪。郑庄公冷静下来，他打算放弃一味的打打杀杀，转为在外交上争取破局。

郑庄公首选的外交目标，是称为东方大国的齐国和鲁国。齐国南靠泰山，东临大海、西面黄河，国土面积很大，物产丰富，经济发达。鲁国与齐国相邻，泰山是鲁国的象征，地理位置、物产资源也都非常优越。鲁国是替周天子编年史的，是天子礼乐的鼓吹手，是挥舞道德大棒的国家。齐国则凭着自己的国力，经常兴兵讨伐，是挥舞征伐大棒的国家。把这两个国家搞定，郑国的日子才能好过，周天子也许能对他转变态度。

经过一番周折，郑国率先与齐国结盟。而与鲁国结盟的破冰之旅，耗费了郑庄公一番老谋深算。因为鲁隐公当年还是公子的时候，曾率兵与郑国交战，战败被俘，囚禁在郑国的时间不短，后逃回鲁国。作为郑庄公的俘虏，鲁隐公一直把这段经历当作耻辱。因而当郑庄公提出与鲁国结盟的大胆构想后，遭到国内一致反对，郑庄公硬是在一片反对声中，果断拍板。

公元前717年，郑国使者来到鲁国，开出了令鲁国人想都不敢想的条件，即用郑国的祊地，交换鲁国的许地。

祊地在泰山脚下，位于鲁国境内，是封建帝王登泰山祭祀的必经之地。因周宣王祭祀泰山时，郑桓公作为上卿陪同，获得祊地作为登山前的汤沐邑。祊地划归郑国后，因为路途遥远，郑国的国君再也没去过。许地在今河南，靠近郑国，是鲁国国君朝觐天子的汤沐邑，因为路途遥远，鲁国的国君也从未去过。郑国使者开出的这个条件，已经使鲁国人张开嘴半天合不拢了，接下来郑国使者做出的承诺，更是让鲁国人欣喜若狂。郑国使者承诺：郑国不再祭泰山了，祭祀泰山的事全交给鲁国。

泰山是中国政治之山，是天下人的泰山，郑国拱手相让，把祭祀泰山的荣耀全部让给鲁国。

鲁国当即同意结盟，生怕事情办缓了郑国反悔。郑国使者办完祊地交割手续后，鞠个躬走了，鲁国划归郑国许地的事一字没提。鲁国人愣住了，划归你的地你不要，我还能这么傻吗，白落了一块祊地。

直到这时，鲁隐公才把当年作为郑庄公俘虏的耻辱放下。

郑、齐、鲁三个大国结盟，使得郑国暂时摆脱了困境，郑庄公外交的目的达到了，但隐忧并没有消除，因为他作为周朝的上卿，不只是不被周天子待见，而且受周天子鼓动的一些小国还在不停地与他为难。他的这个隐忧，在他与齐、鲁结盟后对陈国发起的进攻中得到证实。小小的陈国，面对强大郑国的进攻，顽强抵抗，屡败屡战，其打而不惧的背后强大支撑，就是周天子。郑庄公认识到，与齐、鲁结盟，只是摆脱困境的第一步，第二步要走的，就是修复与周朝的关系。

机会来了。公元前717年冬，鲁国发动各国为发生饥荒的周朝筹粮，郑庄公带着厚礼前去洛邑，觐见周桓王。没想到这个年轻的天子，见面就将了郑庄公一军，他先问郑国当年的收成怎样，当郑庄公回答收成还行后，周桓王说的是，要将温地的麦子、成周的稻谷留给自己吃。这是揭郑庄公的疮疤，当场叫他下不来台。这还没完，周桓王又提出送郑庄公十车粮食，叫他拉回去以备饥荒。

郑庄公拉着天子赏的十车粮食往回走，心里郁闷极了，走着走着，他那阴沉的脸立即转晴，喜笑颜开，一路走来，一路宣扬，说周天子对他征伐陈国大力支持，为此赏了他十车粮食。

这一来陈国郁闷了，他们的顽强抵抗，是因为周天子背后的支持，眼看快挺不住了，周天子却转脸，转而支持郑国的征伐，在这种局势下，再不向郑国靠拢，陈国就没日子过了。陈国动作很快，郑庄公拉着粮食尚未回到国都，陈国的友好使者已经到了。郑、陈修好，正式结盟，还搞了歃血仪式，表示双方都不反悔。

当年围攻郑国的四国，陈国与郑国结盟了，卫国消停了，蔡国太小，折腾不起什么事，只有那个蛇头七寸的宋国，还需要摆平。

周桓王得知郑庄公冒打他的旗号，吓得陈国与郑国结盟后，真的火了，再次诏令虢公忌父为周朝上卿，对郑庄公降一格，为左上卿。郑庄公心里不痛快，但嘴上乐呵呵地接受，还以左上卿的身份，领着齐僖公朝觐了一次周桓王，被孔老夫子赞为“礼也”。郑庄公以左上卿的名义，向宋国发令，点名要宋殇公去洛邑朝见周天子。宋殇公不知这是郑庄公的阴谋，照常不予理会。郑庄公则以宋殇公不朝觐周天子为由，高举“替天子讨不庭”的大旗，号召各国对其讨伐，郑、齐、鲁三个大国一并上阵。

宋国不经打，大败，郜邑、防地成了联军的战利品。郑庄公主持分赃大会，一张嘴把郜邑、防地全给了鲁国，接下来吹捧齐国，说这次征战的胜利，跟齐僖公的大力支持分不开，今后要以齐僖公为中心，继续努力维持周王室的尊严与权威。本来齐僖公一仗下来两手空空，心里多少有些不快，被郑庄公这么一捧，给足了面子，立马笑逐颜开。再说战功最大的郑庄公什么都没要，人家高风亮节，自己能说什么呢?

分赃之前，郑庄公谱都打好了。郜邑、防地紧靠鲁国，离郑国很远，离齐国更远，郑、齐两国分得这两块地也实际控制不了。鲁国掌管天子礼仪，表面上很要面子，其实爱贪小便宜。齐僖公表面上大大咧咧，三句话不离利益，其实特爱面子。爱贪小便宜的鲁国，给你小便宜，爱面子的齐国，给足你面子，这事没个不满意的。至于郑国，他打蛇头七寸的目标已经达到，战利品就不要了。

就在这次联军对宋国“替天子讨不庭”的征伐中，宋殇公的不诚信，又送给郑庄公一个大礼。

面对郑、齐、鲁的进攻，宋殇公给周边的小国发出了求救信。陈国不予理睬，卫国热热闹闹地来了，担心蔡国不来，宋殇公就骗人家，说是去打戴国。戴国比蔡国还小，听说去打戴国，觉得能捞点好处，蔡国便来了。宋殇公领着卫、蔡联军进入郑国边境时，说了实话，说其实是去打郑国。蔡国一听火了，立马下令撤兵，卫国也开始动摇。无法收场了，怎么办？宋殇公只好按骗蔡国的计划行事，攻打戴国。待宋、卫、蔡联军攻占戴国，正准备分赃时，郑庄公领着大军扑杀过来，一举把宋、卫、蔡联军击溃，直接把戴国并入郑国版图。

郑庄公这一手的高明在于：郑庄公一直想把紧邻的戴国收入囊中，碍于公道名声，他一直没敢下手。这次是宋、卫、蔡灭了戴国，他从宋、卫、蔡手里抢的戴国，符合社会公道，官司打到周天子那里也不怕。

戴国到手了，宋国打废了，卫国也打残了，下一个目标是许国。郑、齐、鲁联军还是高举“替天子讨不庭”的大旗，浩浩荡荡地向许国进发。郑庄公跟齐僖公、鲁隐公约定，谁先攻上许国国都的城头，许国就归谁。三国联军都打得很卖力，郑国率先攻上城头，还牺牲了大名鼎鼎的颍考叔。正当郑庄公准备按约定把许国装进口袋时，齐僖公跳出来，提议把许国分给鲁国。许国在郑国旁边，离齐国也不算太远，鲁隐公知道齐僖公想要，但考虑到约定在先，还是提议给郑国。

事情搞成这个样子，怎么下台？郑庄公的脑子里又突然冒出老祖宗“以力假仁者霸”的训示来，于是他搬来一个合适的台阶，叫齐僖公、鲁隐公体体面面地走下来。这个台阶就是，继续由许国人管理许国，但由郑国派大夫公孙获前来协助，待许国回到礼的轨道后，公孙获再撤回郑国。齐僖公、鲁隐公本已很尴尬，郑庄公搬来这个台阶，便都笑嘻嘻地走了下来。

明眼人都知道，许国人管理许国，是说给世人听的假话，实际控制许国的是郑国人，郑国已经在许国驻军了，许国回到礼的轨道上来与否，全凭郑国国君一句话，不说，永远别想回来！对此，孔老夫子没看透，他在编纂的《春秋》里，赞为“礼也”。

郑国周边的小国几乎都摆平了，但郑庄公心里明白，国境四周的安定尚不是真正的安定，要真的安定下来，必须摆平周朝，否则周天子大手一挥，四周的小国都会扯起替天行道的大旗，郑国的日子还是不好过。遗憾的是，与周朝修好这张牌，不是捏在郑庄公手里，而是捏在周天子手里，手捏这张牌的天子周桓王，总是看郑庄公不顺眼，总是给他出招，给他难堪。

公元前712年，周天子又给郑国出招，提出用周王室的十二块京畿土地，换郑国的四块土地，所谓十二块京畿土地，并不是周天子统辖的，而是别的诸侯国的，拿别人的土地跟郑国置换，别人同意吗？可周天子不管这么多，直接把郑国的四块地划走了。

这是明抢，郑庄公忍了。

见郑庄公不接招，周天子又出招，下令摘了郑庄公左上卿的帽子。郑庄公实在是不想忍了，但还是忍了，只是表示不再朝觐周天子了。

周天子接着出招，在洛邑召开誓师大会，广发英雄帖，亲率虢、蔡、卫、陈四国前来讨伐郑国。

郑庄公正憋着一肚子气，如今你送上门来，就怪不得我非礼了。但在具体的战术上，郑庄公遵循“以力假仁者霸”的策略，他完全有能力拒敌于国门之外，可他没有这么做，而是诱敌深入，节节败退。亲率联军来灭郑的周天子，面对郑军的望风披靡，越战越勇，攻克郑国险关制地后，又攻下郑国国都新郑，仍不罢兵，而是乘胜追击，直把郑军逼到了长葛，打到了郑国的东面，再打下去，郑国就打穿了。

这正是郑庄公要让天下人看到的事实，是他周天子率军攻了又攻，而他郑庄公是一退再退，快要退到宋国了，无路可退了，不得不勉强接战，绝地反击。周天子领的这四个国家，都属菜鸟类，不经打，郑国军队一反击，虢国、卫国、蔡国的军队都跑了。陈国本就有恐郑症，领军的大夫不敢仗剑督军。周天子在这些国家的军队都被打跑以后，收拢残兵败将，做最后的反扑，他率先垂范，冲在最前面，被郑军猛将祝聃射出历史性的一箭，射中周天子的肩膀。

周桓王没有被这一箭射掉天子的威仪，他站在战车上，拒绝救护，任鲜血流淌，把天子的架势端足，直面失败，等待死亡。

恰在这时，郑军停止追击。

停止追击的命令是郑庄公下达的，他力排祝聃乘胜追击的请求，下令收回大军，让周天子及其残部得以喘息。

已经远离周境，在郑国腹地等死的周天子，搞不清楚郑庄公这是个什么招数，只是感觉四周阴森恐怖，死神直向他招手。

在阴森恐怖笼罩的夜幕下，郑国上卿祭仲请求觐见周天子。祭仲是带着慰问品来的，见到箭伤卧床的周天子，祭仲行礼恭敬，低声下气地说：郑庄公对天子的伤势十分忧虑，对发生的流血事件深表遗憾。周、郑两国同宗同源，郑国作为周天子分封的诸侯国，绝不会以下犯上，请周天子成全郑庄公的一片赤诚之心。

郑庄公不仅派祭仲慰问了周天子，还慰问了周天子身边的大夫和军队，并让出路来，让周天子率领他的残军，体体面面地回到周朝。

郑庄公在下达停止追击命令的这一刻，登上了“以力假仁者霸”的高地。

登上这个高地，郑庄公整整忍了四十年。

头二十年，郑庄公隐忍以行，母亲武姜为弟弟共叔段要封邑，他给，共叔段抢他的地盘，他给。只是在母亲和弟弟联手抢夺他的君位并从国外搬来援兵时，他不干了，但反击掌握分寸，下令停止对共叔段儿子公子滑的攻击。虽有史学家对他放纵共叔段的“多行不义”提出批判，但公道自在人心。“国君”不是荣誉称号，而是权力的集大成，围绕“国君”的争夺，没有斯文的，都是带血的，都是你死我活的。郑庄公无法跳出封建君王更替的轨道，但比较而言，他的隐忍表明他是做得好的。

后二十年，郑庄公主要应对周天子对他的打压。四邻小国对郑国的征伐，是周天子支持的，他不得不采取远交近攻的策略，拿出自己的土地作为与大国结盟的筹码，用不要战利品巩固结盟的基础。面对周天子对他的出招，他隐忍以对。周天子指使陈国与他为敌，他忍了；给周王室送救济粮，遭周天子嘲弄，他忍了；把摘掉他的上卿帽子，戴到虢公忌父头上，他忍了；把他的左上卿帽子摘掉，他忍了；明抢他四块地，他还是忍了。忍是一个人心智成熟的表现，是称霸的真谛。尤其是有力量说不的时候，把力量当作支撑，用力量来推行仁义，才能登上道义的高地。郑庄公在周天子摘掉他左上卿的帽子，并发兵征讨后，他接招反击，但反击的策略还是以退为忍，以败为忍，只是在退无可退的时候，才绝地反击。

郑庄公就是这样，以力假仁，第一个登上了春秋霸主的高地。

管仲撑起的齐桓公霸业

齐僖公大搞美女外交时，没有忘记安排后事。他有三个儿子，公子诸儿，就是与妹妹乱伦的齐襄公，另两个是公子纠、公子小白。齐僖公指派鲍叔牙辅佐公子小白，指派召忽和管仲辅佐公子纠。

齐僖公指派的这三人，是当时齐国最有才华、最能谋事的贤士。

鲍叔牙不愿辅佐小白，管仲与召忽前去做工作，于是留给历史这样一番对话：

鲍叔牙：国君知道我的才干不行，才叫我去辅佐小白，我不想干。

召忽：如果您坚持不干，我们帮您去做工作。

管仲：不行！将来谁当国君还说不准呢，您还是应该辅佐小白。

召忽：我们三人对于齐国来说，就好比鼎之三足，去其一，谁都立不起来。照我看，小白一定不会成为国君继承人。

管仲：不对！诸儿虽立为太子，但他品行卑贱，前途如何不好说。公子纠能力差，如当国君，将一事无成。公子小白性子急，但有远虑，有大智慧，不耍小聪明，能干成大事。在这种情况下，您鲍叔牙能不干吗！

召忽：如果公子纠接替国君而被废掉，我就不活了。

管仲：您怎么能为公子纠去死呢？我要殉死有三条，即国家破、宗庙灭、祭祀绝。不是这三条，我就要活下来，因为我活下来对齐国有利，死了对齐国不利！

齐国三位贤士的这次谈话，揭示了两个问题：一个是，公子小白将来可能当国君；另一个是，管仲只要不死，就对齐国有利。

是不是这样？我们往下看。

公子诸儿接替齐僖公后，他的乱伦无度，以及他的胡作非为，令人恐惧。于是鲍叔牙奉公子小白逃到莒国，召忽、管仲奉公子纠逃到鲁国。

公元前686年，诸儿齐襄公被公孙无知杀死了。公孙无知在国君的位置上屁股尚未坐热，又被一位叫雍禀的大将杀死了，齐国一片大乱。

公子小白在鲍叔牙的督促下，急忙赶回齐国。

公子纠在召忽和管仲的陪同下，也迅速赶到齐国，来抢夺国君的位置。

打起来了。公子小白在齐国的影响比公子纠好，民心向着公子小白，公子纠打不过，慌不择路逃到了鲁国。

在打的过程中，管仲挽弓发箭，朝公子小白射去，所幸只射中小白衣服上的带钩。鲍叔牙叫公子小白躺在地上装死，躲过了管仲的追杀。

公子小白披上国君龙袍，史称齐桓公。相国这个大位，齐桓公一张嘴，安在鲍叔牙头上。

鲍叔牙的高尚及大智，在面对相国这个高官上，作了另一番诠释。

鲍叔牙说：您如果要恩赐我，叫我不至于受冻、挨饿就可以了。如果您要治国，我不行，唯有管仲才能胜任。

接着，鲍叔牙拿自己与管仲对比，他说：宽惠爱民，我不如管仲；治国不失权柄，我不如管仲；忠信以交好诸国，我不如管仲；制定礼仪以示范于四方，我不如管仲；披甲击鼓，立于军门，让百姓勇气倍增，我也不如管仲。

齐桓公简直不相信自己的耳朵，他说：是管仲亲自挽弓射我，差点儿让我丧命啊！

鲍叔牙说：那时他侍奉公子纠，您现在召他来侍奉您，他对您的效忠也会是一样的。

齐桓公的大智，就在于他的听劝！

把管仲从鲁国弄回来，不是件容易的事。鲁国的谋臣施伯，也是一位有大智慧的人，他知道管仲在治国上的能力，因此提议要么留管仲在鲁国主政，要么把他杀掉。

不能让鲁国把管仲杀了，还得把他要回齐国，齐桓公与鲍叔牙谋划一番后，鲍叔牙上路了。

鲍叔牙对鲁国国君提出要求：把公子纠杀了。鲁君照办。召忽兑现承诺自杀了。

鲍叔牙又提出：管仲射了齐桓公一箭，是齐国的仇人，把他交给齐国，让齐桓公亲自处死他。

鲁君答应了，施伯不同意。他说：管仲有大才干，齐国把他要回去，一定不会杀他，而是要重用他。齐国一旦重用管仲，将来就是鲁国的祸患。因此他提议，交给齐国可以，但要先把他杀了，交给齐国尸体。

鲁君觉得在理，同意了。

鲍叔牙说：在齐国杀，是杀齐国的犯人；在鲁国杀，是杀鲁国的犯人。我们国君要得到活的，把他处死在齐国，以警戒群臣。如果鲁国把他杀了，就等于鲁国与我们国君的叛贼站在同一个立场上。这不好吧，我难以从命！

鲍叔牙说的这番话，理儿绕得很玄乎，鲁君也许听懂了，也许没听懂。但因为他并不清楚管仲对一个国家究竟有多重要，所以在听到鲍叔牙说鲁国与齐国的叛贼站在同一个立场后，又改变主意，决定把管仲交给齐国。

这一切似乎都在管仲的预料之中。

《吕氏春秋》载：“管子得于鲁，鲁束缚而槛之，使役人载而送之齐。其讴歌而引。管子恐鲁之止而杀己也，欲速至齐，因谓役人曰：‘我为汝唱，汝为我和。’其所唱适宜走，役人不倦，而取道甚速。”

管仲领唱的歌曲，一定是快节奏的。

在齐国的堂阜地区，鲍叔牙举行了盛大的欢迎仪式，齐桓公亲自到郊外迎接管仲，并很快任命管仲为相国。

从此，管仲站到了齐桓公称霸天下的核心位置。

管仲首先做的，是中央政府的集权构架。要想称霸天下，首先得把国内的事做好。管仲先把全国人分出士农工商，再分出国都和郊野，士和工商住国都，农住郊野，不能杂居，也不允许迁徙或变更职业。

住郊野的农民，三十户为一邑，每邑设一有司；十邑为一卒，每卒设一卒帅；十卒为一乡，每乡设一乡帅；三乡为一县，每县设一县帅；十县为一属，每属设一位大夫，一位属正。全国设五属，五位属正、五位大夫对齐桓公负责。国君管属，属管县，县管乡，乡管卒，卒管邑，一级管一级的中央集权管理体制，便如此搭建起来了。

广大农村管起来了，城市怎么管呢?

管仲拿出的办法是：国都分二十一个乡，其中六个乡安置工匠和商人，叫“工商之乡”，另十五个乡住士人，叫“士乡”。士乡的构架是：五户为一轨，十轨为一里，四里为一连，十连为一乡。“工商之乡”是纳税大户，庞大的政府和军队费用，主要来自“工商之乡”，所以由相国统管。

关键是，这样的管理构架，是军政一体的。

十五个士乡，每户要出一人当兵。五户为一轨，五个人当兵，轨长即伍长；十轨为一里，五十个人当兵，设有司；四里为一连，二百个人当兵，设卒长，即连长；十连为一乡，两千个人当兵，设旅长，即乡大夫；五乡一万个人当兵，设军长；十五个乡三万人当兵，这就是三军，即中军、上军、下军。这样的军政一体管理构架，按照管仲的话说，即是“作内政而寄全军”。

这种军政一体构架的好处是，平时，卒伍级的小部队，分散在不同的居民区训练，战时，三军可迅速集结。为强化对这种设置的管理，管仲出台了严格的户籍管理制度，士人一旦划定居住范围，就不准迁徙。邻里之间守护相望，有难同当。国君每年春季、秋季狩猎时，全国的军队参与，春季训练出兵，秋季训练收兵，以全面训练军队的拉动、集结、战术配合等。

为解决国库收入问题，管仲从税收、盐铁专营、统一钱币等诸多方面，实行了大刀阔斧的改革，明确宣布国家对矿山、森林、湖泊、海洋的垄断，这些资源属于国家，但具体的开发、生产、经营交给民间，中央政府在收税的同时，只做宏观调控，如控制价格、产量等。

大的方面是这样，至于小的具体政策，那就更多了。

比如，为解决兵甲不足的问题，管仲出台了“兵器赎罪”的规定。重罪，一副犀牛皮盔甲，一柄戟；轻罪，一副牛皮盔甲，一柄戟；小罪，罚款；打官司，一束箭作为诉讼费。这样的政策规定，官民两利。国家补充了兵器，节省了军费，博得了仁慈和王道的赞誉；百姓以前重罪要判死刑，轻罪要砍手脚，小罪脸上烙记号、挨鞭子，如今用兵器就可以赎罪，谁会不高兴呢！

还比如，齐国开设了妓院，叫“女闾”，共设七个门市，每个门市有妓女百余人。古希腊的梭伦，为解决性需求和减少性犯罪，开设了世界上最早的妓女院。从管仲设“女闾”的时间看，应当比梭伦还要早。他开设“女闾”的目的，是增加国库收入，可能还用于招待各国使节。

管仲出台一系列政策规定，是为了“把自己的事做好”。他非常清楚，齐国国内的事不做好，称霸天下就没有可能。

齐桓公显得有些等不及，他多次提出出兵干扰其他诸侯国的要求，都被管仲制止。管仲说，要称霸天下，必须“从爱民做起”。

齐桓公问：爱民如何做？

管仲答：公修公族，家修家族，使他们事业互相联系，俸禄互相补助，以促进人与人的亲近；放宽旧罪，救助旧宗，为无后者立嗣，以促进人口增加；减少刑罚，薄收赋税，以让人民富裕；各乡选用贤士，用贤士施教于民，以增加人民的礼信；出令不改，以促使人民务正。这就是爱民之道。

齐桓公问：做到了这些，怎样使用人民呢？

管仲答：开发财源，提倡百工，以保障人民的需用；发挥才力，尊崇贤士，以鼓励人们求知；刑罚不苛，行政无私，出令必信，百姓就会团结，法令就有尊严。这就是使用人民的办法。

说是说，做是做。齐桓公还是放不下称霸天下的欲望，他不听管仲劝阻，开始调动军队，加强军备。这期间，他与娶自宋国的夫人在船上饮酒，出于逗乐，夫人摇晃船只，吓唬齐桓公。齐桓公喝了些酒，本来就有些头晕，船一摇晃，觉得更晕了。晕了头就发怒，当即把夫人休了。宋国只好把夫人接走。美女不愁嫁，不多久便嫁到蔡国，成了蔡侯夫人。

齐桓公恼了，他发兵攻宋，管仲劝阻也不听，结果各诸侯国兴兵救宋，把齐军打得大败。收拾残兵回到齐国后，齐桓公不听管仲的劝阻，下令全国加强军备，提高赋税，并实行“以勇授禄”的政策，鼓励人们参战。

这一来齐国更乱了，本来刚刚起步的脆弱经济，陷入倒退，社会上盗贼横行，朝廷里你争我夺，相互残杀的事件经常发生。

鲍叔牙坐不住了，找管仲商量。

管仲很镇定，他说：齐国的大局还在我的掌控之下。国君性急，劝阻没用，在这种情况下，让他碰碰壁，就会冷静下来，到那时，再劝就管用了。管仲还说：朝廷中相互残杀的人，都是些无能的贪官，死了对齐国也没啥损失。我倒是忧虑，天下贤士不来齐国，而齐国的贤士不出来做官，要那样的话，就坏大事了！

齐桓公离管仲设计的道路越走越远，伐宋失败后，转而伐鲁，又被打得落花流水。这一打，倒是成就了“曹刿论战”的历史佳作。回到齐国修整了一段时间，再次兴兵伐鲁。

面对齐军的进犯，曹刿设计了一个大大的陷阱。

齐军压境，鲁国不予迎战，只是在离国都五十里左右的地方设置关卡防守，并主动找齐国商量，表示只要齐国今后不再侵犯鲁国，鲁国就服从齐国，且降格为关内侯的位次。

齐桓公一听，高兴极了，立马答应。

鲁国约请会盟，但提了一个条件，会盟时双方都不带兵器。

齐桓公满口答应。

管仲站出来，劝齐桓公要么撤兵，要么带兵器参加会盟。

齐桓公根本听不进去，兴冲冲地走了。

一脚踏上会盟之地，齐桓公才后悔没听管仲的劝阻。鲁庄公怀揣利剑，曹刿怀揣利剑，鲁国的随从都剑戟在手，没等齐桓公站定，鲁庄公拔剑直指齐桓公。

管仲飞跑过去，挡住鲁庄公的剑，并提出了一个解决问题的方案，即齐国把侵占鲁国的土地，还给鲁国，以汶水为界，两国从此以后互不侵犯。

齐桓公没有退路，只好答应。鲁庄公见目的达到，也就把剑收起。

兴冲冲而去，灰溜溜而回，齐桓公受到极大的触动。他深深体会到，关键时刻不听管仲的就是不行。

从此，管仲站到了齐国霸业的历史舞台，智慧、才华得以全部释放。

综观，管仲撑起齐国霸业的方略，主要是两个方面。

第一方面，做好事，树形象。

春秋时期树形象的价值取向，源于孔老夫子的理论——“送往迎来，嘉善而矜不能，所以柔远人也；继绝世，举废国，治乱持危，朝聘以时，厚往而薄来，所以怀诸侯也。”孔老夫子在《春秋》中“礼也”“非礼”的点评，缘于这个价值取向。

齐桓公五年，宋国征伐杞国，给了齐桓公一个树形象的机会。

齐桓公对宋国一直心怀怨恨，先是被自己休掉的夫人回到宋国后，嫁给了蔡国国君，让他面子上不好看；发兵打过一次宋国，大败而归不说，还受到各诸侯国的谴责。这次看到宋国侵伐杞国，手痒痒了，决定出兵救杞，狠揍宋国一顿。当他把这个想法告诉管仲后，管仲给他出了个更高明的主意。

齐桓公依计行事。

他先派大夫曹孙宿出使宋国，带去重礼，游说宋国不要伐杞。

宋国当然不听。于是，齐桓公下令修筑缘陵之城，封赐给杞君，待杞君被宋国赶出来以后，便住在缘陵，齐桓公还送去兵车百辆，甲士千人，用于保卫杞君的安全。

于是，天下一致给齐桓公点赞。

一年后，狄国侵犯邢国，邢国国君逃到齐国。齐桓公又修筑夷仪之城，封赐给邢君，还送去兵车百辆，甲士千人。

于是，天下又一次给齐桓公点赞。

又一年后，狄国侵犯卫国，卫国国君出逃。齐桓公又修筑楚丘之城，封赐给卫君，还送去兵车五百辆，甲士五千人。

于是，天下又一次给齐桓公点赞。

做好事，树形象，齐桓公尝到了甜头。他问管仲，下步该怎么做？

管仲的建议是，国内修明政治，轻赋税，宽关卡，实行问病制度，行赏而不严罚；在与各诸侯国交往时，实行奖赏措施。

齐桓公完全同意，并授权管仲落实。

管仲落实的情况是这样的：国内的关卡，集市税收只取五十分之一；农民两年收税一次，丰年收十分之三，中年收十分之二，下等年收十分之一，荒年不收。对外，齐国把豹皮送给小国，让小国用鹿皮回报；把马送给小国，让小国用狗回报；诸侯国的国君做了好事的，就送去重礼祝贺；诸侯国的大臣诤谏君主而意见正确的，就送玺去慰问，以赞许他的意见正确……

当时的各诸侯国，只要与齐国打交道，就能用小利换来大利。于是，天下贤士纷纷赶往齐国，各国使节更是络绎不绝。齐国大受追捧，齐桓公喜不自禁。

恰在这时，狄国征伐杞国。

齐桓公站出来，振臂而呼：出兵救援杞国！大国出兵车二百辆，士卒二千；小国出兵车百辆，士卒一千；齐国出兵车千辆，士卒逾万。各诸侯国纷纷响应。齐军率先到达会战之地缘陵，待各诸侯国的军队到达后，向狄军发起总攻。打败狄军后，战车、物资等，分给各小诸侯国，大诸侯国靠狄国近的，分得狄国的县。

齐国出兵最多，出力最大，什么也不要。

做好事，树形象，使得齐国可以振臂一呼，满天下响应。

当然，如此称霸天下，显然不够，还必须做好第二个方面的事。

第二个方面，拉大旗，做虎皮。

这面大旗，就是周王室。虽然周王室这个天下共主，已经是一副破锣，谁高兴了或不高兴了都可以去敲打一下，比如，郑庄公就派兵割过他的麦子，还用箭把周桓王射伤。但这尊泥菩萨是要拜的，不拜就站不到道义的高地，孔老夫子就会“非礼”“非礼”地痛批。

对此，管仲非常清楚，他支撑齐国霸业的一个重要举措，就是劝谏齐桓公尊王。

春秋时期，尊王与攘夷是一回事。王室不尊，更多的是源于蛮夷对王室的侵犯。蛮夷，是周王室连同中原各诸侯国对周边各少数民族的蔑称，东叫作夷，南叫作蛮，西叫作戎，北叫作狄。攘夷，包括东夷、南蛮、西戎、北狄。西周的灭亡，就是因为西戎攻陷西周国都镐京，追杀周幽王于骊山之下为历史标志的。周平王无力抗衡，迁都洛阳，标志东周的开始。这之后，蛮夷入侵中原诸侯国的频率越来越高。

天下共主周王室被蛮夷打跑了，齐、卫、晋、鲁等国也屡屡受到蛮夷的侵犯，使得中原各诸侯国大为震惊。文明的中原人屡挨野蛮的少数民族打，这成何体统！因而尊王攘夷作为一面道义的大旗举起来了，站在这面大旗下对天下发号施令的诸侯国，才可以称霸天下。

孔老夫子也是这么认定的。他的弟子子贡问过他一个问题：管仲作为公子纠的师傅，公子纠被杀后，他转而投靠辅佐齐桓公，管仲不仁吧？孔老夫子的回答是："管仲相桓公，霸诸侯，一匡天下，民到于今受其赐。微管仲，吾其被发左衽矣。"孔老夫子说的是，如果没有管仲，我们都会披头散发，衣襟往左边开，变成野蛮人了。

可见，不高举尊王攘夷这面大旗，是得不到孔老夫子赞许的，也是不可能成为天下霸主的。

公元前657年冬，楚成王率兵伐郑。

齐桓公高举尊王攘夷的大旗站出来，召集鲁、宋、陈、卫、郑、许、曹组成八国联军，救郑攘楚。大军浩浩荡荡开过去，先拿已经投降楚国的蔡国开刀，拿下蔡国后，继续向楚国推进。

楚成王掂量再三，派出使节交涉，说：君处北海，寡人处南海，唯是风马牛不相及也，不虞君之涉吾地，何故？

管仲的回答是两条，一条是"尔贡包茅不入"，一条是"昭王南征而不复"。

第一条显然是尊王的理由，你南蛮子有义务给周王室进贡茅草，以让周天子祭祀时用来滤酒，可这种茅草你们很长时间没有进贡了。

第二条也是尊王的理由，但不成立。三百多年前，周昭王伐楚，在渡汉水时，南蛮子给了他一艘用胶粘的船，船到江中散了架，周昭王也被水冲得找不到了。这可是三百多年前的事，到今天说得着吗！

楚国使节回答得很得体，他说：茅草忘了送，是我们的罪过，今后一定及时送过去。至于周昭王为什么没有回去，请您去问汉水吧，我说不清楚。

没谈拢，各自回去准备开战吧。

楚成王清楚，与以齐国为首的八国联军开打，占不到便宜；他还清楚，齐桓公称霸天下势不可当，不如借这次剑拔弩张之际，做个顺水人情。于是派出楚军统帅拜会齐桓公。

齐桓公为了表示自己这个霸主的风范，下令联军从楚国的北塞陉后退，搞一次盛大的阅兵。

齐桓公与楚帅同乘一辆战车，一同检阅。看到装备整齐、士气高昂、同仇敌忾的八国联军，齐桓公无不得意地说：以此众战，谁能御之；以此攻城，何城不克！

楚帅则不卑不亢，他说：如果您以德服人，请问谁敢不服？如果您一定要使用武力，我们楚国以方城山为城墙，以汉水为护城河，您这些军队有用武之地吗？

齐桓公要的就是你楚国服我，既然你楚帅提出以德服人，那我就对你怀德，不打了，签订盟约吧！

双方在召陵签订盟约，周襄王特地派人送祭肉前来祝贺，史称“葵丘之会”。

“葵丘之会”是齐国称霸天下的标志，齐桓公站上了霸主的高台。

这之后，齐桓公在普天之下不断聚积霸气。在中原救助晋公，擒获狄王，打败胡貉，攻陷屠河，打得北狄归顺周王室；往北，攻陷山戎，制服泠支，斩杀孤竹，九夷开始听从齐国号令了；往西，夺取了白狄的土地，兵下河西，并船投筏，乘筏渡河，兵抵石枕后，又悬吊兵车，缠束战马，跨越太行山与卑耳山的溪涧，拘捕大夏之敌，征服流沙西虞之地，秦国周边的戎人也开始听从齐国的号令了。史载，齐桓公大手一挥，“兵一出而大功十二”。东夷、西戎、南蛮、北狄和中原各国，没有会在齐桓公大手一挥时而不跟着动的。

于是，齐桓公召集诸侯，摆设祭品，书写盟誓，以约誓于上下诸神，率天下安定周室，并在阳谷大会诸侯，并以铠甲不解绳，兵器不开箱，弓衣不装弓，箭袋不放箭的方式，率各路诸侯朝拜周天子。

齐桓公登上天下霸主的高台，与一些诸侯国兵车之会六次，乘车之会三次，九次会合诸侯，一举匡定天下。

不能否认的是，相国管仲，始终站在齐桓公称霸之道的核心位置。

齐桓公高度信任管仲，基本上做到了言听计从。但这君相二人，不是没有分歧，也不是在一些问题上不发生冲突的。难得的是，管仲雄才大略，忠心耿耿，敢于直言，甚至敢于顶撞齐桓公；更难得的是，齐桓公在被管仲说服，甚至是顶服以后，能知错即改，舍轻取重，且不计顶撞的前嫌。

比如，齐桓公拜管仲为相国之前，非常坦率地说：我有三大毛病，一是好狩猎，常常在旷野黑得看不见野兽了才回宫，耽误了许多公务；二是酗酒，常常喝得醉醺醺的，臣僚议事谏事我听不了；三是好色，我表姐长得漂亮，我不让她嫁人。你说，我有这三大毛病，能把国家治理好吗？

管仲的回答是：这三个毛病都不好，但不是最要紧的。

齐桓公顿时火了：这三大毛病都不要紧，你说说，还有什么比这更要紧？

管仲答：当国君的，更要紧的毛病，一是优柔寡断，关键时刻不能拍板；二是懒于勤勉，该做的事做不成。

齐桓公大手一挥，你走吧！他想的是，这算什么毛病！

管仲不走，缠着他理论，逼得齐桓公采纳他的意见才走。

再比如，齐桓公做了一串好事，把形象树起来以后，高兴得不得了。他为了感谢管仲，特地新打了一口井，用柴草盖着，自己斋戒十日，然后请管仲喝酒。管仲坐定后，齐桓公亲自端着酒爵，他夫人端着酒杯，给管仲敬酒。三杯过后，管仲突然站起来就走。齐桓公大怒：我斋戒十天来宴请你，你却不领情，不辞而别，你跟我解释，是什么原因！管仲也不解释，继续往外走。鲍叔牙急忙追出去，好说歹说才把管仲劝回来。

管仲走进院子，背靠屏风而立，等着齐桓公问话，齐桓公不搭理他。

管仲进到中堂，等着齐桓公问话，齐桓公还是不搭理他。

管仲走进堂屋，这时齐桓公说话了：我斋戒十天宴请你，你为何不辞而别？

管仲答：沉溺于宴乐者浸润于忧患，厚于口味者薄于德行，怠慢于听朝者缓于政事，有害于国家者危于社稷，我就是因为想到这些才出去的。

齐桓公赶忙说：我不是享受，而是觉得你年事已高，我也老了，想慰问你。

管仲说：我听说壮年不懒惰，老年不苟安，顺天遂行事，您为什么想苟安呢？说罢还是走了。

第二天上朝，齐桓公问管仲，国君如何设立威信。

管仲答：人民爱戴，邻国亲睦，天下信任，这就是国君的威信。

齐桓公继续问：如何做呢？

管仲答：始于治身，次于治国，终于治天下。并就如何治身、治国、治天下，大谈了一番高见，齐桓公听了非常满意。

管仲成就齐桓公的霸业，得益于齐桓公是个开明的君主，听劝。也可以说，是齐桓公听劝，成就了齐国的霸业。

历史走过来，走到齐桓公不听劝时，情况就变了，历史也就改写了。

管仲病重，齐桓公前去探望，向他讨教。

管仲告诫他：您身边受宠的易牙、竖刁、常之巫、卫公子启方，必须尽快疏远他们。

齐桓公说：为了满足我的口味，让我吃一顿美食，易牙把自己的幼子煮了给我吃，这样的人还不值得信任吗？

管仲说：易牙连自己心爱的儿子都可以煮死，对您又能怎么样呢？

齐桓公说：竖刁为了能留在我的身边，自己把自己阉割了，这样的人还不值得信任吗？

管仲说：他连自身都狠心阉割，对您又能怎样呢？

齐桓公说：常之巫能预测生死，驱鬼降灾，这样的人还不值得信任吗？

管仲说：生死是命中注定的，鬼降给人的疾病，是心失守引起的。您不遵从天命，守住根本，却去依赖常之巫，他什么坏事都做得出来，到那时就晚了。

齐桓公说：卫国公子启方，侍奉我十五年了，卫君死了，他都没有回国去哭丧，这样的人还不值得信任吗?

管仲说：他的父亲死了，都不回去尽孝，他爱您能胜过爱他的父亲吗?

管仲死后，齐桓公延续听劝的惯性，把易牙等人驱逐了。

可是，身边没有了这些宠臣，齐桓公很不习惯，日子过得也很不舒心，吃饭也不香了，后宫的美女也不美了，成天感到这里不舒服，那里有痛感，上朝也懒得去了，朝政开始混乱。三年后，齐桓公又把易牙等召来，重新过着被这些人摆布的日子。

一年后，齐桓公病了，号称能驱鬼降灾的常之巫给他医治，一出宫门，常之巫便召集易牙、竖刁、卫公子启方密谋，然后放出风去，说齐桓公寿命尽了，将在某月某日去世。不仅如此，他们把齐桓公居住的宫门堵死，又在宫外筑起高墙，不让人进去探望。

一个宫女出于好奇，偷偷翻墙进宫，去看个究竟。齐桓公饿得够呛，也渴得够呛，可这个宫女找不到吃的喝的，并告诉他，易牙等人作乱，把宫门封起来了，说您某月某日死去，卫公子启方已带着四十社的土地和人口回到了卫国。

齐桓公无语了，只有眼泪流出来。他这会儿最最后悔的，就是没有听从管仲的劝谏啊!

齐桓公用衣袖蒙着脸，走上黄泉路，去向管仲诉说。

成于纳谏，败于拒谏，齐桓公用自己的一生，大写了这样的警示!

晋文公的苦难辉煌

晋文公作为春秋五霸之一，是被历代史学家公认的。

史学家对春秋五霸各说各话，《荀子·王霸》列的是：齐桓公、晋文公、楚庄王、吴王阖闾、越王勾践；《风俗通·五伯》列的是：齐桓公、晋文公、秦穆公、宋襄公、楚庄王。还有一些史学家作了另外版本的编排，但不管如何编排，晋文公始终在春秋五霸之列。

晋文公这个霸主，是在经历漫长的苦难中铸就的。

晋文公所遭遇的漫长苦难，是他的父亲晋献公埋下的祸根。

晋献公还是太子的时候，便与父亲晋武公的一个年轻夫人勾搭上了，这个年轻夫人叫齐姜，是齐桓公的女儿。齐姜青春年少，长得十分漂亮，在晋武公的后宫没待多久，便耐不住青春的干耗，与晋武公的太子，即后来的晋献公鬼混。这事公开不得，否则太子地位不保。于是，晋献公保持与齐姜鬼混的同时，听从父亲的安排，娶了一个姓贾的女人。贾姬无子，又给他娶了两个女人，一个是大戎主的侄女，叫狐姬，生了一个儿子叫重耳，即后来的晋文公；另一个是小戎主的女儿，叫允姬，也生了一个儿子叫夷吾。晋武公死后，晋献公继位，他上来做的第一件事，就是把与他鬼混的齐姜，从地下升到台面，立为夫人。齐姜为晋献公生得一男一女，男的叫申生，女的叫伯姬，后嫁给秦穆公做夫人。

晋献公有三个儿子，按辈分排，重耳是长子，夷吾是次子，申生最小，立太子当立重耳。但申生的母亲齐姜被立为夫人，所以申生立为太子。

历史如果在这里打住，也没什么好说的。可谁知，晋献公在后宫与美女演绎的更多故事，使得晋国复杂化了，各种国灾也随即上演。

公元前671年，晋献公率兵侵犯骊戎，骊戎是西部少数族群，武器装备和军队战斗力落后，不是晋国的对手，骊戎在挂起免战牌的同时，献出两个美女。这两个美女是姐妹，姐姐叫骊姬，妹妹叫少姬。骊姬青春年少不说，生得十分美貌，沉鱼落雁用到她身上都不过分。骊姬不仅长得美，而且非常灵动，能说会道，很快便把晋献公迷倒了。

史载：初，晋献公欲以骊姬为夫人，卜之，不吉；筮之，吉。公曰："从筮。"卜人曰："筮短龟长，不如从长。且其繇曰：'专之渝，攘公之羭。一薰一莸，十年尚犹有臭。'必不可！"弗听，立之。

这段文字得对卜人的话作点解释，他说的是，占筮不灵验，龟卜灵验，不如照灵验的办。再说，占筮的兆辞说，专宠过分会发生变乱，将夺去您的羊。香草臭草混杂放到一起，过十年还有臭味。

被美如仙女的骊姬迷倒的晋献公，哪里会听卜人的劝告，坚持立骊姬为夫人，没过多久便生下儿子，取名奚齐。

美女齐姜被扔到了一边，受不了冷落，郁闷而终。

因为美女，还因为美女生了个儿子，晋国宫室便上演了一场悲剧，悲剧的主导演，便是骊姬。

骊姬为了使自己的儿子奚齐取代申生的太子地位，编一番假话对申生说：你的父王昨夜做了个梦，梦到你的母亲齐姜了，这是你的母亲托梦，你得赶快去祭祀。

太子申生于是来到安葬母亲的曲沃进行祭祀。

那时的祭祀是要杀猪宰羊的，祭祀完后的酒肉要带回去，献给长辈食用。太子申生照规矩办事，把祭祀的酒肉献给了晋献公。

这一切都在骊姬的阴险谋划之中。

骊姬骗太子申生前去祭祀母亲的日子，正是晋献公外出打猎的日子，太子申生带着祭品回宫，晋献公打猎还没有回来，祭品在宫里存放六天后，晋献公打猎回来了。按说放了六天的祭品，已经腐烂变质，不能吃了，骊姬则把酒肉献上，担心不保险，又在酒肉里下毒。

按照惯例，晋献公在喝酒之前，要洒酒祭地。当他把酒洒到地上时，地上的土很快凸成了小堆。

晋献公大惊失色，有毒！

祭酒不能喝了，再看祭肉吧。

晋献公拿起一块祭肉扔给狗吃，狗吃下没一会儿便倒地死了。晋献公又拿起一块肉叫一名下臣吃，这名下臣吃了没一会儿也死了。

晋献公勃然大怒，骊姬扑通跪到他跟前，哭着说，这都是太子申生带回的祭品，我可不知道酒肉里有毒。

不用破案了，就是太子申生干的。他想毒死老爹，早日当上国君。

太子申生在劫难逃了。有人劝他去父亲那里为自己申辩，太子申生不去，他心知肚明，这事原本就是骊姬的阴谋，是她一手导演的。他如是说：我去辩解，把事说清了，骊姬就罪责难逃。而父君如果没有了骊姬，就会吃不香睡不安，我无法使他快乐。

又有人劝他逃走，太子申生说：父君不说我没罪，我就是有罪，我带着弑父的罪名，又能逃到哪里去呢。

不去申辩，又不逃走，太子申生选择了上吊自杀。

按说太子申生死了，骊姬的儿子奚齐跻身太子之位不成问题，该收手了。可骊姬的阴谋不是这样，她要把晋献公另两个儿子也害死，来个斩草除根。

作为阴谋的重要组成部分，骊姬向晋献公举报：太子申生企图毒死他的阴谋，是他的两个哥哥重耳、夷吾一起参与策划的。

晋献公也是脑子进水了，他不问缘由，不作思考，任凭骊姬的阴谋牵着走，发兵攻打重耳和夷吾。史载：“晋人伐诸蒲城。蒲城人欲战，重耳不可，曰：‘保君父之命而享其生禄，于是乎得人。有人而校，罪莫大焉。吾其奔也。’”重耳不同父亲交手，逃了。夷吾倒是与父亲过了过招，打不过，也逃了。

请注意，重耳面对父君来杀他，选择的不是对杀，而是逃走。

重耳这一脚迈出去，在逃亡的路上走了十九个春秋。

在这十九年里，晋国“三君死，一君虏，大臣卿士之死者以百数”。

具体来说就是骊姬阴谋得逞，她生的儿子奚齐立为太子，就等着晋献公死去继位了。可谁知，晋献公一死，宫廷就大乱，奚齐尚未穿上君袍便掉了脑袋。奚齐的同父异母弟弟公子卓接着继位，又被宫中大臣砍掉了脑袋。一时间，晋国没有了君主，逃亡到梁国的夷吾觉得是个机会，请求梁国旁边的秦国派兵把他送回晋国，条件是奉送晋国的大片土地作为回报。秦穆公于是派大军把夷吾送到晋国，登上君位，号称晋惠公。穿上君袍的晋惠公，把给秦国奉送土地的事“忘”了，秦穆公派使臣到晋国提醒，晋惠公听不懂，秦穆公只好派军队前去晋国讨说法，俘获了晋惠公。当了俘虏他才“想”起来，自己对秦国的承诺没有兑现，只好再次承诺，奉送土地，并以太子圉为人质，换得秦国将其释放。秦穆公特地把自己的女儿怀嬴许配给太子圉。在秦国当人质的太子圉，在父君被释放不久，便撇下怀嬴，从秦国逃回了晋国，他急不可耐地要回去接替君位。太子圉也称得上是神算，他逃回国后，他的父亲晋惠公便死了，他理所当然地当上了晋国的君主，号称晋怀公。秦国更是恼怒得不行，决意报复，并把目光瞄上了尚在逃亡路上的重耳。

晋国如此混乱，重耳不予关注，偶尔瞥上一眼，继续逃亡。

公子逃亡，虽是寄人篱下，但待遇很高。跟随其出逃的人不少，其中在春秋史上留下不少笔墨的，有重耳的舅舅狐偃，有谋士赵衰、颠颉、魏武子、司空季子、介子推等。这些人在重耳对晋国的内乱瞥眼的时候，也没人提醒他该如何应对。他们可是看着重耳长大的人，知道他人性的底子敦厚，但从小养成的公子哥习性，不经过更多苦难的历练、淬火，是成不了大器的。

重耳一行先逃到狄国，之后逃亡的路线是卫国、齐国、曹国、郑国、宋国、楚国，最后一站是秦国。接待他的这些国家，有把他当回事的，也有不把他当回事的，有对他有礼的，也有对他无礼的。正是这些当回事不当回事、有礼无礼的境遇，使得重耳学会了思考，学会了礼节，学会了对各种复杂情况的应对，奠定了他从苦难走向辉煌的霸主修为。

比如在狄国，重耳受到礼遇，狄人从廧咎如抢来两个部落首领的两个女儿，一个叫叔隗，一个叫季隗，送给重耳。重耳留下叔隗，在狄国待了十二年，生了两个孩子。离开时，重耳对叔隗说：等我二十五年，不回来，你再改嫁。叔隗回答得很巧妙，说：我现在二十五岁了，等你二十五年再改嫁，就该进棺材了，还是请你等我吧！

是啊！你重耳在狄国待了十二年，白白浪费了十二年，你还叫我等你二十五年，二一五年你都多大了，还能干成事吗？只争朝夕吧！

再比如，重耳一行逃到卫国，卫国不待见他，只好继续逃亡，在五鹿的地方，饿得实在难受，便向农夫讨饭吃。农夫认真端详了重耳一番后，给了他一块泥土。重耳公子哥儿的派头起来了，顿时大怒，要揍这个农夫。狐偃拦住了他，说：天赐也。

是啊！给你泥土，象征意义不是土地吗？落在先祖刀笔之下的文字极其简洁，但内涵丰富博大。狐偃之所以说“这是上天的恩赐”，不正是揭示了这个象征意义吗！重耳明白过来，向农夫叩头致谢，并把这块泥土收下。

还比如，重耳一行逃到齐国，受到高待。当时天下霸主齐桓公目光独到，特地把女儿嫁给他。重耳的公子哥本性暴露出来了，生活优裕，还有美女陪伴，不想走了。狐偃等人扳他的毛病，坐在一棵桑树下商量怎么把他弄走。恰好一个养蚕女在树上采桑叶，听到狐偃等人的商量，当作重大秘密报告给了重耳的妻子姜氏。姜氏到底是齐桓公的女儿，她把养蚕女杀了灭口，而后对重耳说：你有远大志向，听到你随行人商量这事的养蚕女，我把她杀了，你走吧。重耳还是不想走。姜氏说：行也！怀与安，实败名。

是啊！一个有远大志向的人，就不能贪恋妻室，痴迷安逸。

还比如，重耳一行逃到曹国，曹国国君做了一件见不得人的事。他听说重耳的肋骨连成一块，想看看他的裸体。趁重耳洗澡时，曹共公毫无顾忌地走进去，近距离盯着看了个究竟，弄得重耳很难堪，也十分生气。曹国大夫僖负羁为了挽回影响，特地给重耳送去晚饭，并将一块玉璧藏在饭中。重耳饭吃了，把玉璧退还了。

是啊！寄人篱下，吃人家的饭，住人家的屋，人家对你无礼，再气愤也得学会忍耐，小不忍则乱大谋嘛！至于曹国大夫送来晚饭，吃了也就吃了，送的玉璧，不能收，太贵重，没有收受之理。但这份情要领，这是做人的原则。

还比如，重耳一行逃到了楚国，受到楚成王的傲慢接待。宴会席上几杯酒下肚，楚成王兴致上来了，问重耳：你若返回晋国为君，当怎么报答我？重耳说：玉帛、象牙、皮草等都是贵国的特产，我能拿什么来报答您呢？楚成王不干，非叫重耳表个态不可。楚成王非等闲之辈，是春秋史上大有作为的人物，他提出此等问题，自有他的道理。而此时的重耳，经过长时间逃亡的洗礼，已经是一块经过苦难淬火的好钢了，所以他回答楚成王的追问时，站位就大不一样了。他说：如果托您的福，我能返回晋国，一旦晋楚交战，我就下令晋军退让九十里。假若这样还得不到您停止进攻的命令，那我只好左手拿着马鞭和弓，右边佩带箭袋和弓套，与您在战场上见了。

是啊！今非昔比了。今日的重耳，连续十多年走在逃亡路上，寄人篱下，看着主人的眼色说话行事，在对诸多人、诸多事做了反复的冷眼旁观后，就如何当君主，如何治理国家，如何与诸侯国打交道，甚至连如何称霸天下，都做过无数遍的思考和筛选，知道该站在什么位置，该如何应对了。

逃亡的最后一站是秦国，可以说，秦穆公早就在等着重耳。重耳的弟弟夷吾是秦穆公派军队送回去当上晋惠公的，这家伙言而无信，说好了奉送土地作为回报，可他在国君的位置上一坐，便变卦了。他的儿子在秦国作人质，又偷偷跑回去了。这父子俩的所作所为，惹得秦国非常恼火，所以重耳一到，便高规格接待。秦穆公一次送给重耳五个美女，其中还有他的女儿怀嬴。

秦穆公设宴款待重耳，狐偃特地提醒："亡人无以为宝，仁亲以为宝。"宴会上，秦穆公朗诵了尹吉甫辅佐周天子的诗《六月》，其用意很明确，即重耳要担当天下重任，履行辅佐周天子的使命。

是啊！重耳听懂了，他在逃亡的路上反复用苦难积累的，就是等着有一天爆发。可眼下不行，在如狼似虎的秦穆公面前，必须放下身段，张扬不得。于是，他走下台阶，向秦穆公拜谢叩头。重耳回到住舍，秦穆公的女儿怀嬴给他打水洗手，重耳洗完后把手上的水甩干，甩到怀嬴脸上了。怀嬴生气了，说重耳轻侮她。重耳立即脱去上衣，袒露上身，装成囚犯的样子，向怀嬴表示谢罪。寄秦国篱下，秦君的女儿也是得罪不起的！这一点，重耳能不清楚吗？

公元前636年春，秦穆公派重兵送重耳回晋国。重耳凭借秦军的骁勇善战，把晋怀公的军队打得落花流水，并在高梁将晋怀公斩首。重耳登上君位，号称晋文公。

从此，晋文公把逃亡聚集的能量释放出来，大写了他称霸天下的苦难辉煌。

晋文公首先必做的，当然是理顺内政，安抚百姓。史载：文公施舍，振废滞，匡乏困，救灾患，禁淫慝，薄赋敛，宥罪戾，节器用，用民以时，败荆人于城濮，定襄王，释宋，出谷戍，内外皆服。

这段记载极其简略，掰开了细看，能看到晋文公在逃亡路上积攒的称霸能量。

晋文公登上君位之初，阉宦之人披求见，晋文公不见。因为晋文公忘不了，晋献公两次派阉人披带队去杀他，这家伙执行君命非常坚决，而且动作飞快。第一次晋献公令他一天一夜赶到蒲城，阉人披当天就赶到了，追着重耳跑，挥刀砍断了他的袖子，差点要了他的命；得到重耳与狄君打猎的消息，晋献公又一次派阉人披去杀他，国君的命令是三天必须赶到，阉人披第二天便赶到了。你阉人披两次来杀我，而且动作这么快，如今我当了国君，你想来见我，我见你这种人干什么？阉人披的回话是：忠实地执行君主的命令，这是古制！你作为国君，如果不能宽大为怀，晋国出走的人将很多。晋文公一想，是这个理，作为臣僚，各为其主，忠诚是第一要素。于是接见阉人披，并真诚地向他道歉。阉人披告诉他，你刚即位，政局不稳，吕、郤两个大家族正在谋划杀你，你必须预有准备。晋文公立马体会到了臣僚忠诚的重大现实意义，迅速采取应对举措，一举平息了这场政变。

这之后，晋文公在对待前朝老臣的做法上，开阔和大气了。他的一个小跟班叫头须，替他看守仓库、保管财物。重耳被晋献公追杀出逃后，头须带着财物也出逃了，并将这些财物用作重耳回国的花费。比如，给重耳逃亡的诸侯国送礼，拉拢晋国人士为重耳造舆论等。当头须请求拜见时，晋文公先是以洗头为借口不见，但当仆人提醒他以后，他立即接见。

《左传》用简洁的文字记载的这两件事，要说的是晋文公明白了这样的道理：前朝臣僚执行国君的命令追杀他、迫害他，这不是臣僚的错，而是忠于职守的本分；跟随他逃亡的人是功臣，在国内为他争取回国而做工作的人，也是功臣。

这是两个大道理，是治国理政、安抚民众必须拿捏好的政策基石。

当然，要做天下霸主，必须高举“尊王攘夷”的大旗。也是巧了，天下共主周王室内乱，周襄王的弟弟王子带反了，搬来狄军伐周。周王朝有军队，但不经打。按照约定，周王朝受侵犯，各诸侯国必须来救，但此时却没人来救了。周襄王被王子带率领的狄军打得落花流水，一路逃亡。气喘吁吁地逃到郑国的周襄王，慌忙向秦晋两国求援。在这个关节点上，晋文公站出来了，站到担负天下兴亡的高地，率军从黄河顺流而下，与王子带的叛军激战，没用几个回合，便消灭叛军，打败狄军，收复周王朝的国土，把周襄王送回王座。

于是，天下点赞，大多诸侯国把晋国当霸主看待。

已经投靠楚国的宋国，也掉头投向晋国。

楚国当然不干，立马召集被他征服的陈、蔡、郑、许四国军队，杀气腾腾地向宋国扑去。

晋文公拍案而起，决定报恩救难。

因为在晋文公逃亡的路上，楚成王傲慢，卫文公无礼，曹共公无礼，郑文公也无礼，宋襄公对他礼遇，还送给他车马二十乘。如今宋国大难临头，他晋文公能坐视不管吗？于情于理都说不过去呀！

当然，抗击楚军，得讲究策略。卫国、曹国刚刚投靠楚国，那就先打他俩，引得楚国来救，宋国就自然解围。

公元前632年，晋国侵曹伐卫，打响了救宋之战。

卫国吓坏了，卫成公请求与晋国结盟，晋文公拒绝；卫成公掉头又想去讨好楚成王，卫国上下都不干，把他驱逐出国，以此来取悦晋国。曹国更惨，晋军攻入曹国，活捉了曹共公。晋军的势如破竹，把旁边的鲁国吓坏了，他们赶忙把鲁国派去保卫卫国的大夫杀了，以取悦晋国。

在这种情况下，楚成王的霸蛮劲儿出来了，他对晋文公的侵曹伐卫以救宋的这一套战争策略置之不理，继续猛攻宋国。

晋文公于是调整策略，游说齐、秦两国，把他们拉到抗楚的统一战线。

面对这种局面，楚成王决定从宋国撤兵。他的理由是：晋文公流亡十九年，什么苦没吃过，什么事没见过，他回晋国为君，是上天所赐，人力是不可改变的。

楚军还没撤，晋军就开始撤了。晋文公逃亡到楚国时，许诺过在战场与楚成王相遇，后撤九十里。他得兑现承诺。

楚国的令尹子玉见晋军先撤了，反复请战，决意与晋文公决一死战，拦都拦不住，率军追击晋军，一路追到了卫国的城濮，与晋国率领的联军对阵。

退也退了，让也让了，你追到这里来拼命，我不能不接招吧。

晋文公率多国联军迎战，仅一天时间，彻底击溃楚军，子玉自杀。

迎着胜利的春风，晋文公来到郑国的践土，与齐、宋、鲁、蔡、郑、卫、陈七国的国君会盟，周襄王亲自到场，册封晋文公为“侯伯”，即诸侯之长。这就是春秋史上著名的“践土之盟”。

披上霸主战袍的晋文公，履行“诸侯之长”职责，多次率军平息一些诸侯国之间的征伐纠纷。史载：晋文公“造五两之士五乘，锐卒千人，先以接敌，诸侯莫之能难。反郑之埤，东卫之亩，尊天子于衡雍”。这里“反郑之埤”之后说的是，晋文公下令毁掉郑国城上的女墙，以便随时攻取；下令卫国一律东西向，以便晋国的军队通行无阻。晋文公还率领诸侯在衡雍尊奉周天子。

虽然晋文公在称霸天下的征伐中，檑木滚石，血溅荒野，杀人很多，但他与众不同的是，能在血光四溅中讲诚信。战场使诈，是普遍的战术法则，声东击西不就是使诈吗？明修栈道，暗度陈仓，不就是使诈吗？敌强我弱，甚至势均力敌的情况下，战术谋划中不使上“诈”字，没有取胜的把握。可晋文公使“诚”，站在诚信的高地，摆布战局取胜的走向。

这是唯有霸主才能站立的高地。

征伐原国，晋文公与将士约定，七天为期，七天攻不下原国就撤退。到了第七天，原国仍未被攻克，晋文公下令撤退。将士们说，原国已经挺不住了，再坚持一下就会投降。晋文公说：“信，国之宝也，得原失宝，吾不为也。”来年继续征伐原国，晋文公与将士约定，这次要攻占原国再撤兵。晋文公这个约定传到原国，原国不战而降。他们知道，晋文公说要攻占原国，肯定说到做到，与其溅血厮杀，也保不住原国，不如早日投降。旁边的卫国畏惧晋文公的战斗力，更是敬重晋文公的诚信，在原国投降的同时，主动归顺了晋国。

无论是治国理政、安定国内，还是征伐攻取、调解诸侯国之间的矛盾纠纷，晋文公的所作所为，都能折射出逃亡十九年沉淀积累的称霸能量。这能量，是逃亡教会他的，是寄人篱下教会他的，是磨砺教会他的，是苦难教会他的！

当然，写晋文公，不能不写与他一起逃亡的介子推。

在逃亡卫国的路上，断粮了，重耳只好与随行一样，挖路边的野菜充饥，向农夫讨饭，农夫给了他一块泥土，重耳虽然收下了，但泥土不能当饭吃呀！看到重耳饿得难受，介子推跑到一旁，从自己的腿上割下一块肉，给重耳煮了一碗肉汤。介子推没有说是从自己腿上割下的肉，而是说捉的麻雀。当弄清介子推一瘸一拐的原因后，重耳大为感动，当场承诺，一旦将来当了国君，一定重赏介子推。

重耳当上国君后，跟随他逃亡的人都受到封赏，唯独介子推没份。

历史在这里打了个结，留下悬案。

《左传》载："晋侯赏从亡者，介子推不言禄，禄也弗及。"说的是介子推没有伸手要赏，晋文公封赏也没有他的份。

《吕氏春秋》载："晋文公反国，介子推不肯受赏，自为诗赋曰：'有龙于飞，周遍天下。五蛇从之，为之丞辅。龙反其乡，得其处所。四蛇从之，得其露雨。一蛇羞之，桥死于中原。'"

这里的"不肯受赏"，应当理解为晋文公给予介子推封赏，他不肯接受。

不被封赏也好，不肯受赏也好，介子推走了，带着母亲逃到绵山，过隐居生活。

逃走之前，介子推与母亲有一段对话。

介子推：重耳是上天要立的君主，而一起逃亡的人却把功劳记在自己头上，这是荒谬的。偷别人的财物，尚且叫盗，何况是取上天的功劳当作自己的功劳呢？这种人把自己的罪过当作正义，而国君还加以封赏，如此好坏不分，很难与他们相处。

母亲：你何不也向晋侯请求封赏呢？

介子推：谴责了他们而又去效法他们，罪过就更大了，况且我已口出怨言，不应再食用他的俸禄了。

母亲：即使不求俸禄，也该让他们知道这个道理呀！

介子推：语言是自身行为的文饰，身体都要隐藏了，哪里还用得着去文饰，只要文饰，便是故意显露。

这段对话透出的历史信息是：跟随晋文公逃亡的大臣中，有的夸功邀赏，介子推看不起他们，不愿与他们为伍。

晋文公很内疚，亲率大臣到绵山去迎请，介子推躲着不见。有人出主意，介子推是孝子，三面放火烧山，介子推为了母亲，便会从没火的那面山下来。谁知点火烧山的不是点三面，而是四面点火，把整个绵山都点着了。

当晋文公带着大臣满山寻找时，发现介子推和他的母亲抱着一棵大柳树，被活活烧死了。晋文公悲痛万分，下令介子推和他母亲被烧死的那天，天下不许点火，不许煮饭，只能吃寒食。

于是，炎黄子孙有了寒食节。

第二年寒食节的时候，晋文公特地斋戒，着素服到这棵柳树下祭奠介子推，他惊奇地发现，去年这棵烧得只剩下树桩枝杈的大柳树，居然活过来了，树冠长得很大，满树的绿叶，被春风吹得迎风飘荡。

晋文公惊喜万分，特地下令将这棵柳树封为清明柳。

于是，炎黄子孙有了清明节。

秦穆公惜才而霸

春秋时的秦国地处西陲，居住在今甘肃张家川一带，姓嬴，是个马背上的民族，为周王朝的附庸小国，被中原诸侯国称为西戎。历史走到东周，周天子给了个机会，秦国在秦穆公手里逐渐强大起来。

周幽王追杀太子宜臼，宜臼逃到外公申侯家，搬来我国西北地区的少数民族犬戎帮忙，犬戎一出手，周幽王大败，周朝镐京沦陷，周幽王也崩了。郑国、申国等姬姓诸侯国，把宜臼扶进天子殿堂，史称周平王。周平王接续上西周的历史，迁都洛阳，临走前做了个顺水人情，把被犬戎占领的大片周王室土地，给了秦国。

虽然这片土地已不属于周王朝了，但秦穆公拉大旗作虎皮，打着周天子的旗号，把大部分土地抢到手了。有了大片土地作资本，秦国把目光瞄向了中原。那里是可以向天下发声的地方。

中原诸侯国没有人瞥秦国一眼，召开诸侯大会，秦国不在受邀之列。

秦穆公登上岐山之巅，眺望中原，陷入沉思。

马背上的民族喜欢马。一天，秦穆公问伯乐：您的年纪一天天大了，您的子孙中有能继承您相马本领的吗？伯乐推荐了九方皋。九方皋寻马回来后，非常兴奋，说已找到一匹上等好马。

秦穆公也很高兴，问是匹什么样的好马。

九方皋答：是匹黄色的母马。

马牵来一看，秦穆公不高兴了，明明是一匹黑色的公马，却说是一匹黄色的母马。他问伯乐：这样的人能相出好马来吗？

伯乐仔细察看这匹马后，两眼闪光，连说这是一匹良马。他对秦穆公说：九方皋的眼里，只有马内在的灵性，至于马的颜色、外貌、雌雄都忽略了。这正是我不如九方皋的地方。

实践证明，九方皋相中了一匹天下无双的好马。

望着这匹良马，秦穆公突然顿悟：强国之要务，在于招揽天下贤才。

是啊！一个人即便浑身是铁，又能打出多少颗钉子？只有把贤良之才招揽到自己的麾下，嫁接起君主的贤明，才能形成强国的能量！

公元前655年，晋国灭了虞国，俘虏了虞侯及大夫百里奚。百里奚很贤能，晋献公想用他，他不从。正好秦穆公派公子絷到晋国代自己求婚，晋献公便把百里奚作为陪嫁的奴仆，让公子絷带走了。

半路上，百里奚跑了。

从晋国投奔秦国的武士公孙枝，听说过百里奚的贤能，便向秦穆公推荐。秦穆公便着了迷一样，到处打听百里奚的下落。

打听到了，百里奚逃到了楚国，被楚军抓获。叫他放牛，牛放养得膘肥体壮，又派他牧马，马又养得活蹦乱跳。

秦穆公打听到百里奚的下落后，打算备一份厚礼，到楚国去要人。公孙枝提醒秦穆公：送的礼太贵重，楚王会觉得百里奚很重要，反而不给您了。只能按一般奴仆的价格，把百里奚换回来。

当时一般奴仆的价格，是五张羊皮。

秦穆公用五张羊皮把百里奚换回来一看，心凉了。一个七十多岁的老头子，人也长得不怎么气派，这能贤能到哪里去！秦穆公不禁感叹：唉！年纪太大了。但秦穆公保持了对一位长者的尊重，他躬身向百里奚请教强国之策。

百里奚则说：秦处边陲，地势险要，兵马强悍，进可攻，退可守，这是上天给秦国的优势，利用好这个优势，不是盲动，而是伺机而进。

话虽不多，但说到秦穆公的心里了。他对眼前这位不起眼的老头肃然起敬，张口就封他为上卿，请他治理秦国。

从这里开始，促使秦国强大起来的一大批天下贤才，迅速聚集到秦穆公身边。

事情是这样的。

秦穆公封百里奚为上卿，百里奚不干，他推荐了一个比他更贤能的蹇叔。他推荐的理由是：周王子颓好牛，臣养牛。颓欲用臣，蹇叔止，臣去，得不诛。事虞君，蹇叔止。臣诚私利禄爵，且留。蹇叔劝臣，得脱。百里奚说的是，蹇叔虑事更长远，要不他的命就没了。

隐居山野的蹇叔被秦穆公请来了，给秦穆公提出的强国之策是：治法要严，赏罚公正而无偏；待民要宽，朝廷要给民众让利；教民以礼，使民众知道荣辱进退。

这又说到秦穆公心里了，于是拜蹇叔为右相，拜百里奚为左相。

接着，百里奚推荐蹇叔的儿子西乞术、白乙丙，百里奚的儿子孟明视也跟来了，一大批名满天下的谋士、战将，汇聚到了秦穆公身边。

要称霸天下，急不得，诚如百里奚所言，得伺机而进。听从蹇叔和百里奚的谋划，秦穆公极力与当时强大的晋国修好，娶了晋献公的女儿为夫人，在晋国内乱时，帮助夷吾披上晋惠公的君袍。

公元前647年，晋国闹灾荒，向秦国借粮，“秦于是乎输粟于晋，自雍及绛相继，命之曰泛舟之役”。

公元前646年，秦国闹灾荒，向晋国购粮，晋国不给。

秦穆公很是恼火。你夷吾的晋惠公君位，是我派兵扶上去的。说好了将黄河西南的五座城市，还有东到虢国边界，南到华山，包括河内的解梁城等大片土地，划归秦国作为报偿，你夷吾坐上晋惠公的交椅后，不给了。

还有，送你夷吾回国前，秦穆公夫人即你的亲姐，特地把太子申生的妃子贾君，也就是你夷吾的弟妹托付给你，叫你好生关照，可你一披上晋惠公的君袍，便把她泡了，你这是怎么回事！

秦穆公气愤难忍，发兵攻晋，亲自上阵。一开始仗打得很顺利，秦军军威大振，晋军节节败退。晋惠公一看不好，策马而逃。秦穆公怎肯放过，策马紧追。眼看晋惠公要被拿下，突然半路杀出一支晋军，反而把秦穆公团团围住了。秦穆公率军左冲右突，无法突围，铠甲被刺穿六处，身上多处负伤。眼看性命不保，突然从天而降杀出一队人马，三百多人，护住秦穆公，追击晋惠公，生生把晋惠公活捉了。

秦穆公惊喜万分，问道：我不记得有恩于你们，为何来救我？

这些人笑哈哈地讲了一个与秦穆公有关的故事。

秦穆公喜欢马，不惜重金搜罗了几匹好马。一天负责养马的向他报告，一匹白色的骏马不见了。秦穆公腾地站起来，飞跑到马厩，只见半截缰绳还拴在马桩上，马不见了。他急得不得了，亲自带人寻找，沿着马蹄印，追踪到一个山谷。山谷中飘散着烤肉的香味，秦穆公感觉不好，急忙循着香味赶去。只见一群山民围着一堆篝火，正在烤马肉吃，一张白色的马皮就扔在旁边。一见秦穆公和站在他身后的武士，正吃烤马肉的山民愣住了。几乎没有眼神对眼神的质问，秦穆公开口了，他说：吃了马肉而不喝酒，会伤身体的。他转过身去，对随从说，到宫里取几坛好酒来，让他们喝了酒再走。酒拿来了，秦穆公看到他们喝了才离开。

山民们讲了这个故事，秦穆公才想起来。

成了俘虏的晋惠公，拿不出其他招数了，只好再次承诺拿大片土地作为交换条件，为提升自己的诚信筹码，特地把太子圉送到秦国作人质。

条件优厚，成交。秦穆公把晋惠公送走的同时，把自己的女儿怀嬴嫁给了太子圉。

太子圉也不厚道，他身在秦国，心在晋国，在得知晋惠公身体患病后，不辞而别，偷偷跑回了晋国，不久便披上了晋怀公的君袍，且拒绝与秦国交往。

秦穆公虽然失算了，但他不肯就此罢休，转而把尚在逃亡的晋国公子重耳送回晋国，杀掉晋怀公，扶持重耳披上了晋文公的君袍，并把女儿怀嬴又转嫁给了晋文公。

如此一来，秦穆公的身份微妙了，他既是晋文公的姐夫，又是晋文公的老丈人。这种看似有些乱的关系，在春秋时期不足为奇。正是倚仗这种关系，秦穆公在晋文公披上春秋霸主战袍的过程中，极大地扩充了自己的实力，也极大地扩大了自己的影响。最显著的变化即是，中原各国没有人再把秦国当西戎看了。

显然，秦穆公对此并不满足，他的抱负是站到中原，问鼎天下。

但是，秦穆公操之过急。

公元前628年，晋文公去世，秦穆公觉得是个机会，打算趁机发起进攻，偷袭晋国。蹇叔和百里奚都不同意如此劳师远征，秦穆公决心已定，亲自点将，叫百里奚的儿子孟明视、蹇叔的儿子西乞术和白乙丙三员大将带兵火速出发。劝不住了，百里奚和蹇叔哭着为儿子送行，并特地提醒：晋军将在崤山设伏，你们要格外小心。

战局的发展与百里奚和蹇叔预料的完全吻合，晋军在崤山设伏，把秦军打得大败，孟明视、西乞术、白乙丙三员大将悉数被俘，命悬一线。关键时刻，秦穆公的女儿怀嬴出面了，她是晋文公的夫人，是晋襄公的母亲，她以秦晋不能把关系搞僵，把路子堵死为由，叫晋襄公把活捉的三员秦将，交秦国去惩办。

晋襄公便把三员大将放了。晋国大将先轸气得直跺脚，他对晋襄公说："武夫力而拘诸原，妇人暂而免诸国，堕军实而长寇仇，亡无日矣。"说罢还对晋襄公吐了一口唾沫。晋襄公反过味来，令战将阳处父带兵马火速去追。追到黄河边时，孟明视等三人的小船，已经划到黄河中间了。

听说孟明视等三员大将活着回来了，秦穆公喜极而泣，他亲自出城，身着素服，走出很远，前去迎接。孟明视等三人跪地请罪，秦穆公赶紧上前，一个一个扶起，说：这是我的过错，怪不得你们，要怪只能怪我没有听从你们父亲的劝告。

厉兵秣马三年后，秦穆公再次出发，剑指中原，突破口还是晋国。晋襄公在放回孟明视等三员战将后悔的同时，一刻也未放弃防范准备。公元前626年，秦军东出陕西白水，遭遇晋军阻击，几乎全军覆没。被晋人讥为“拜赐之师”，即来拜谢恩赐的军队。

这一仗是孟明视提议打的，领军的主帅头衔也安在孟明视肩上。从战场灰头土脸退下来，孟明视做好了接受秦穆公严惩的准备，令他万万没有想到的是，秦穆公不仅没有惩处他，而是叫他继续执掌兵权。孟明视感动得不知如何是好，他认真分析作战失败的教训，变卖家产，抚恤战亡将士的家属，救助伤残官兵，亲自指挥训练战法，与官兵朝夕相处，反复磨合训练。

恰在这个当口，晋襄公命大将且居率晋、宋、陈、郑四国联军，浩浩荡荡地向秦国开来了。

孟明视冷静分析战局形势后，决定避其锋芒，关闭城门，伺机准备反击。

城门一关，各种议论出来了。更多的人认为，孟明视被晋军打怕了，成了缩头乌龟；还有的认为，秦穆公用人不当，孟明视担当不起秦军统帅的重任。

秦穆公站出来，他坚定地支持孟明视，放出来的话就一句：你们等着瞧！

公元前624年，孟明视请求秦穆公亲自挂帅，出击晋国。他的誓言是：假若这次出征不能获胜，我绝不回来见父老乡亲！

秦穆公坚信不疑，他披上率军战袍，登上出征战车，向军队发出进攻号令。

秦军一过黄河，孟明视便下令烧毁渡船，不给秦军也不给秦穆公留退路。孟明视亲自担任先锋，一路英勇无比，势如破竹，几天时间，便把晋、宋、陈、郑抢夺的秦国的城池逐一收复。秦军在晋国的土地上来往驰骋，犹入无人之境。

秦穆公憋了三年之久的那口窝囊气，总算在一声长叹中出了。他特地领军来到崤山，在三年前晋军把秦军将士杀得尸横遍野的地方，埋葬尸骨，举行祭奠。孟明视、西乞术、白乙丙三员大将跪在坟前，磕头大哭，感天动地！

秦穆公率军回国后，与百里奚、蹇叔等对秦国称霸的方向，进行了反复研究，形成的一致意见是向西，其基本策略是：先强后弱，次第征服，称霸西域。

在今陕甘宁一带，被数不清的戎狄小国和部落划地而占。如陇西有昆戎、绵诸、翟等小国和部落；泾北有义渠、乌氏、朐衍等戎狄部落；洛川有大荔之戎；渭南有陆浑之戎。这些小国和部落，生产力水平很低，部落酋长经常发起征伐，抢了周天子不少土地，周天子无力收回，便给了秦穆公。秦国实力雄厚，从一些戎狄小国和部落抢回不少，但远没有把西域镇服。其中与秦国接壤的绵诸，居今甘肃天水、陕西大荔大块土地，是西域强国。

秦穆公“先强后弱，次第征服”的策略，当然首先瞄准的是绵诸。

绵诸王派由余出使秦国，秦穆公便采用了拿西域强国开刀的高明策略。由余一来，秦穆公便高规格接待，向他展示秦国壮丽的宫室、丰裕的积存、屯兵地形、强大的军队和装备。

由余尚未离开秦国，秦国便向绵诸王送去乐女二八，让他在歌舞伴奏中饮酒享乐。这是绵诸王从未有过的享受，一陷进去便拔不出来了，他从此不理政事，旱灾他不过问，牛马大批死去，他也不过问，从早到晚挽着舞女喝酒取乐。

由余回到绵诸，看到国内政务荒废，人民穷困潦倒，心急如焚，便对绵诸王进行劝谏。绵诸王被美酒美女彻底征服了，他不仅严厉拒绝由余的劝谏，而且准备拿由余开刀。秦国瞅着机会来了，策反由余来到秦国，以贵宾相待，与他共商征服西戎的策略。

先拿最强的绵诸祭刀，是秦穆公称霸西域的策略。公元前623年，秦穆公发出了征服西戎的号令，秦军以迅雷不及掩耳之势包围绵诸，绵诸军队纷纷倒戈，协助秦军活捉了绵诸王。站在绵诸国的土地上，秦军四面出击，几乎同时向西域戎狄小国和部落发起进攻，短短时间便四面报捷，二十多个戎狄小国和部落尽数归顺。从此，南至秦岭，西至今甘肃临洮，北至今宁夏盐池，东至黄河的广袤大地上，到处飘扬着秦国的旗帜。

周襄王特地派人给秦穆公送去金鼓，以示祝贺。

秦穆公由此登上“西戎霸主”的历史舞台！

秦国在西域的称霸，是秦穆公用毕生书写的惜才而霸。

《左传》赞曰：“君子是以知秦穆公之为君也，举人之周也，举人之壹也；孟明之臣也，其不解也，能惧思也；子桑之忠也，其知人也，能举善也。”

“南蛮子”来兮

“南蛮子”，是蔑称。当周天子分封的众多诸侯国在长江以北的中原一带征战打斗的岁月里，不知谁对生活在长江流域的炎黄子孙，冠以“南蛮子”称号。

在中原人看来，生活在长江流域的“南蛮子”，是一群野人，他们文身，身上画各种各样的图案；他们长发披肩，像长毛鬼；他们穿天子才能穿的大红袍，不懂礼制；他们玩巫术，信仰鸟、蛇之类的东西；他们还吃生食……

尤其是在“南蛮子”身上发生的刻舟求剑、画蛇添足、南辕北辙、买椟还珠、沐猴而冠等奇奇怪怪的事情，更是被中原人当作饭后茶余的笑话，笑完还得作“冒傻气”“不开化”的评论。

中原人没有意识到，当他们把刻舟求剑、画蛇添足等故事当作笑话听时，“南蛮子”已经把它当作成语典故，在社会上广泛传诵，以教育自己的子孙了。孔老夫子就赞道：“宽柔以教，不报无道，南方之强也。”

中原人也许忘了，“南蛮子”的祖先，是三皇五帝中的颛顼，颛顼的第五代孙吴回，是先古时的火神，被赐为祝融氏，其部落就在郑国的新郑附近，是正宗的中原人。当他们迈开双腿，丈量中华民族的原始版图，走到长江流域后，看到长江流域茂密的丛林深处，居住着比他们更早到来的原住民，他们文身，他们吃生食，他们长发披肩……祝融氏的族人没有把这些原住民看作野人，而是主动与原住民交往，与原住民通婚。在和睦相处中，祝融氏族人适应原住民的生活习惯，同时传播从中原带去的先进文化。久而久之，祝融氏族人与原住民分不清彼此了，原汁原味的中原特色褪去了，原汁原味的原住民特色褪去了，褪色过程的水乳交融，相互取长补短，相互借鉴取舍，形成了“南蛮子”独有的民族特色。

这一特色的鲜明个性，就是适应性，就是“上哪山唱哪山歌”，就是实事求是，一切从实际出发。其适应性的鲜明特质，不是随波逐流，不是随遇而安，而是该扬弃的扬弃，该吸收的吸收，脏水泼掉，孩子留下。

在用岁月作了漫长时间的积累后，“南蛮子”来兮！

来兮，楚人积聚的能量是：“楚国无以为宝，惟善以为宝。”

周文王姬昌在镐京召开英雄大会，号召天下部族团结起来，推翻商纣王的残暴统治，一位九十岁的老人，也到了镐京参加会议。这位老人叫鬻熊，“南蛮子”的酋长。姬昌召集天下英雄去与商纣王打仗，显然，鬻熊这么一大把年纪仗剑搏杀不行，只能就一些重大问题向他请教。姬昌相信岁月刻在这位老人脸上的智慧，拜鬻熊为师。

从南蛮来的鬻熊，早就参透了天地运行规律。他说：“物损于彼者盈于此，成于此者亏于彼。损盈成亏，随世随死。”鬻熊认为，物质变化不会短时间完成，所以人们感觉不到它的变化。他据此得出结论：“间不可察，俟至后知。”即变化的间隙不可察觉，只有变化的结果出现之后才会明白。如此智者，足为周王师。

作为周王的智囊，鬻熊在姬昌被商纣王抓住以后，建议姬昌之子姬发向纣王进献美女、兽皮、黄金等，最终将姬昌救回。论功行赏时，“南蛮子”被封为楚国，爵位低一点儿，为子爵。

几十年后，鬻熊的孙子熊绎，作为楚国国君，参加周天子召开的诸侯大会。这一次，熊绎未能像爷爷那样，为楚国带回尊严和荣誉，连会场的大门都没让进，周天子与其他诸侯国的国君在宴会大厅举杯弹庆，他被安排在厨房烧火。熊绎没有向周天子申诉，而是一拍屁股走了。他把耻辱带回楚国，用耻辱激励群臣，尽快把自己强大起来，用实力对外说话。

熊绎率先垂范，乘坐简陋的车，穿着破烂的衣，逢山开路，遇水架桥，艰苦创业，奋发图强。几年后，他特地派人给周天子送去了“桃弧棘矢”，即桃木弓，枣木箭。那意思很明确：被你侮辱的“南蛮子”，如今可以用弓箭来争取尊严了。

周王室没有面对“桃弧棘矢”找准自己的定位，他们容不得“南蛮子”这种温和的挑衅，发兵征讨。

史书记载了周王室对“南蛮子”的三次征讨。

第一次，“昭王十六年伐楚，涉汉，遇大兕”。

这个记载说的是，周昭王率兵伐楚，渡汉水的时候，碰上类似犀牛的大动物。碰上“大兕”，是过汉水了，还是没过汉水，与楚人交锋了，还是没有交锋，一概没记。可以肯定的是，周昭王领兵撤走了，这次征伐是不是大败而归不知道，没有战果是明摆着的。

第二次，“昭王十九年，天大曀，雉兔皆震，丧六师于汉”。

这个记载说的是，三年后周昭王又率兵伐楚，天气特别阴沉，在汉水损失了六个师。这个记载又没说是否与楚人交锋，在汉水损失了六个师，不知是被楚人歼灭的，还是被阴沉的天气给毁灭的。

第三次，“昭王末年，夜清，五色光贯紫微，其王南巡不返”。

这个记载说的是，周昭王晚年南巡，夜色清朗，天空中五种颜色的光，直贯代表天子星座的紫微，天气如此美好，但周昭王南巡却没有回来。

前两次记载，能让人想到的是，周昭王率兵伐楚，大败而归。第三次说成是南巡，且周昭王一去不复返。南巡这个说法，显示出史官的隐晦笔法。周昭王已率兵两次伐楚，怎么可能第三次会是南巡呢？他南巡敌对诸侯国的条件具备吗？楚国凭什么会生出热情来欢迎你去巡视？至于“不返”，中原的史官做过记载，说的是周昭王伐楚，渡汉水时，船工用胶粘了一条船，船到江中，胶水溶解，船解体，周昭王沉到江底而“不返”。

“南蛮子”来兮，他们要来的地方是中原，那里是政治的中心，是可以对天下发声的地方。虽然那里征伐的战火不断，“弑”君的大戏反复上演，但“南蛮子”清楚，这种混乱，是天下整合的必然程序，走完这个程序的结果是，周天子分封的一千多个诸侯国，绝大多数消亡，而一直走来不被消亡的，才是强国。“南蛮子”来兮，就是要走进强国行列。

“南蛮子”还清楚，周王朝从文王、武王、穆王等一路走来，走到中原烽烟四起的时候，周王室的天下共主已经不共了。他们之所以在汉水三次击败周昭王的讨伐，正是看清了这一点。中原诸侯国不给周朝纳贡，还派军队去抢夺周朝的土地，“南蛮子”面对周昭王的进攻，能不进行自卫反击吗？反击，不只是亮肌肉，更是“南蛮子”将从楚地北上的宣示。

中原大国不在乎“南蛮子”那点肌肉，更没有听懂“南蛮子”的宣示，唯有郑庄公深感忧虑。因为他想起了爷爷郑桓公与太史伯的一段谈话：

郑桓公：“周衰，何国兴者？”

太史伯：“齐、秦、晋、楚乎？”

郑庄公的目光暗淡下来，他此时披的是春秋第一霸主的战袍，齐、秦、晋、楚，无郑啊！

公元前706年，楚国大军北上，第一个攻打的目标是随国。随国是姬姓大国，分封在江汉一带，是这一地区的领袖。楚国在攻打随国之前，已经“伐庸、扬粤，至于鄂”了，一批小国被楚国征伐收拾停当了。面对强大的攻势，随国的国君作为交换条件，跑到周桓王那里，为楚国说情，请求将楚国的爵位由子爵提升为侯爵。周桓王当然想得起周昭王“南巡不返”来，拒绝了楚国升爵的要求。

面对这一拒绝，“南蛮子”的个性张扬出来了。楚国国君熊渠向天下宣告：“我蛮夷也！不与中国之号谥。”

你周王室分封的爵位我不要了，我是蛮夷，我承认，我是蛮夷，我骄傲！

熊渠在楚国自创了一套政治体系，他把三个儿子册立为三个王，自己则是王的王，与周天子平起平坐。儒家祖宗对他“非礼非礼”的批评，他一概不予理睬。不仅如此，楚国召开沈鹿诸侯大会，把四邻的小国国君都请来，那意思很明确，就是问问邻居们，我熊渠称王你们同意不同意。四邻小国一致同意，连地区领袖随国都没有不同意见。

公元前701年，熊渠的儿子武王熊通派儿子屈瑕率军出国，前去与贰国、轸国结盟，走到贰、轸两国边境蒲骚，发现来了一支不请自来的郧国军队。郧国对楚国的强大深感恐慌，想借楚、贰、轸三国结盟之机，相邀随国、绞国、州国、蓼国出兵，围殴楚军。年轻的屈瑕采取夜袭的战术，把郧国军队打得四处逃散，结盟同来的四国军队没有投入战斗便逃了，逃得比郧国军队还快。屈瑕不仅顺利完成了与贰、轸两国的结盟任务，而且顺手把郧国邀来的多国联军揍了一顿。

尤其是被抗金名将岳飞盛赞的“莫敖采樵以致绞”的经典战役，更是屈瑕的杰作。

楚国进攻绞国，绞国虽小，但城墙坚固，强攻难以取胜。屈瑕采取的战术是，派士兵装扮成樵夫上山砍柴，绞国出动军队把樵夫抓走，连抓了好几天，抓去不少人。再抓时，遇到楚军的伏击，绞国军队大败，赶忙往城里跑，回头一看，城头已换大王旗，楚国被抓去的樵夫已经把绞国都城占领了，绞国只好签订城下之盟。

写“南蛮子”，不能不写一个女人，这个女人叫邓曼，是楚王熊通的妻子。熊通派儿子屈瑕尽率楚国精锐进攻罗国，楚国谋士斗伯比对熊通说，马上给屈瑕增兵。全国精锐都出去了，哪里还有兵可增。当熊通跟妻子邓曼说起这件事时，邓曼提醒夫君，屈瑕连打胜仗，必然轻敌，轻敌则必败。结果与邓曼预料的完全一致，屈瑕大败，楚国精锐尽丧。面对这个结果，“南蛮子”的个性再次张扬出来，屈瑕没有回国向父王陈述申辩，而是自个儿跑进深山，吊死在一棵老树下。随同屈瑕出战的楚军将领，一个个把自己捆绑起来，听从楚王发落……

十年后，厉兵秣马的“南蛮子”卷土重来，楚王熊通亲率楚军排兵布阵，自认为兵阵战法成熟之后，再次剑指中原。出发之前，熊通异常亢奋，他不解，问邓曼。邓曼叹了一口长气，说夫君的福寿快完了，这种亢奋，是自己感觉到福寿将尽的反应。邓曼接着说，这是天意，这次出征，军队不受大的损失，夫君在途中寿尽，这就是楚国的福气。楚王熊通与妻子邓曼的这番谈话，是面对天意的谈话，没有哭泣，没有恐慌，寻常以对……结果又与邓曼预料的一致，出征途中，熊通在一棵楠树下，安详地走了。

偏隅长江以南的楚国，在周天子一口气册封的一千多个诸侯国中，始终在为自己由落后向强大的转折中挣扎，不仅用挣扎演绎了楚国奋发图强的诸多童话故事，而且积聚了剑指中原的强大精神能量。

楚文王得到两件宝贝，一是茹黄之狗，二是宛路之箭，从此沉湎于驱狗寻猎，不能自拔，三个月不归，朝政不理。接着又得到丹地美女，更是沉迷于女色，整整一年不上朝听政。主管刑罚的大臣葆申对楚文王说：按照先王定下的规矩，您一年不理朝政，应当受到笞刑。楚文王听了一愣，说：我离开母亲的怀抱，便位列诸侯，你若硬要对我用刑，也不能用鞭子抽打。葆申说：您不接受笞刑，就是违背先王之命，我宁可获罪于您，也不能获罪于先王。楚文王没辙了，只好扒光衣服，趴在地上受笞。真行刑时，葆申又犯难了，他只好把五十根细荆条捆起来，放到楚文王的背上，这样放了两次，表示对他笞刑一百下了。行刑完毕，葆申请楚文王起来。这时的楚文王个性张扬出来了，他不肯起来，要求真的挨一顿鞭打。他的理由是：反正我有了受笞刑的名声，不如你真的痛打我一顿，这样也就兑现了先王定的规矩。葆申还是不敢打，没等楚文王爬起来便跑了，自己把自己流放到深山老林，并请求给自己治罪。

楚文王爬起来以后，杀了茹黄之狗，折了宛路之箭，放了丹地的美女，召葆申回朝为臣。史载，这之后，楚国一口气吞并了三十九个诸侯国。

当中原各国征伐吞并，争夺霸主地位时，楚国已悄然站到了南方霸主的高地，并不断北扩，问鼎天下。看吧，齐桓公披上春秋霸主战袍时，楚成王率大军伐郑来了。齐桓公组成的鲁、宋、郑、卫等八国联军，不敢与楚军硬碰硬，后撤数十里，以阅兵的方式给自己也给联军壮胆，最终在召陵与楚军签订盟约而“胜利”班师。晋文公披上春秋霸主战袍时，他面对的强大对手，仍然是楚国，当楚成王率军伐宋时，晋文公率众多诸侯国的军队迎战，觉得没有把握，又游说齐、秦，加入抗楚统一战线。即便如此，晋文公还得先退九十里，美其名曰兑现承诺。

楚成王在位四十六年，是他与中原霸主齐桓公、晋文公分庭抗礼、平起平坐的四十六年。春秋的史官都做过这样的记载，只要楚国不高兴了，中原各诸侯国就停歇内斗，一致抗楚。

楚成王的儿子商臣，是杀了父亲披上王袍的，他不被中原史官，也不被楚国史官看好，但他在位十二年中，灭了地处今河南的息国、蓼国，地处今安徽的六安，还伐郑、侵陈、围巢，干得风生水起，祖上的基业在他的手里得以拓展。

王位传位到商臣的儿子楚庄王手里后，楚国的历史就开始大写了，是他在邲之战后，把南方霸主的位置，移到了中原。

流传至今的“三年不鸣，一鸣惊人”，“三年不飞，一飞冲天”的历史典故，就是楚庄王创作的。

楚庄王即位后的头三年，朝政一概不理，军令一概不出，一味地声色犬马，骄奢淫逸。大夫武举实在看不过去了，强行入宫劝谏，楚庄王左手抱着郑国一个美女，右手搂着越国一个美女，坐在乐队中间，嬉皮笑脸，武举说的他根本不听。气得武举不禁感慨：有只鸟待在高地的山上，三年不飞，三年不鸣。

楚臣贾成公进宫，提出与楚庄王讲隐语，问高山上那只鸟，为何三年不飞，三年不鸣?

楚庄王说：这只鸟之所以三年不动，是要借此安定意志；之所以三年不飞，是要借此生长羽翼；之所以三年不鸣，是要借此观察民间法度。这只鸟一飞，将冲上天空；这只鸟一鸣，将使天下惊恐。

三年后，待在高山上的那只鸟飞了，鸣了。

楚庄王飞出来的鸣叫，晋国的栾书是这样评价的：他没有一天不在治理民众，并教导民众注意，人生之艰难不易，灾祸没几天就会到来，警戒、畏惧之心不可懈怠。在军中，他没有一天不在治理将士，并一再告诫他们注意，胜利无法长保，殷纣王虽百战百胜，但最终亡国绝后。他还常常用若敖、蚡冒乘简朴柴车，穿破旧衣服，开辟山林的事迹教育民众。他常用的规劝良言是：“民生在勤，勤则不匮。”

栾书的这个评价，与楚庄王左手抱着郑国一个美女，右手搂着一个越国美女，坐在乐队中间，嬉皮笑脸的形象截然不同！

楚庄王率军先灭庸国，接着侵陈、伐宋，反复敲打郑国，打得中原各国人心惶惶，都用惊恐的目光看着楚国所向披靡，一路高歌。

楚国把军队开到周天子的眼皮底下，提的要求很简单：在王畿的地盘搞军事演习。

天子周定王敢拒绝吗？它已是一口破锣，中原那些不起烂三的诸侯国想敲就能来敲一下，敢不让强大的楚国搞军演吗！周定王放低身段，派王孙满去慰劳楚军。

面对王孙满，楚庄王问了一个天下霸主才能问的问题。

楚庄王问的是：九鼎有多大？有多重?

传说夏禹疏通九州后，用九州的青铜铸了九鼎，安放在夏朝，以此表明夏朝对各部落的领导权。后夏桀失德，九鼎迁商；殷纣失德，九鼎迁周。鼎之所在，即权力中心所在。

王孙满在楚庄王面前，保持了一份冷静和尊严，他回答说：关键在德不在鼎。现在周德虽衰，但天命未尽。鼎的轻重大小，还是不问为好。

楚庄王不往下问了，扭头走了。

没有人能说清他为什么不问了，是被王孙满说服了？还是他根本就不信王孙满说的那一套？

尤其是公元前597年的“晋楚邲之战”，楚军打败晋军，战场视察时，看到晋军尸横遍野、盔甲遍地，大臣潘党向楚庄王建议：修建一座显耀武功的军垒，把晋人尸体收集起来造一座城阙似的坟丘，即“京观”，以纪念这次楚军的胜利。楚庄王明确拒绝，他说：“夫文，止戈为武。”他讲了“武”的七德：“禁暴、戢兵、保大、定功、安民、和众、丰财。”他接着说，我现在使楚、晋两国将士暴露尸骨，这是暴；我再去夸示兵力，以威势压服诸侯，会使战争无法消弭。强暴而不消弭战争，又怎么保住强大？

楚庄王与潘党的这番对话，使人无法与他“三年不鸣”时的样子联系起来，反倒是与真正的春秋霸主形象吻合了，彰显了。

楚国一路走来，至战国末世，仍占据七雄一席，且是唯一有能力与强秦抗衡的一席，其国土面积包括今湖南、湖北、安徽、江苏、浙江、江西、上海的全部，和云南、贵州、重庆、河南的一部分，是中国的半壁江山。“合纵”鼓吹者苏秦说：“楚强则秦弱，楚弱则秦强，此其势不两立……纵合则楚王，横成则秦帝。”

“连横”鼓吹者张仪说：“凡天下强国，非楚而秦。”

不过在苏秦、张仪之前，还有人下过论断。

公元前297年，楚国的阴阳学家楚南公下过一个论断：“楚虽三户，亡秦必楚！”

楚南公说这话的三年前，秦昭王约楚怀王到武关相会，大夫屈原参透了秦昭王的阴谋，百般劝谏楚怀王不要前去赴约，楚怀王不听，如约而至。结果与屈原预料的完全吻合，秦昭王强迫楚怀王割地相让，楚怀王断然拒绝，被秦昭王扣押。三年后，楚怀王死在秦国。当载着楚怀王尸体的马车进入楚国时，楚南公下了这个论断。

历史为楚南公的论断作如下佐证：

在大泽乡振臂一呼，敲响秦王朝丧钟的，是楚人陈胜；

率江东弟子渡江北上，横扫秦军的，是楚人项羽；

混战中崛起，亡秦建汉的，是楚人刘邦。

历史走过两千多年后的今天，“南蛮子”这种称呼远去了，但“南蛮子”的一些习俗却复活了，且最先复活的地方，是西方发达国家。

男人长发披肩，是西方文化人、大师的时髦。

文身，在身上绘制各种各样的图案，是西方男男女女的个性彰显；生吃蔬菜，包括鱼、肉等带血的食物，是西方人昂贵的大餐。

……

谁也猜测不透，天地之间，宇宙内外，还有多少“南蛮子”的密码未解！

谁助吴越称霸

春秋的风水轮流转，齐桓公、晋文公、楚庄王，还有称霸西域的秦穆公，都披过“侯伯之长”的战袍，在春秋史上独领风骚，但都没有长性，霸主地位就像赌博坐庄，轮着来。

但不管怎么轮，似乎都轮不到“弃在海滨，不与姬通”的吴国和越国。

吴国据说是周文王两位伯父的封地，姬姓，经济文化十分落后，吴人“断发文身，裸以为饰”。春秋历史演绎到公元前770年，才第一次露面。越国据说是夏朝少康的庶子无余的封地，越人“断发文身”“徒跣不履”。越国大夫范蠡说：“昔吾先君固周室之不成子也，故滨于东海之陂，鼋鼍鱼鳖之与处，而蛙黾之与同渚。余虽腼然而人面哉，吾犹禽兽也。”范蠡这话说得很酸楚，这酸楚倒不是与鱼鳖同居，而是说他们虽长一张人脸，实际同禽兽无异。可见越国文明进步的步子更慢，还不及吴国。

如此落后荒蛮的两个滨海小国，为何在春秋晚期轮流登上霸主舞台呢？

这答案，细说起来很复杂，概说起来很简单：楚国帮的忙！

楚国帮的第一个大忙，就是把伍子胥“送”到吴国。

伍子胥名员，字子胥。伍家在楚国的尊贵，源于伍子胥的爷爷伍举，是他辅佐楚庄王时，说一只鸟在高高的山上，三年不飞，三年不鸣。楚庄王在春秋称霸，得力于伍举的辅佐。伍举的儿子伍奢，享受父辈福分，任楚国大夫。伍奢生二子，长子伍尚，次子伍子胥。伍奢辅佐楚平王时，做太子建的师傅。楚平王为太子到秦国娶妻，因为这个小女孩长得漂亮，就自己留下受用。后太子建被人告发谋反，吓跑了，楚平王扣住伍奢，叫他把两个儿子召来，“来，吾生汝父；不来，今杀奢也。”在这个关节点上，伍尚选择的是回去，他的理由是：“我知往终不能全父命。然恨父召我以求生而不往，后不能雪耻，终为天下笑耳。”伍子胥选择的是逃亡，寻机为父报仇。

伍子胥辗转宋国、郑国，最后来到吴国，拜见公子光。公子光不见，原因是他特别讨厌伍子胥的长相。伍子胥于是提出，让公子光坐在堂上，自己则坐在两层厚的帷幕里，只露出衣服和两只手，垂帘回答公子光的问题。交谈很成功，伍子胥通过公子光的引荐，见到了吴王僚。伍子胥的洞察力使他认定，吴王僚帮他复不了仇，公子光能替他复仇。于是他极力与公子光修好，并花重金寻得一个忠诚可靠的杀手，推荐给公子光。

吴王僚酷爱吃熏鱼，伍子胥便找来一个做熏鱼的高手，很快将杀手培养成了做熏鱼的大厨，只等机会给吴王僚做熏鱼吃了。

公元前515年，楚平王去世，吴国趁丧发起对楚国的进攻，大军赴楚作战，国内空虚，公子光便以熏鱼为诱饵，请吴王僚到府上吃饭。吴王僚有所警觉，特地穿了一件三层兽皮做的马甲，还带二百名精兵护卫。杀手端来熏鱼，护卫对他搜身，公子光趁机溜走。杀手把熏鱼呈上，冷不防从鱼腹抽出一把极其锋利的藏鱼刀，猛地刺向吴王僚，刺穿三层兽皮马甲，吴王僚当场毙命。公子光自立为王，号称吴王阖闾，拜伍子胥为大夫，辅佐治理吴国。

楚国是春秋强国，争霸多年，家底殷实，吴国根本就不是楚国的对手。对此，伍子胥很清楚，因此，他给吴王阖闾献出的计谋，是组建三支军队，从不同的地方向楚军发起进攻，跟楚军打运动战，在运动中消耗楚军，用运动战拖垮楚国。吴王阖闾依计，派出一支军队从南面突袭楚国，楚军急忙应战，刚一接战，吴军便撤，楚军只好也撤了。可当楚军一撤，吴军第二支部队又从东边突袭楚军，正在撤退的楚军，急急忙忙从南面赶往东面，刚一接战，吴军又撤了，楚军只好又撤。楚军一撤，吴军的第三支部队又从西边突袭楚国，楚军只好从东面赶来。如此疲于奔波，楚军消耗巨大，战斗力锐降。仅公元前511年的一年间，楚军在安徽、河南的六、潜、弦等地来回调动，想打，吴军不跟他打；不想打，吴军又来突袭。吴军完全占据主动，牵着楚军的鼻子，跟着伍子胥的指挥棒转，如此一转，便是六年。

伍子胥成功了。当然，这只是伍子胥复仇的第一步，他的第二步，更狠!

伍子胥的第二步，是灭楚。

公元前506年，吴王阖闾亲自挂帅，以伍子胥、孙子为大将，倾全国水陆之师三万，由淮河溯流而上，救援被楚军围攻的蔡国，逼迫楚军放弃攻蔡回师，吴军于是联合蔡军、唐军，溯淮河水继续西进，向楚国发起进攻。

孙子是我国著名的军事家，他训练吴王阖闾的宫女，并斩阖闾两个宠妃的故事，在我国几乎家喻户晓。派他作为攻楚的大将，楚国在劫难逃了。吴军抵达淮汭后，孙子下令舍舟登陆，由向西改为向南，火速向楚国进发。吴国属于水乡之国，大人小孩都会游泳，因此吴国的军队最擅长水战。孙子的这一部署，舍弃吴军擅长战法，改为陆上进攻，看似一着险棋，其实这正是军事家的高明之处。他的解释是：兵贵神速，水上进军，逆水行舟，行动迟缓。陆上行军，出人意料，能打敌一个措手不及。战争的发展进入孙子的指挥旋律，吴军迅速穿过楚国北部的大遂、直辕、冥阨三大险隘，深入楚国腹地。分散在各地的楚军来不及集结便被吴军一一击破。楚军好不容易集结起来，准备对吴军发起反击时，孙子又下令吴军从汉水东岸后撤，引诱楚军猛追，吴军则择机迎敌，三战三捷。恰在这时，吴军前锋五千精兵直闯楚营，楚军阵势大乱，向西溃逃，这一路追杀过去，从小别山打到大别山，接战五次，楚军溃败五次，吴军抵达楚国国都郢地，楚昭王逃跑，国都陷落。

吴军攻占郢都后，烧杀抢掠，血洗屠城。

伍子胥进入郢都后所做的，就是把楚平王的墓掘开，用鞭子抽打楚平王的尸体，抽打了三百鞭，打得自己打不动了才停手。

伍子胥这仇报的，令人无语啊！

当然，楚国毕竟是春秋时的大国、强国。虽然伍子胥想灭掉楚国办不到，但他做到了打弱楚国，打强吴国，吴王阖闾因此登上了霸主的高地。

三十三年后，越国灭掉吴国，越王勾践称霸。

越王勾践称霸，还是楚国帮的大忙，只是这个忙帮得有些拐弯。

就在吴王阖闾杀害吴王僚的同时，楚国也在大开杀戒，杀死了大臣郤宛、伯州犁，这一杀，把伯州犁的孙子伯嚭“送”到了吴国，成了吴王阖闾宠信的大夫，也成了越王勾践称霸的关键。

伯嚭逃到吴国，直线看过去，与越国称霸无关，但曲线看过去，关系甚大。

公元前496年，越国在春秋舞台上第一次亮相。在此之前，越国是楚国的跟班，史学家写楚国时，才顺便带上越国一句。越国的亮相，是越王勾践在与吴军的槜李之战中，使出一个阴招，叫“罪人三行”，把中原各诸侯国吓了一跳。所谓“罪人三行”，就是将越国的罪犯排成三行，每个人都把剑架到脖子上，摆在吴军的面前，这些罪犯一起朝吴军走去，并大声喊道：我等触犯军令，不敢逃避刑罚，仅此自裁谢罪！说完，用剑在脖子上一抹，全部自杀在吴军面前。

吴军将士开始都觉得稀罕，不知道这些人要干什么，看到他们集体自杀后，看傻了。

是啊！春秋时的战争，是讲究礼仪的，如两军对垒，列阵而战；如不鼓不成列；如不重伤，不擒二毛，即头上长出白发的人不抓；如下级指挥官见到敌方高级指挥官行礼，等等。谁也没见过越军这种“罪人三行”的战法。正当吴军看得发愣时，越军的大部队呼啦啦冲过去，打了个吴军措手不及，整个防线溃败，吴王阖闾也被杀伤，并因伤而亡。

阖闾去世前对继位的夫差嘱咐：不能忘了勾践杀害你父亲的仇恨！夫差谨记，奋发图强。为了时刻提醒夫差，伍子胥在宫门外专门安排一人，只要见到夫差进出，就大声喊道：你忘了勾践杀害你父亲的仇恨吗？

公元前494年，吴王夫差报了杀父之仇，他率军在夫椒大败越军，并乘胜包围了越国国都会稽，越王勾践带五千残兵，躲进了会稽山。伍子胥劝吴王夫差乘胜追击，全歼越军，夫差不听，他压根儿就没把越国看作潜在的威胁，他对伍子胥说：如果灭了越国，将来寡人搞军事演习，谁当观众？

吴王夫差如此骄狂，源于当时的天下大势，强楚被他父亲阖闾打败了，正在兴起的越国，又成了他手下败将。再看中原，长期与楚国争霸的晋国，快被国内的大夫瓜分了，其他各国谁都撑不起头来，在这种情况下，吴王夫差认为，称霸天下，舍我其谁！

正是在这个时候，楚国“送”给吴国的伯嚭登台了，他的登台，就是跟伍子胥唱对台戏，助推吴王夫差在亡国的道路上越走越远。

被吴军团团包围在会稽山的越王勾践，派大夫文种到吴国求和，请求以勾践之女作为吴王的婢妾，越国大夫之女作为吴国大夫的婢妾，越国士之女作为吴国士的婢妾；越国的宝器全部进贡给吴国；越王勾践率军队服从吴王指挥。

吴王夫差打算同意，被伍子胥劝阻。伍子胥说：吴越互为敌对，有吴就无越，有越就无吴，这种格局因地理环境而不可改变。如今“天以越赐吴，勿许也”。

求和不成，文种给吴王夫差出主意：贿赂吴太宰伯嚭，利用他与伍子胥的不和，说服吴王夫差。

于是，文种带着八个越国美女，还有大批珍宝玉器，在月光被乌云遮挡的暗夜，送给了伯嚭。

于是，伯嚭领着文种面见吴王，说："越已服为臣，若赦之，此国之利也。"

于是，吴王夫差答应。

伍子胥站出来，死谏反对，吴王夫差不听，且开始讨厌起伍子胥来。

这之后的越王勾践，"葬死者，问伤者，养生者，吊有忧，贺有喜，送往者，迎来者，去民之所恶，补民之不足"。在把国内事务安排妥帖后，叫大夫文种坐镇越国，自己带着大夫范蠡"卑事夫差，宦士三百人于吴，其身亲为夫差前马"。

勾践把自己的身段，放低为吴王夫差的马前卒。

这之后，吴王夫差沉浸于称霸的魔咒，不惜穷兵黩武，北上伐陈、侵鲁、攻齐，还不惜劳民伤财，在邗江边筑城挖渠，打通了长江与淮河。为与诸侯在黄池会盟，还特地在宋鲁两国间挖条河道，连接起沂水和洛水。为修这条运河，几乎耗干了吴国的家底，弄得府库空虚，征发的民夫死伤相望于路，农失其时，田园荒芜，田里的庄稼被螃蟹啃光了。

伍子胥反复劝谏："越在我，心腹之疾也。"越定会"十年生聚，十年教训"。

吴王夫差在伯嚭的怂恿下，对伍子胥的劝谏越听越烦。尤其是已经被夫差放回国的勾践率部众朝见夫差，呈献丰富的礼物，说一通巴结奉承的话，夫差受用得晕晕乎乎时，伍子胥焦虑万分，他对吴王夫差说：越国的准备工作已经做好，很快就会对吴国动手，吴国不可不防啊！吴王夫差不搭理他，把他支开，叫他出使齐国。伍子胥沮丧极了，他到齐国后，特地安排后事，把儿子托付给齐国的一位好友照顾。伯嚭把这事报告给吴王夫差后，吴王夫差大怒，赐剑叫伍子胥自行了断。伍子胥临死之前说：请在我的坟上种上梓树，待树成材后给我打一副棺材，然后挖出我的眼睛，放到吴国的东门上，以让我看到越国是怎样灭吴的。

伯嚭把伍子胥说的禀报吴王夫差后，夫差大怒，把伍子胥的尸体挖出来，扔到江里冲走，把他的眼睛挖出来，悬挂在国都的东门，恶狠狠地说：看吧！我让你看越军是怎样侵犯我吴国的！

反观越王勾践，从吴王夫差身边回到越国后，制定了繁育人口的政策，规定壮年人不娶老年妇女，老年人不娶壮年妻子。女子十七岁不出嫁，其父母有罪；男子二十岁不娶妻，其父母有罪。即将分娩的女子上报官方，官方命医生守护。生下男孩，官方奖励两壶酒，一只狗；生下女孩，奖励两壶酒，一头猪。生下三胞胎，官方安排母乳；生下双胞胎，官方供给食物。家中嫡子去世，官方免除三年徭役；家中庶子去世，官方免除三个月徭役。对死者，官员一定要如同亲人一样，哭泣埋葬。孤儿、寡妇、患病人员的子女，由官方抚养。此外，越王勾践“其达士，洁其居，美其服，饱其食，而摩厉之于义。四方之士来者，必庙礼之”。他还“载稻与脂于舟以行，国之孺子之游者，无不餔也，无不啜也，必问其名”。他自己“非其身之所种则不食，非其夫人之所织则不衣。十年不收于国，民俱有三年之食”。

史载，越国的父老乡亲向勾践请命：“昔者夫差耻吾君于诸侯之国，今越国亦节矣，请报之。”只要是对吴国开战，“国人皆劝。父勉其子，兄勉其弟，妇勉其夫。”劝谏的说辞是：谁有我们这样好的国君，我们怎能不为他战死呢！

时机成熟了，越王勾践命令夫人：“关好宫门，不再出入。”宫内出了问题，由夫人全权负责。命令大夫：“内政无出，外政无入。”土地垦种出了问题，由大夫全权负责。在把后宫、内政事务安排妥当后，越王勾践披挂上阵，击鼓出发，将罪犯斩首示众，告诫将士不准行贿乱军，不准不服命令，不准违背王命，不准放纵散漫。并通告全军：家中有年迈父母需赡养又没有兄弟的，回去赡养父母；家中四五个兄弟都在军队的，可以选择一人回家；身体不好，眼睛昏花的，可以回去；意志不坚定，在战场上贪生怕死的，可以回去。在把该回去的放走以后，他正告全军“谓二三子归而不归，处而不处，进而不进，退而不退，左不而左，右不而右，身斩，妻子鬻”。越王勾践的这一整套手腕，极大地激发了全军的斗志，人人都有赴死的决心。

越王勾践训练军队的做法也很野蛮。他为了训练官兵的勇猛，水战时放火烧船，同时擂鼓，迫使官兵冒死前进，结果是，越军官兵淹死在水里的不计其数。

如此野蛮的训练，必然有与这种野蛮训练相配套的战法。越军进驻松江南岸后，勾践将大军分为左右两路，一路利用夜暗溯江而上五里，另一路利用夜暗顺流而下五里，每人口里衔一根木棍，以防在水里游时出声。两路大军到达指定地点后，突然发起猛攻，吴军无法抵挡。

而此时的吴王夫差，率领吴军主力，前往黄池会盟，与晋定公争当天下霸主。越王勾践大军伐吴的消息、把吴军打得落花流水的消息、俘获了吴国太子的消息，等等，不断从吴国传来，吴王夫差仍不肯放下霸主梦，他甚至亲手杀死七个国内前来报信的人，严密封锁吴国快要被越国占领的消息。但是，晋国参与谈判的大夫还是从他的脸上看出了问题，坚持不肯让步，使得他的霸主梦彻底破灭。

待吴王夫差率军往回赶时，国都已经沦陷，他所带领的军队，也不战自溃，只带少数部众来到姑苏城，被越军团团包围，勾践下令在姑苏城四周筑起城墙，一围便是三年。

看不到任何生路的吴王夫差，派人到越国求和，他也使出越王勾践向他求和那一套，提出让吴国的男女全部作越王夫差的臣仆。今非昔比了，越王勾践曾经说的那套花言巧语，是为了迷惑你吴王夫差，如今你用他丢掉的那套花言巧语来迷惑他，不管用了。越王勾践说：当年上天把越国赐给吴国，你吴国不肯接受，如今上天把吴国赐给我越国，我岂敢违抗天命呢！

吴王夫差只好自杀，吴国从此在春秋史上消亡。

当然，死前他十分怀念伍子胥。

拐着弯帮助越王勾践灭掉吴国的伯嚭，万万没有想到，越王勾践送给他美女和珍宝，是投其贪腐所好，以阻止伍子胥的劝谏。这个目标达到，伯嚭的使命便完结了。越王勾践毫不留情地把伯嚭杀了，杀死他的理由极其正道：伯嚭不忠！

越国的历史在勾践手里大书了一笔，这一笔，不仅写得波澜壮阔，更是写得野蛮、血腥，他不按常理、不遵礼规地出招，一步步赢得灭吴的胜势，同时赢得了周天子的胙肉，被封为“侯伯”，披上霸主的战袍。

周天子虽然认他，可历代史学家不认他，骂他的声音传续了两千多年。

因为帮助勾践灭吴的第一功臣文种大夫，被勾践杀害了。

越王勾践对文种说：先生教给寡人伐吴之术共七种，寡人只用了三种就把吴国灭了，还有四种在先生手里，你要不要到先王那里在自己身上试试?

如此薄情寡义，狭隘刻薄之人，史学家的笔下会有赞美吗?

第三部分

布道之春秋

春秋，是齐、晋、楚、秦等强国用武力争霸之春秋，也是儒、墨、道、法、卦、兵等百家用思想理论争鸣之春秋。争霸演绎的是众多诸侯国的消亡，争鸣演绎的是思想文化的百花齐放。

把各自创立的思想理论推广、传播，是春秋强国争霸天下的重要组成部分。

于是，老子骑着青牛，走出周朝的深宫大院，朝西域走去……

于是，孔子走下讲坛，“莫春者，春服既成，冠者五六人，童子六七人，浴乎沂，风乎舞雩，咏而归”……

于是，墨子昼夜兼程赶到楚国，与制造了云梯的鲁班演绎城池攻防决战……

于是，孙子斩吴王宠妃而列兵布阵，扬威中原……

于是，列子“泠然善也，旬有五日而后反”。不仅在他乘风所到之处，枯木逢春，重现生机，而且带回了“愚公移山”“鲲鹏展翅”等大量恢奇怪诞、气伟而采奇的寓言故事……

炎黄祖先的诸多大师，为炎黄子孙贡献了各不相同的布道高招。

戏说孔子向老子“问礼”

老子，姓李，名耳，字聃，春秋时陈国人，为周朝史官，生活于公元前571年至公元前471年之间，是孔子的老师。老子为人类做出的最大贡献，是他写了一本《道德经》。

《道德经》共81章，前37章为《道经》，后44章为《德经》，后人合而称之为《道德经》。“道可道，非常道；名可名，非常名”是《道经》的开篇语。“上德不德，是以有德；下德不失德，是以无德”是《德经》的开头语。《道经》主要阐述宇宙之根本，含天地变化之机，蕴阴阳变化之妙；《德经》主要阐述处世之方，含人事进退之术，蕴长生久视之道。德又分为“上德”和“下德”，“上德”是“生而不为，为而不恃，长而不宰”的“玄德”，即不以德为德，不自居有德的德，这是天道自然无为精神的体现。“下德”是世俗所崇尚的德，即世俗所崇尚的仁、义、礼这一套。老子认为，“失道而后德”，即仁、义、礼是失“上德”后的产物。

这里可以看出，老子是在仁、义、礼上，与儒家分道扬镳的。老子如是说：“失道而后德，失德而后仁，失仁而后义，失义而后礼”；“大道废，有仁义”。简单说即是，“道法自然”的大道不遵循，结果就是统治者开始用“下德”，即仁、义、礼这套统治术来愚弄天下，愚弄百姓，结果是“夫礼者，忠信之薄，而乱之首也”。

其实，老子在周朝当史官，就是主持施行周公旦首创的礼仪官员。据史书记载：周朝的史官，无论大史、小史，在朝廷举行的祭祀、会盟、朝觐、射事等活动中，协同主持礼法仪式。可以说，当时的天下，周朝最懂礼仪，而周朝中最懂礼仪的是史官。老子在周朝当史官，是最懂礼仪的，故有孔子向老子“问礼”一说。

孔子向老子问“礼”，司马迁是这么记载的：

孔子适周，将问礼于老子。老子曰：“子所言者，其人与骨皆已朽矣，独其言在耳。且君子得其时则驾，不得其时则蓬累而行。吾闻之，良贾深藏若虚，君子盛德容貌若愚。去子之骄气与多欲、态色与淫志，是皆无益于子之身。吾所以告子，若是而已。”孔子去，谓弟子曰：“鸟，吾知其能飞；鱼，吾知其能游；兽，吾知其能走。走者可以为罔，游者可以为纶，飞者可以为矰。至于龙，吾不能知，其乘风云而上天。吾今日见老子，其犹龙邪！”

老子之后三百多年的司马迁，在《史记》中的这个记载，至少说明两个问题。一个是，老子已经抛弃“礼”了；另一个是，孔子听了老子讲的，很服气。

抱着学“礼”而去，终身为“克己复礼”呐喊、游说的孔子，为什么会对老子抛弃“礼”而讲的“道”服气呢？老子都讲了些什么道理？他俩有没有理论上的碰撞？有没有据理力争的对决？个中细节都是什么？司马迁的短短记载都看不出来。作为后人的探究，只能把道学、儒学两位大师一以贯之的论述，结合起来想象、填充了。

笔者斗胆想象、填充如下：

公元前五百多年的一天，天高云淡，微风习习，在鲁国设坛讲学的孔子，走下讲坛对弟子南宫敬叔说：“周之守藏室史老聃，博古通今，知礼乐之源，明大道之要，今吾欲去周求教，汝愿同往否？”

南宫敬叔也仰慕老子，欣然同意。

见名誉天下的孔子前来求教，老子非常高兴，热情接待。

华夏史上两位伟大的思想家、理论家，在公元前五百多年的第一次聚首，对伏羲发明、周文王完善的《易经》所揭示的宇宙、天地、人间的自然之道，从阴阳两极进行了完美的阐释。孔子主阳，信奉儒学，提倡用仁、义、礼匡定天下，鼓励人们拼搏进取，学而求进，用儒家学说修身、齐家、治国、平天下。老子主阴，信奉道教，提倡人们遵从“道法自然”，以柔克刚，循宇宙本根之源，适天地变化之机，应阴阳变幻之妙，无为而为。两位大师从阴阳两极，完成了对《易经》的全面理解和阐释，为炎黄子孙读懂理解《易经》开启了大门。

数日后，孔子向老子辞行，老子以礼相送，言道：“吾闻之，富贵者送人以财，仁义者送人以言。吾不富不贵，无财以送汝，愿以数言相送。”

孔子行礼，洗耳恭听。

老子赠言道：“当今之世，聪明而深察者，其所以遇难而几至于死，在于好讥人之非也；善辩而通达者，其所以招祸而屡至于身，在于好扬人之恶也。为人之子，勿以己为高；为人之臣，勿以己为上，望汝切记。”

老子赠言所讲的道理源于《易经》。

《易经》被很多人视作占卜之书，是有失偏颇的。《易经》揭示的是宇宙、天地、万物、人事的发展变化规律。既然是揭示规律，那么人的命运因家庭、性格、教育、环境等不同因素的影响，呈现的命运轨迹也就各异。《易经》能揭示这种轨迹，因而能显示占卜的预测效应。但从根本上说，《易经》不专于人的命运占卜，而是教人们如何把握适应事物本源的发展变化规律。如“乾卦”《彖传》说的是：博大的、象征万物创始的乾卦。万物供养它而开始发展生长，它是统帅万物的本源。乾卦各爻按不同的时位组成，犹如六条龙连接驾驭天地之间。天地自然变化形成万物的规律，万物各自运蓄精气，保持太和元气。本传《象》首语即是：“天行健，君子以自强不息。”接下来的初九等卦，无论是“潜龙勿用”“见龙在田”“君子终日乾乾”，还是“或跃在渊”“飞龙在天”“亢龙有悔”都是在教人如何把握、适应发展规律，即不该有所作为就不能作为，不该居上位就不能居上位。否则，“亢龙有悔”，物极必反。至于老子给孔子赠言，更多的讲的是“谦卦”，该卦的总纲是“谦亨。君子有终”。为什么？因为天的规律是使满盈亏损，使谦虚得到增益；地的规律是改变满盈，充实谦虚；鬼神的规律是加害满盈，降幅谦虚；人的规律是憎恶满盈而喜好谦虚。周公如是说：“大足以守天下，中足以守其国，近足以守其身，谦之谓也。”

可能是几天来孔子与老子的交谈，孔子的学识、言表，使得老子觉得有必要对他以谦而赠言。

孔子也许没有听懂，但他还是凭着自己对老师的尊重，顿首说道：弟子一定谨记！

行至黄河岸边，滔滔河水如万马奔腾，发出虎吼般的雷鸣。孔子不禁感叹：“逝者如斯夫，不舍昼夜。”此时的孔子感慨万千，黄河之水奔流不息，人之年华流逝不止，河水不知何处去，人生不知何处归。

老子道：“人生天地之间，乃与天地一体也。天地，自然之物也；人生，亦自然之物；人有幼、少、壮、老之变化，犹如天地有春、夏、秋、冬之交替，有何悲乎？生于自然，死于自然，任其自然，则本性不乱；不任自然，奔忙于仁、义、礼之间，则本性羁绊。功名存于心，则焦虑之情生；利欲留于心，则烦恼之情增。”

在这里，老子回到他的《德经》，用“失道而后德，失德而后仁，失仁而后义，失义而后礼”的“下德”理论，对孔子进行点化。

显然，孔子抱定的儒家理论，不肯就老子的点化而抛弃。

孔子解释：“吾乃忧大道不行，仁义不施，战乱不止，国乱不治也，故有人生短暂，不能有功于世，不能有为于民之感叹矣。”

老子继续点化：“天地无人推而自行，日月无人燃而自明，星辰无人列而自序，禽兽无人造而自生，此乃自然之为也，何劳人为乎？”顿了一下老子接着言道，“人之所以生、所以死、所以荣、所以辱，皆有自然之理、自然之道也。顺自然之理而趋，遵自然之道而行，国则自治，人则自正。何须津津于礼乐而倡仁、义、礼哉？津津于礼乐而倡仁义，则违人之本性远矣！犹如人击鼓寻求逃跑之贼，击之愈响，则贼逃之愈远矣！”

见孔子翻着白眼，不知所然，老子指着奔腾的黄河言道：“汝何不学水之大德欤？”

孔子问：“水有何德？”

老子接着点化：“上善若水。水善利万物而不争，处众人之所恶，此乃谦下之德也。故江海所以能为百谷王者，以其善下之，则能为百谷王。天下莫柔弱于水，而攻坚强者莫之能胜，此乃柔德也。故柔之胜刚，弱之胜强坚。因其无有，故能入于无间，由此可知不言之教、无为之益也。”

孔子顿悟，道：“先生此番点化，使我茅塞顿开也！众人处上，水独处下；众人处易，水独处险；众人处洁，水独处秽。所处尽人之所恶，夫谁与之争乎？此所以为上善也。”

老子脸上绽出笑花，连声说道：“汝可教矣！汝可教矣！”他接着点化：“汝可切记：与世无争，则天下无人能与之争，此乃效法水德也。水几于道，道无所不在，水无所不利，避高趋下，未尝有所逆，善处地也；空处湛静，深不可测，善为渊也；损而不竭，施不求报，善为仁也；圜必旋，方必折，塞必止，决必流，善守信也；洗涤群秽，平准高下，善治物也；以载则浮，以鉴则清，以攻则坚强莫能敌，善用能也；不舍昼夜，盈科后进，善待时也。故圣者随时而行，贤者应事而变，智者无为而治，达者顺天而生。汝此去后，应去骄气于言表，除志欲于容貌。否则，人未至而声已闻，体未至而风已动，张张扬扬，如虎行于大街，谁敢用汝？”

在这里，老子道出了肺腑之言。之所以如此推心置腹，可能是老子看清了，孔子是难得的可塑之材，但他“骄气于言表”“志欲于容貌”的表露，很可能毁掉他的前程，埋没他的才华，因而老子运用他的道家理论，对孔子进行点化、引导。

孔子开悟了，他辞谢老子言道：“先生之言，出自肺腑而入弟子心脾，弟子受益匪浅，终生难忘，弟子将遂奉不怠，以谢先生之恩！”

孔子与南宫敬叔回到鲁国，众弟子围上来迎接，打探向老子“问礼”的情况。

孔子不无感慨地说：“鸟，吾知其能飞；鱼，吾知其能游；兽，吾知其能走。走者可用网缚之；游者，可用钩钓之；飞者，可用箭取之。至于龙，吾不知其何以！龙，乘风云而上九天也！吾所见老子也，其犹龙乎！学识渊深而莫测，志趣高邈而难知，如蛇之随时屈伸，如龙之应时变化。老聃，真吾师也！”

以上想象、填充，似乎能从多个版本的历史典籍中得到证实。例如，《礼记·曾子问》载，曾子向孔子提出几个问题，其中一个是：送葬的队伍已经走到半道，如果此时出现日食，该怎么办？孔子回答说，他跟随老子主持过丧礼，赶上日食，老子说：“丘！止柩就道右，止哭以听变。”既明反而后行。老子的解释是：“夫柩不蚤出，不莫宿，见星而行者，唯罪人与奔父母之丧者乎？日有食之，安知其不见星也？”老子说的是，日食之后很可能出现星星，如果让死者顶着星星被抬走，是对死者的羞辱。尤其是，孔子回到鲁国后，潜心研究《易经》，写出了自己对《易经》理解的《易传》，由此还发出了“三十而立，四十而不惑，五十而知天命”的感叹。那年，孔子恰好五十岁。孔子甚至说：“加我数年，五十以学《易》，可以无大过矣。”

孔子告别老子之后不久，老子便与自己从事的周朝史官告别了。他的高尚，使得他不可能说一套做一套，他信奉自己正在创立的道学，就绝不可能还留在周朝从事儒学那套礼法事宜。尤其是在与孔子的交流之后，他的道学理论已经基本形成，下一步所要做的，便是炎黄史上更伟大的事业！

周朝宫殿的高墙大院，在老子的背后渐渐远去了。他独自一人，骑着青牛向西域走去，天地之间，日月星辰，风雨雷电，伴随着他前路遥遥，心路漫漫。

是夜，函谷关守将关尹，信步登楼，仰望太空，忽见东方紫云聚集，形如飞龙，由东向西滚滚而来。这位自幼便观天文、读古籍的守将，立即意识到将有圣人至，于是，连夜派人清扫道路数十里，夹道焚香，准备迎接。

老子倒骑青牛而至，关尹跪拜迎接，言道："见紫气东来，知有圣人西行；见紫气浩荡，滚滚如龙，知来者至圣至尊，非通常之圣也；见紫气之首白云缭绕，知圣人白发，呈老翁之状；见紫气之前有青牛星相牵，知圣人乘青牛而至也。"

关尹将老子请进官舍上座，焚香礼拜后又道："先生乃当今大圣人，圣人者，不以一己之智窃为己有，必以天下人智为己任也。今汝将隐居而不仁，求教者必难寻矣！何不将汝之圣智著为书？关尹虽浅陋，愿代先生传于后世，流芳千古，造福万代。"

这是天意！老子离开周朝，正是要完成他对道家理论的著述。于是他捉刀笔于昼夜，刻下上篇《道经》，下篇《德经》，洋洋洒洒，五千余字。为华夏，为炎黄子孙留下了一部不朽之作——《道德经》。

《道德经》究天人之际，察万物之情，通古今之变，应人生之事，证大道之真，是一部大道科学的百科全书。

德国哲学家黑格尔说："道为天地之本、万物之源。中国人把认识道的各种形式看作是最高的学术……老子的著作，尤其是他的《道德经》，最受世人崇仰。"

德国哲学家尼采说："老子的思想集大成——《道德经》，像一个永不枯朽的井泉，满载宝藏，放下汲桶，唾手可得。"

毛泽东说："《道德经》是一部兵书。"

鲁迅说："不读《老子》一书，就不知中国文化，不知人生真谛。""中国根柢全在道教。"

《道德经》外文译本近500种，涉及30多个语种，是继《圣经》之后，在全世界发行最多的书。即使如此，在德国总理任上的施罗德仍呼吁：每个德国家庭买一本中国的《道德经》，以帮助人们解释思想上的困惑！

《道德经》是中国的，是世界的！作为炎黄子孙的我们，感到极其骄傲！

孙子完善的春秋智慧

孔子记春秋242年，记载了几百起战争。孔子之前的战争也很多，多得也不可数计。虽然那时的战争，真正开打最长也不过一两天，但一仗又一仗打下来，形成了一些战争礼仪，即“军礼”，而没有形成集政治、经济、外交、军事于一体的战争理论体系。只是在公元前500年左右，孙子站出来，向中华民族奉献了不朽的《孙子兵法》。

春秋是中华民族思想智慧、华夏文明形成的重要历史阶段，如果在这一人类最先进的思想宝库中，没有与之相配套的战争理论、军事论述，那是残缺的，不完整的。《孙子兵法》奉天地所需而光彩耀世，成就了炎黄华夏历朝历代图强兴邦、振兴安民、不断崛起的思想理论体系。

孙子，齐国人。史籍对他的记述极少，后人只能从司马迁的《史记·孙子吴起列传》中，寻找他在春秋史上的痕迹。

司马迁说：“孙子武者，齐人也。以兵法见于吴王阖庐。阖庐曰：‘子之十三篇，吾尽观之矣，可以小试勒兵乎？’对曰：‘可。’阖庐曰：‘可试妇人乎？’曰：‘可。’于是许之，出宫中美女，得百八十人。”

接下来讲的便是孙子训练吴王宫女的故事了。

孙子把这百八十名宫女分成两队，以吴王最宠爱的两个宠姬各为队长，命令她们持戟列队，并大声问道："汝知而心与左右手背乎？"

宫女都回答说："知之。"

孙子接着说："前，则视心；左，视左手；右，视右手；后，即视背。你们都清楚了吗？"

宫女都答："诺。"

这之后，孙子设铁钺，并反复重申纪律，告令宫女，凡敢违令者斩！

申令纪律后，即击鼓操练。孙子下令向左攻击，可宫女们站着不动，反而觉得孙子下这样的号令可笑，整个操场笑声一片。

孙子说："约束不明，申令不熟，将之罪也。"于是，重复申令纪律，更加严厉地强调，不听指挥，违反军令者，斩！申令完后继续操练。

可是孙子下达向左进攻的号令后，宫女们不但不听，而是又大笑起来，整个操场都笑爆了。

孙子说："约束不明，申令不熟，将之罪也，既已明而不如法者，吏士之罪也。"于是执行军令：将左右两队的队长拉出来斩首！

在观摩台上的吴王阖闾，看到他所宠爱的宫女要被斩首，吓一大跳，急忙派人对孙子说："寡人已知将军能用兵矣。寡人非此二姬，食不甘味，愿勿斩也。"

孙子则回答说："臣既已受命为将，将在军，君命有所不受！"还是坚持把两个队长斩了。

接着操练，将副队长指定为队长，击鼓开始。

再看这帮百般娇柔、百般妩媚的宫女，没有人再笑了，都挺胸昂首，号令向前即前，号令向右即右，步伐一致，一招一式中规中矩，横平竖直像绳墨拉出的线一样。

操练完毕后，孙子向吴王报告："兵既整齐，王可试下观之，唯王所欲用之，虽赴水火犹可也。"

吴王阖闾因孙子斩他两个宠姬还在生气，不愿下到台下去视察检阅了，而是说："将军罢休就舍，寡人不愿下观。"

孙子则不客气，说："王徒好其言，不能用其实。"

司马迁继续写道："于是阖庐知孙子能用兵，卒以为将。西破强楚，入郢，北威齐晋，显名诸侯，孙子与有力焉。"

司马迁的这段记述，明确透露出这样几个信息：孙子是齐国人，赴吴之前，就研究兵法，拿出研究成果十三篇，送给吴王阖闾看了；吴王看后很感兴趣，便令孙子实际操练；在操练中，孙子斩吴王两个宠姬以严明军纪，吴王虽不高兴，但对孙子的军事理论和指挥战法还是信的，继而任命他为将军，与楚国、齐国、晋国都打过仗，使得吴国"显名诸侯"。

按照司马迁提供的线索，我们到《左传》中再去查证。不错，公元前506年，吴、楚柏举之战，是吴国战胜楚国的崛起之战，楚军被吴军打得一败再败，楚国的国都沦陷，楚昭王仓皇出逃。《左传》记述了这场战争，包括记述了伍子胥掘楚平王墓鞭尸等，但没有提及孙子。但从其他史籍中，记载了孙子为将指挥吴军作战的情况。

吴军抵达淮汭后，孙子下令舍舟登陆，由向西转为向南，火速向楚国发起进攻。孙子的这一部署，一是放弃了吴军擅长水战的优势，二是改由陆路进攻的路途更远。这无疑可视作"险招"。但正是这"险招"，体现了孙子高超的军事理论在作战中的实际运用。

《孙子兵法》的"虚实篇"提出："善战者，致人而不致于人。能使敌人自至者，利之也；能使敌人不得至者，害之也。故敌佚能劳之，饱能饥之，安能动之。出其所不趋，趋其所不意。"柏举之战的这一"险招"，目的就是要使楚军"出其所不趋，趋其所不意"，调动楚军"佚能劳之，饱能饥之，安能动之"，来回奔波，疲于奔命。

《孙子兵法》的"军争篇"提出："合军聚众，交和而舍，莫难于军争。军争之难者，以迂为直，以患为利。故迂其途，而诱之以利，后人发，先人至，知此先人之计也。"兵贵神速。孙子在柏举之战中，用“迂其途”，达到“后人发，先人至”的目的，迅速抢占获胜先机的变招，证明了由水路改由陆路长途奔袭作战，是获胜的重要原因。

结果是，吴军连战连捷，大获全胜。

春秋史上的数百起战争中，炎黄祖先创作了与儒家礼制相吻合的“军礼”，即战争中应遵循的礼仪。宋襄公是遵循“军礼”的典型代表，宋、楚的泓水之战，在楚军渡河时他不让进攻，在楚军尚未摆好战斗队形时他不让进攻，也就是遵循“先礼后兵”“不鼓不成列”“不擒二毛”“不重伤”等军事礼仪，结果是宋军大败，宋襄公负伤身亡。与这套军事礼仪相配套的军事理论，也带有鲜明的“春秋特色”。如“恶诈击而善偏战”的理论，说的是约定时间、地点作战，各居一方，鸣鼓而战，不相欺诈；如“耻伐丧而荣复仇”的理论，是把“侵人之丧而伐之”，视作“非仁义之道”的耻行，而以复仇之战视作光荣。以致董仲舒在解释“春秋多战而无义战”时，特地提出齐国九世祖齐哀公，因遭纪国祖先的谗言而被烹杀，齐襄公为报此仇，攻伐灭纪的战争，属于正义之战；还提出鲁庄公与齐国战于乾时的战争，是正义之战。由此可说，虽战争数百起之多，所形成的军事理论，仍在“礼战”范畴。

《孙子兵法》的问世，对“礼战”是一个大的突破！

孙子提出：“兵者，诡道也。”“诡道”，即欺骗、假象等战之阴谋。这就从根本上否定了“本于仁义”的“礼战”。如何“诡道”呢？孙子的解释是：“能而示之不能，用而示之不用，近而示之远，远而示之近。利而诱之，乱而取之，实而备之，强而避之，怒而挠之，卑而骄之，佚而劳之，亲而离之，攻其无备，出其不意。此兵家之胜，不可先传也。”这“之”那“之”，讲的全是“诈之”，而且明确提出，这些“诈之”不能提前泄露。循着这个“诡道”看出去，对《孙子兵法》突破春秋时的军事理论，就看得更清楚了。从战争的目的看，孙子提出的“伐大国”，战胜强敌，是对春秋时坚持的“诛讨不义”“会天子正刑”的否定；从作战的方式看，孙子提出的“兵之情主速，乘人之不及，由不虞之道，攻其所不戒也”，是对春秋时崇尚“军旅以舒为主”，“虽交兵致刃，徒不趋，车不驰”的否定；从战场纪律看，孙子提出的“因粮于敌”“掠乡分众”，是对《周礼》《司马法》主张的入罪人之国，“无取六畜禾黍器械”的否定；从战争的善后看，孙子提出的“拔其城，隳其国”，是对春秋提倡的“又能舍服”“还复厥职”的否定，等等。

但必须看到，《孙子兵法》对春秋“礼战”的否定，适应了时代发展，契合了战争的发展规律！假若“礼战”坚持到今日，中华民族早就被世界列强瓜分殆尽，中华民族屹立于世界民族之林绝不可能，实现中华民族伟大复兴的中国梦，又何谈呢！

尤其要看到，《孙子兵法》的不朽，在于它作为炎黄祖先的智慧传承，以及对于当今军事理论的重大意义。

《孙子兵法》开宗明义道：“兵者，国之大事，死生之地，存亡之道，不可不察。”这就是说，军事斗争，是国家废兴存亡的大事，是政治通过另一种手段的延续。因而《孙子兵法》把战争与国力、经济联系起来了。毫无疑问，战争机器一旦发动，必将消耗巨大的“百姓之费”“公家之费”，这无疑是“用兵之害”。因而孙子特地提出：“不尽之知用兵之害者，则不能尽知用兵之利也。”我国早期的军事制度规定，一有战事，兵员临时征集，车马兵甲由国家置备，临出发时“授甲”，粮秣给养则从民间征调。孙子说：打一场规模并不很大的战争，“内外之费，宾客之用，胶漆之材，车甲之奉，日费千金”。因而只有经过评估，国家能够承担这些开销，才能让军队奔赴战场。而一场仗打下来的情况怎样呢？管仲算过，他说：“一期之师，十年之蓄积殚；一战之费，累代之功尽。”孙子算得更细，他说：“国之贫于师者远输，远输则百姓贫；近于师者贵卖，贵卖则百姓财竭，财竭则急于丘役。力屈、财殚，中原内虚于家。百姓之费，十去其七；公家之费，破车罢马，甲胄矢弩，戟楯蔽橹，丘牛大车，十去其六。”

在分析了“用兵之害”后，孙子得出结论：“兵贵胜，不贵久。故知兵之将，生民之司命，国家安危之主也。”

在此基础上，《孙子兵法》进而提出了“不战而屈人之兵”的“全胜”军事理论。孙子心之向往，是不通过直接的军事对抗手段，却能使敌人不战而降，故而提出：“是故百战百胜，非善之善者也；不战而屈人之兵，善之善者也。”

“善之善者”的战略谋划是：“全国为上，破国次之；全军为上，破军次之；全旅为上，破旅次之；全卒为上，破卒次之；全伍为上，破伍次之。”这里讲的“为上”，即整体、全部降服。具体说，就是区分对待战争所持态度的不同对象，采取不同的“不战而屈”战法，即对沉迷者，陈以利害以晓之；对怀惧者，推恩信以安之；对诖误者，明大义以正之；对观望者，扬威声以夺之。或用辩年以下之，或用奇计以诛之，或坚壁清野以待其衰，或夺隘守险以绝其救，或以夷狄而攻夷狄，或以盗贼而擒盗贼，等。总之，是不以直接的军事对抗，把作战搞得很残酷，杀得尸横遍野，鲜血横流。

春秋时期，是处于西周奴隶制度向战国封建制度的过渡阶段，诸侯间的战争，是为争霸和兼并而战，大都是野战，快速快决。好些迫在眉睫的战争，常在刀光剑影中以“求成”而结束，化干戈为玉帛。在这种时代背景下诞生的《孙子兵法》，当然脱离不开时代的印记，附着那个时代的理想色彩。但把《孙子兵法》放在两千多年后的今天来看，虽然信息战、电子战、核战、不对称战等诸多战法，已经彻底抛弃了冷兵器时代的战法要素，但《孙子兵法》的军事理论，尤其是军队对于国家重要性的论述，作战要权衡国力和民心的论述，作战外交的论述，不战而屈人之兵的“全胜”论述，以及间谍战的论述等等，仍是鲜活的，管用的，具有强烈的现实指导意义。

《孙子兵法》同先秦时期儒家、墨家、道家、卦学家、法家等倡导的治国理政理论一样，同属中华文明的瑰宝！

墨子，庶民愿景的代言人

公元前468年，是《左传》的封笔之年，也是春秋从西周走来，走过东周，走到尽头的一年。放眼望去，天下还似春秋，但周天子撑不起头来了，各诸侯国也站不出霸主来了，只是南面的越国，摆出霸主的架势，逼迫鲁国与邾国划定了一下疆界……

在这个平平淡淡的年份里，鲁国（滕州）一户寻常人家，生下一个娃，长得很黑，取名墨翟，后被人尊称为墨子。

墨子出身低贱，他自称“上无君上之事，下无耕农之难”，当是个小工艺技能人才。史载，他能在不到一天的时间内，造出一辆载重30石的车子；还发明创造了一种能够飞行的木鸟，一次在天上能连续飞三天。

墨子与孔子都生活在人文气息浓厚的鲁国，二人都“修先圣之术，通六艺之论”，学术理论同源，并称当时的“显学”。韩愈认为，墨子的兼爱、尚同、尚贤、明鬼等论述，都与孔子相通，“孔子必用墨子，墨子必用孔子，不相用，不足为孔墨”。但由于孔子出身世袭贵族，墨子出身庶民，“饥者不得食，寒者不得衣，劳者不得息”的三大社会问题，孔子缺乏体验，故而他的理论偏重于理想。墨子挨饿受冻，吃糠咽菜，终生劳作的庶民生活，使得他的理论偏重于实用。正是在理想与实用的选取上，孔子与墨子分道扬镳，针锋相对。

墨子理论的核心是“兼爱”，即“视人之国，若视其国。视人之家，若视其家。视人之身，若视其身”。他认为，天下之乱源于不相爱。盗贼不相爱，窃人以利己；大夫不相爱，乱他家以利自家；诸侯不相爱，攻伐他国谋取利益。反过来说，诸侯相爱，就能避免战争；君臣相爱，则惠忠；父子相爱，则慈孝；人与人相爱，则不会发生强执弱、众劫寡、富侮贫、贵傲贱、诈欺愚之类的社会问题。故此得出结论：“兼相爱”就能“交相利”。用今天的话解释，就是“互惠互利”“帮助别人，就是帮助自己”。

孔老夫子也讲“爱人”，他说：“大道之行也，天下为公，选贤与能，讲信修睦。故人不独亲其亲，不独子其子，使老有所终，壮有所用，幼有所长，鳏、寡、孤、独、废疾者皆有所养，男有分，女有归。货，恶其弃于地也，不必藏于己；力，恶其不出于身也，不必为己。是故谋闭而不兴，盗窃乱贼而不作，故外户而不闭，是谓大同。”毫无疑问，这是儒家“大同”的理想世界。但现实的刀光剑影、檑木滚石、攻伐夺取将这一理想粉碎之后，孔老夫子不得不退而求其“小康”，他感慨：“今大道既隐，天下为家。各亲其亲，各子其子，货、力为己。大人世及以为礼，城郭沟池以为固。礼义以为纪，以正君臣，以笃父子，以睦兄弟，以和夫妇，以设制度，以立田里，以贤勇知，以功为己，故谋用是作，而兵由此起。”

从纯粹的理想主义退回严酷的现实，孔老夫子仍充满理想期待，他追思禹、汤、文、武、成王、周公，企望用这些贤君的礼制，厘定天下秩序，匡正君臣、父子、兄弟、夫妻的等级关系。如此一来，孔老夫子的“爱人”就显出亲疏和等级差别了。墨子正是抓住这一点，对孔老夫子以礼为标准的“仁者爱人”进行攻击，认为这种厚此薄彼的“爱人”，正是天下之乱的根源所在，使得“饥者不得食，寒者不得衣，劳者不得息”的三大社会问题根本无法解决。

不得不说，墨子的“兼爱”理论，愿景是美好的，善意的，但理想色彩也很浓。“人之初，性本善”；“人之初，性本恶”；“人之初，性不善不恶”的争论，早在春秋之前就争论不休，始终没有得出令人信服的结论。人为财死，鸟为食亡的法则，决定了“兼爱”只能作为一种庶民的愿景，而绝不可能在现实社会中落地生根。

墨子从“兼爱”出发，“非攻”便顺理成章了。

“非攻”，即反对侵犯他国的战争。

和平，是天下之大幸，民众之大福，更是天下苍生世世代代的最大期盼！

墨子是说理高手，他如是说：假如有人偷盗，众人都指责，政府还会用刑律来处罚他。为什么？因为小偷损人利己。再比如，有人杀人，构成死罪，杀人越多，罪行越重。对此，没有人怀疑，都认为这个杀人犯大逆不道，罪该处死。可是，一国发起对另一国的侵略，割掉他们的谷物，砍掉他们的树木，摧毁他们的家园，抢夺他们的牲畜，毁坏他们的祖坟，杀死他们的战士和民众，抢夺他们的财宝。如此滔天罪行，那些满口仁义道法的君子不去谴责，还称赞为“义”，这不是黑白颠倒、是非不分吗！

从古至今，喜欢动武的人很多，战争贩子也很多，形成的战争理论也很多，其中不乏为侵略战争鼓与呼的理论。对此，墨子挑选其中几个美化战争的观点，进行了批驳。

批驳的第一个战争理论，即战争使国家强大。这个理论的核心论据是：楚国、齐国、晋国受封的时候，土地数百里，人口数十万，因为攻伐征战，土地扩大到数千里，人口发展到数百万。这不正说明战争的好处吗？墨子驳斥道，如果有一个医生，为天下的病人调和药剂，一万个人吃了，结果只医好了四五个人，能说这是个好医生吗？侵略战争也是一样，灭亡很多小国，兼并其土地，杀死其民众，能说这样的侵略战争是正义的吗？

批驳的第二个战争理论，即灭亡的国家丧失民众。这个理论的核心论点是：这些被灭亡的国家，丧失民众，所以该打。墨子驳斥道：吴国战胜楚国，之后又战胜齐国，打败越国，被誉为春秋霸主，够强大吧？可是，它不施恩惠予百姓，不抚恤战死者的家属，不发展国内的生产，结果强大的吴国很快灭亡了。丧失民众的国家，人民生活在水深火热之中，再把战争强加到他们的头上，这正义吗？

批驳的第三个战争理论，即炎黄祖先的贤君不是也发动过“侵略”战争吗？这难道也是非正义之举吗？墨子解释的是：三苗氏大乱，太阳在夜里出现，连着三天下血雨，夏天结冰，大地裂开，五谷不按时成熟。大禹亲自拿着上天授予的玉制信物，征讨有苗，使得天下得以安定。这不是侵略，是替天行道，为民造福。夏桀当政时，日月不定时，寒暑错乱，五谷枯萎，鬼在白天呼叫。商汤于是替天行道，将夏桀灭亡。商纣当政时，九鼎挪位，天下肉雨，有的女人变身为男人。武王于是替天行道，将纣王诛灭。所有这些圣君发起的战争，不叫“侵略”，而叫“诛灭”，是按照上天的旨意进行的义举。

墨子不仅有理论上的“非攻”，而且带领他的弟子，付诸阻止战争的实际行动。

鲁班为楚国制造云梯，准备攻打宋国。墨子听说后，立即从齐国出发，昼夜兼程，走了十天十夜，赶到楚国郢都，面见鲁班。

墨子说：北方有人欺侮我，我想请你帮我杀了他。

鲁班一听很不高兴，你墨子打老远赶来，给我提如此荒唐的问题！我怎么能替你去杀人呢？

墨子见鲁班不高兴，便说：我给你十镒黄金。

鲁班恼了，说：我尊崇仁义，绝不杀人！

墨子于是言归正传，说：我听说你造了云梯，准备攻打宋国，宋国有什么罪呢？楚国土地有余而人口不足，牺牲自己本就不足的人口，去抢夺本就富裕的土地，这是明智之举吗？你自以为奉行“义”，不杀一个人，却去杀害众多百姓，你这是奉行“义”吗？

鲁班无语了，他被墨子说服。但他还是准备践行自己对楚王的承诺。一诺千金嘛！似鲁班这样的大家，是不能把自己说过的话又收回去的，他得找到适当的理由，或者台阶，才能改变自己的主意。

墨子有的是办法，他请鲁班陪他去见楚王。

墨子对楚王说：现在有人舍弃他的华丽彩车，想去偷窃邻家的破车；舍弃他的锦绣衣裳，想去偷窃邻家的粗布短衫；舍弃他的精美食物，想去偷窃邻里的粗食糟糠。请问这是什么样的人？

楚王立马回答：这人肯定有偷窃的毛病！

墨子见楚王进入自己的思辨轨道，接着说：楚国的土地，方圆五千里，宋国的土地，方圆才五百里，这就好比彩车与破车；楚国有云梦湖，湖里有各种珍禽异兽，是天下少有的物产丰富之地，而宋国连野鸡、兔子都没有，这就好比精食与粗饭；楚国有松、梓、楩、楠等高大优质木材，宋国连大树都没有，这就好比锦绣服饰和粗布衣。我认为鲁班的攻宋建议，与那个有偷窃毛病的人是一样的，必定损害仁义而不会有什么收获！

楚王也被墨子说服，但他觉得鲁班为他造好了云梯，这可是攻伐利器，他决意拿宋国试试。

墨子阻止楚国攻宋的决心毫不动摇，他要用实践证明，即便鲁班造了攻伐利器云梯，也不能将城池攻破。于是与鲁班进行沙盘推演，解下腰带围作城池，以木片作守备器材，让鲁班架着云梯来攻。鲁班巧设机关，多次发起攻城，都被墨子击溃，鲁班的攻城器械用尽、机谋用尽，也不能攻破城池，而墨子手里还有多套破攻方案没派上用场。

墨子战胜了鲁班。

这是两位大师的智慧对决，两颗强大而不肯轻易服输的心脏，在预演结束的同时，想好了下一步计谋。墨子则不仅猜透了鲁班的计谋，还做好了预防准备。

鲁班说：我已想好用什么办法来对付你了，但我不说。

墨子说：我知道你想用什么办法来对付我，我也不说。

二人面见楚王，楚王问他俩都想好了什么办法。

墨子说：鲁班的办法是杀死我，以为杀了我，宋国就守不住了。但他不知道，我的弟子禽滑釐带三百人，拿着我制造的守城兵器，已经站在宋国的城头，只等着楚军的进攻了。

面对如此执着、如此智慧的墨子，楚王无奈，放弃攻宋。

接下来发生的事，就很滑稽了。

墨子离开楚国回国，路过宋国时，天降大雨，便跑到城下的一个大门处避雨，遭到守门人的驱赶。墨子感叹："治于神者，众人不知其功。争于明者，众人知之。"

墨子的这声感叹，揭示了人世间特别是官场的一个重大问题。

埋头苦干，默默无闻，鞠躬尽瘁，死而后已的官员，尽管化解了许多已经显露出来的矛盾，消除了许多可能引发全局崩盘的隐患，但在功劳簿上见不到他们的姓名；而一些搞形式主义，做面子工程，还没做便夸功，做了一点儿便夸成天大的官员，却提升的提升，重用的重用……

墨子这声感叹所揭示的问题，不正是官场的隐痛吗！

反对儒家的"厚葬久丧"，是墨子"兼爱"理论延伸的另一个触点。

儒家"厚葬久丧"的规矩是：国君死了，要服丧三年；父母死了，要服丧三年；妻子和长子死了，要服丧三年；伯父、叔父、兄弟、庶子等死了，要服丧一年；族人死了，要服丧五个月；姑姑、姐姐、舅舅、外甥等死了，要服丧三个月。服丧时的规矩是：哭泣不停，泣不成声，穿着孝衣流泪，住在茅草屋里，睡在草垫上，枕着土块，还要不吃饭饿瘦身体，穿着单薄的衣服让自己冻得瑟瑟发抖，面颊要塌陷，面色要黑黄，耳朵要不聪，眼睛要不明，手脚要无力气。有权势的人服丧，还要有人扶才能站起来，拄着拐杖才能行走。如此要坚持数月乃至三年。

墨子猛烈批判儒家的丧葬做法，搬出尧、舜、禹节葬节丧的先例，倡导圣王的丧葬之道，即棺木三寸，能够用到尸体腐烂就可以了；衣服和被子各三件，能盖住尸体就足够了。下葬时，下不达黄泉，上不让腐烂气味散发出来，坟墓占地长宽各三尺。活着的人不要长久哭泣，要迅速投入正常的工作和生活。

儒家悖圣王而搞的这套繁杂的丧葬规矩，庶民百姓遵循不起，穷得今天不干活明天就没饭吃的人，因为父亲或母亲去世，按儒家规矩去苦熬三年，不早就饿死了吗！

那么，谁耗得起呢？

答案是：国君耗得起，士大夫耗得起。他们所耗的，全都是庶民百姓的纳贡，是庶民百姓从牙缝里挤出来的财富。

在这里，墨子更深层次地揭示了另一个重大而现实的问题。他说："富人有丧，乃大悦，喜曰：'此衣食之端也。'"

什么意思？

墨子揭示道：夫夏乞麦禾，五谷既收，大丧是随，子姓皆从，得厌饮食，毕治数丧，足以至矣。因人之家以为翠，恃人之野以为尊。富人有丧，乃大说喜，曰："此衣食之端也。"

用今天的话说即是：夏天向人求乞麦子，五谷都收获之后，就有富贵人家大办丧事，子孙都跟随其后，饮食得以满足，办几家丧礼之后，家用就足够了。借办丧事来养活自己，靠别人田里的粮食来酿酒。所以富人家有了丧事就很高兴，说"这是衣服食物的来源"。

一句话，借办丧事敛财！

这种深入骨髓的揭露，令人拍案叫绝！

……

墨子从"兼爱"出发阐释的一系列理论，揭示的是庶民百姓的愿景，他虽然也带有强烈的理想色彩，但他的理论接地气，大受社会底层民众欢迎。

有人说，墨子的有些理论前后矛盾，如他不信天命，却信鬼神，且搬出历史上有记载的鬼神故事，论证鬼神的存在。

是的，墨子不信天命，他认为，如果天下都认"人的命，天注定"，就会抑制和扼杀人的勤奋和创造力，社会就不会进步。但他认定天子之上有"天"，这个"天"代表民意，人权天赋，天子不为民造福，"天"就会代表民众惩罚他，换掉他。笔者认为，墨子的"明鬼”理论，是与天子之上的“天”一脉相承的。只不过“明鬼”理论更贴近民众，也更好让民众接受。

因为在现实生活中，有些官吏无恶不作，老百姓拿他没辙，怎么办？叫鬼神去治吧！

墨子是劳动人民的杰出代表，他不仅是机械制造专家，而且是数学家、物理学家和逻辑学家。在数学领域，如“倍，为二也”；“平，同高也”；“同长，以正相尽也”；“圜，一中同长也”；“三点共线即为直线”等等，都是华夏历史上最早出现的数学定义。在物理学领域，力的定义、动与止的定义、光与影的关系、物体的本影与副影等问题，都得出了和现代物理学相同的结论。尤其在平面镜、凹面镜、凸面镜的研究上，开创了几何光学的一系列基本原理。墨子还是我国逻辑学的奠基者，现代逻辑学的排中律和毋矛盾律，最早在墨子的“辩”学中得到充分论证。特别是他总结的假言、直言、选言、演绎、归纳等多种推理方法，在古代世界独树一帜，与古代希腊的逻辑学、古代印度的因明学并立。

作为庶民百姓愿景的代言人，墨子不仅很有学识，而且很有气节，令人钦佩！

墨子的弟子公上到越国游说，越王很高兴，说你如果把墨子请到越国来，我愿分封给他五百里土地。

墨子问公上：你看越王能采纳我的主张吗？

公上答：恐怕不能。

墨子说：越王不了解我，你也不了解我。告诉你吧，假若越王采纳我的主张，我将衡量自己的身体穿衣，估量自己的肚子吃饭，处于客居之民的地位，不要求做官；假若越王不采纳我的主张，即使把整个越国给我，我也不要！

墨子最后强调：“不用吾道，而吾往焉，则是我以义粜也。”

不用我的道术，我要去了，就是出卖道义！

毋庸作更多的解释，墨子不出卖道义，真正的大师！

孔 子 挺 逗

孔子是圣人，其实他挺逗的，通凡人的性情。

孔子的祖先是宋国贵族，后家族没落，到孔子呱呱落地时，家境已“贫且贱”了。孔子年轻时谋过几个类似仓库管理员、营建司空等小官做，好不容易熬到中年，且辗转齐国、卫国，最后到鲁国熬了个司寇。但他世袭的根基不厚，加之他太率性，高兴了就唱，伤心了就哭，看不顺眼就骂人，不似其他官吏那般奸滑油活，加之他口必言圣贤，行必循礼制，与其他同僚格格不入，因而遭到挤对。他竭力为自己辩解，可四周全是反对他的嘴，他辩不过人家，官也辩没了。官没的做了则罢，但这口气咽不下去咋办？于是他萌生这样的想法：讲空话没用，不如把春秋二百多年来政坛人事的正误是非写出来，用事实来说话。写了多长时间搞不准了，反正是他没官做了以后，潜下心来编纂了一部鲁国史官记载的《春秋》，搬出被杀的三十六位君主，灭亡的五十二个国家的辛酸史实，从仁、义、礼、智、信这个为君治国的根本问题上，好论了一番得失教训。孔老夫子挺逗，嘴巴上辩不过人家，写成文字来跟人家辩。从此以后，他广收弟子，到处游说，传播他的礼仪之学，论述他的中庸精义。

孔子在鲁国设坛讲学，没听说他收学费，但腊肉还是要收的，当然还收些粮食之类。三千弟子，家境不一样，送的礼也就不一样。那会儿的孔子，过着比较殷实的日子。他的弟子原思当他的总务，孔子一次就给他粮食九百，原思不想要这么多，孔子说："毋，以与尔邻里乡党乎！"意思是不用推辞，可以给你那些穷亲戚、朋友嘛。

设坛讲学，面对黑压压一片弟子求知的目光，孔子肯定有成就感，但也很枯燥。听弟子说，东边沿海有个地方，百姓非常淳朴，非常有学识。听到这个消息，孔子动心了。分析看，满腹经纶的圣人孔子之所以动心，可能是出于求知的愿望，也可能是出于比较的心态：真的吗？还有比设坛讲学之地更有学识的地方吗？于是他带着弟子朝东方走去，实地感受那里的百姓究竟多有学识。

东方的风景很美，孔子又是那种追求"莫春者，春服既成，冠者五六人，童子六七人，浴乎沂，风乎舞雩，咏而归"的人，一路且吟且诵，心情极其畅快。

大路朝东，风景如画，一群孩子在路上玩耍，见孔子一行的车马驶来，一哄而散闪开，唯有一个男孩站在路当中不动。

这个男孩叫项橐，七岁。给孔子赶车的子路大声呵斥：你这娃，老夫子路过，你怎敢挡路？项橐一听，叉开双腿，双手叉腰，还是不动。孔子于是在马车上探出头来问：你挡在路中不走何故？项橐说：这里有个城池，你的车马怎么过啊？孔子说：这明明是一条路，哪有城池？项橐往叉开的双腿下一指说，这就是城池。孔子乐了，下车与项橐交谈，说你的双腿之间用小石子搭建的这个城池作何用？项橐说：挡你的车马，还要防军队进犯。孔子认为这孩子顽劣，耐着性子问，那我该怎么办？项橐说，车马面对城池，必须绕城而过。孔子不跟他计较，让马车从他旁边走过。

大圣人受个七岁的小孩刁难，心里很是不快。再往前走，谁也不说话，空气很沉闷。见一老农在路边锄地，孔子下车没话找话。他问老农：你知道你每天锄地，锄头要举起多少次吗？这是个无聊的问题，老农一时语塞。恰在这时，项橐走来，他问孔子，你一路乘马车走来，知道每天马蹄要抬起来多少次吗？把孔子问傻了。

直到这时，孔子才对这个七岁的项橐有点看重。他仔细打量项橐，说，现在你我各出一道题，互为应对，谁赢了谁当老师。项橐也不客气，小手一扬，叫孔子先出题。孔子出的题目是：天地人为三才，可知天上有多少颗星辰，地上有多少五谷。这是个无解之题，直到科学发展到两千多年后的今天，也没有人能算出天上有多少颗星星，地上有多少粒五谷。孔子的难题一出，项橐接着作答。项橐的答案是：天高不可丈量，地广不可尺度，一天一夜星辰，一年一茬五谷。二千多年前的庄稼，一年就种一茬。小项橐的回答滴水不漏，天衣无缝，令孔子十分震惊。

小项橐先赢了一局。

接下来该项橐给孔子出题目了。他出的题目是：人有多少根眉毛。孔子想了想，这可真不好回答，甭说没数过一个人究竟有多少根眉毛，就是数过，人与人不一样，眉毛也不会一般多，较起真儿来，项橐要当众数他孔大圣人的眉毛，就难堪了。于是，他服输拜项橐为师。

一听说孔子拜自己为师，项橐扑通跳到路边的水塘里，说拜师必先沐浴。孔子无奈，只好下到水塘，一老一少在水塘又有一段十分精彩的对话。

孔子：我没学过游泳，到水深处会沉下去的。

项橐：鸭子没学过游泳，它浮在水上不会沉呀。

孔子：鸭子有离水之毛，所以不会沉。

项橐：葫芦无离水之毛，不是浮而不沉吗？

孔子：葫芦是圆的，里面是空的，所以不沉。

项橐：大铜钟是圆的，里面也是空的，怎么沉呢？

孔子无语了，上岸，恭恭敬敬拜七岁的项橐为师，而后打道回曲阜。

再回到曲阜的讲坛，孔子就不是只弹“三人行，必有我师”的老调了，而是上升一个层次，讲“弟子不必不如师，师不必贤于弟子”了，包括“乡愿，德之贼也”；“道听而途说，德之弃也”等儒学观点，以及“君子谋道不谋食”“君子忧道不忧贫”等为学、为官、为人的系统儒学理论，在他的讲坛闪闪发光而令人倍感新鲜。

当然，不能只在讲坛吐唾沫星子，还得游说，还得走。

走到卫国，卫灵公夫人南子的美貌，令孔子怦然心动。于是，他悄悄见了南子。见南子，不会似电影《孔子》描绘的那般，孔子一本正经，肃穆端庄，看都不看南子一眼，一张嘴就是嘱咐南子劝卫灵公明明德，亲民，止于至善。南子也不会像电影里的南子那样，一见孔子就倾倒，就想扑到孔子的怀里。那会儿的孔子，没有经过两千多年来各朝封建君王的顶礼膜拜，也没有“先圣”“儒祖”等等头衔的加封，不过是百家争鸣中儒学一家的带头人，一个到处游说、到处碰壁的穷知识分子。美貌的卫夫人南子，能见他就算给面子了，何至于一见面就犯骚呢!

与历史上许多美貌的女人一样，南子名声不好。这名声不好，也得两说。历史上，美丽与名声是相背离的，要么美若天仙名声不好，要么名声很好长得一般，长得好与名声好不可兼得。南子长得美丽动人，她就不可能有好的名声。孔子为什么要见这么一个女人，说法不一。维护孔子说，是孔子想通过南子给卫灵公讲治国的道理。反对孔子说发问：想给卫灵公讲治国的道理，不一定找名声不好的南子，能找的人多的是，渠道也多的是。对此，孔子的弟子子路非常生气。对于子路的生气，孔子是怵的。子路“性鄙，好勇戾，冠雄鸡”。他头戴鸡冠帽，腰佩剑，对孔子很忠诚。他不仅是孔子的学生，而且是孔子的车夫兼保镖。一开始孔子游说，不少地方不接待他，而且毫不客气地骂他。自从子路跟了孔子后，没人敢当面骂了。孔子曾说，当我有一天走投无路了，大概只有一个人对我不离不弃，那就是子路。

子路对孔子的忠诚，源于他对儒学的笃信。在子路看来，南子名声不好，正人君子就不该见，见就不符合儒家教义。于是子路气冲冲地对孔子说：你怎么能见这么一个女人啊!

这时的孔子又挺逗，他觉得怎么狡辩也没有说服力，也难以叫子路相信，于是他拿出叫子路不得不信的一招：对天发誓。他说：我是为了给国君讲治国的道理，才去接近南子的，如果我说了半点假话，天打五雷轰！天打五雷轰！

是不是假话无法考证，也无须考证，即便孔子说的是假话，五雷也不会轰他。

路在脚下，学识在路上，还得走。走到郑国，弟子走散了，孔子独自一人在城外的东门转悠，急得弟子们到处寻找。有人对子贡说：东门有个老头，额头像尧，脖子像皋陶，肩膀像子产，腰比禹要短三寸，狼狈得像一只丧家之犬。找到孔子后，子贡如实告诉孔子。孔子一听大笑，自嘲道，说我像一只丧家之犬，你们瞧瞧，是像啊！是像啊！

笑完还得走。走到庶民百姓中接地气，用寻常百姓才有的道法勇气、见识学问来加深自己的修养，完善伟大的人格，是孔子不懈的追求。

路边休息时，孔子的马吃了庄稼，被种田人牵走了。子贡找种田人交涉，好话说尽了，人家就是不给。另一个刚来的弟子，自告奋勇，找种田人交涉，几句话一说，人家高高兴兴把马牵来了。孔子的弟子围上去，问怎么交涉的，他说，我对那个种田人说：您耕种的土地从东海一直到西海，我们的马怎么能不吃您的庄稼呢？那人一听很高兴，便把马给了我。

马要回来了，还得骑上走。这一回走的不是风景如画的东方，而是陈国、蔡国的方向，那里不仅土地贫瘠，而且战乱频仍。持刀舞戈的人，不信孔子那套离流血生死很远的高谈阔论，饥肠辘辘的百姓，全部精力都用在躲避战乱和挖野菜充饥上，顾不上看孔子一眼。孔子带着他的弟子三餐野菜果腹，已七天没见过米面了。

七天没有粮食进肚，饿得大家东倒西歪，孔子却在屋里弹瑟唱歌。子路和子贡听了心烦，说：先生在鲁国被逐，在卫国隐居，在宋国树下习礼时，被人把树伐倒，眼下在陈、蔡又挨饿。在这种情况下，先生的歌声从未中止过，难道他就没有羞耻感吗？颜回听到后，进屋把这些话告诉了孔子。孔子正在弹瑟，推开瑟，叫子贡和子路进来。

子贡说：像现在这种情况，可以说是困窘了吧！

孔子火了，说：这是什么话！君子在道义上的通达叫作通达，在道义上的困窘叫作困窘。我固守仁义的原则，遭受混乱世道的祸患，这不是困窘！反省自己，在道义上不感到内疚；面临灾难，不丧失自己的品德；严寒到来，知道松柏的旺盛。这是固守仁义的原则！说罢，孔子严威地弹瑟，子贡威武地拿着盾牌跳起舞来，孔子和弟子们饿着肚子且歌且舞，其乐融融。

一天，颜回变戏法似的弄来了一些大米，赶忙搭锅煮饭。估摸着饭快煮熟的时候，孔子看到颜回掀起锅盖，抓了把白饭往嘴里塞。孔子赶紧转过脸去，当作没看到。饭好了，颜回请孔子进食，这时的孔子又挺逗，他假装若有所思地说：我刚才打了个盹儿，梦到祖先来找我，我想把干净的、还没人吃过的饭，先来祭祀祖先。颜回厚道，听孔子这么一说，急了，说这锅饭我已经吃了一口，不能用来祭祀祖先了。孔子看着颜回，不说话。颜回知道孔子在问他为什么偷吃，就如实交代，说，刚煮饭时，不小心掉了一块灰尘在锅里，觉得挖出来丢掉太可惜，就抓起来吃了。孔子这才感到愧疚，并对弟子们说，一个人不要过于相信自己的内心判断，要谨言慎行，不断修炼。

孔子这一路走来，吃了不少苦，遭了不少罪。在宋国，“与弟子习礼大树下。宋司马桓魋杀孔子，拔其树”。在卫国，孔子恐遭祸害，躲藏起来，“削迹于卫”。去陈国，途径匡地，匡人误将孔子当阳虎抓起来，囚禁了五天。陈、蔡两国大夫还出兵，把孔子围在陈、蔡交界的野地……

鲁国的季孙氏把持公室政权，孔子想接近他，给他讲道理，因而跑到季孙氏的府上，接受了一些衣服和食物。鲁国人正怨恨季孙氏，见孔子主动登门拜访，并接受馈赠，觉得孔子没骨气，纷纷指责他。

孔子于是为自己辩解，他说：“龙食乎清而游乎清，螭食乎清而游乎浊，鱼食乎浊而游乎浊。今丘上不及龙，下不若鱼，丘其螭邪！”孔子自比的螭，是古代传说中的一种动物，这种动物在清澈的水里吃食，在浑浊的水里游动。相比吃在清水游在清水的龙，螭是低一等的动物。孔子的这种自比，可以视作他的灵活性、应变性。面对强暴的季孙氏，学识算什么？名望算什么？不屈尊一下拉近关系，能行吗？再说，看季孙氏这来头，说不定会执掌鲁国政权，不提前拉近关系，能行吗？

孔子是圣贤。圣人与凡人之间有一道深深的鸿沟，不可跨越，也不可连接。一个“圣”字，尘封起来的历史印记是，一张嘴，就是圣言，一举手一投足，就是圣行，说句梦话，就是圣呓，甚至放个屁，都是圣味。似乎不如此完美，就不成其为圣人。可孔子不，他这个圣人挺逗，说的做的好些事，与街坊邻居、乡里父老无异，甚至比普通百姓还百姓。比如，他到处游说，高兴了，也去看当地人唱歌，“子与人歌而善，必使反之，而后和之”。听人家唱得好，他也跟着唱。不高兴了，他的做法更逗：“予欲无言。”不说话了。子贡劝他，你不开口，我们还怎么跟您学？孔子说出来的话还挺噎人，他说：“天何言哉？四时行焉，百物生焉，天何言哉？”又比如，我们的老师长辈教育我们要以德报怨，培养宽容的美德。孔子却说：“何以报德？以直报怨，以德报德。”他教我们有怨以直报，有德以德报。还比如，我们认为一个人好不好，坏不坏，要看绝大多数人的评价，也就是老百姓的口碑。孔子则认为，一乡之人都说好的人，不一定好；一乡之人都厌恶的人，不一定坏。有人说，孔子这人很了不起，只是可惜他很有学问，而不能以专长成名。孔子听后对弟子说：我该做什么呢？是赶车好呢，还是做射手好呢？我还是去赶车吧。还有人对孔子说，我们这里有个走正道的人，他父亲偷了别人家的羊，他就到官府告发了他父亲。孔子则说：这怎么行呢，应当“父为子隐，子为父隐”。孔子的这些说法做法，就像发生在我们身边，与乡邻父老闲聊、侃大山似的。

孔子挺逗。挺逗，是孔子成为圣人的重要组成部分。逗乐子、逗闷子、逗开心，属于平民百姓。日出而作，日落而歇，日复一日，年复一年，靠汗水、勤劳、努力养家糊口，太琐碎，也太重复，不逗逗乐子，日子太沉闷。可同样的逗乐，发生在平民百姓身上，是家常便饭，叫人笑不起来。因为这些逗乐的事，你家发生，我家发生，并不新鲜。而发生在贤君、圣人身上，情况就大不相同。噫！这些大人物，怎么和我们一样啊！

“和我们一样”，揭开的是神秘的面纱，能使人真切地看到，贤君、圣人从高高的神坛走下来，走到庶民百姓才有的生老病死、日出日落中来，也吃饭穿衣，也生儿育女，也耍性子、发脾气、搞小动作，而不再像从前所想象的那样，不食人间烟火，砍柴都要拎一把闪闪发光的金斧子……

“和我们一样”，是人性的认同，有了这种认同，圣人与凡人、大人物与小百姓之间的鸿沟就平复了，大人物说的，小百姓就会真听、真信，心才会融通。

心与心融通了，天即行健，地即势坤。

气伟而采奇的列子寓言

列子是春秋末期、战国前期的郑国人，他晚于老子，早于庄子，是道家学术的重要代表人物之一。

同为道家学术，老子偏重于治术，坚持的是“知秉要执本，清虚以自守，卑弱以自持”。庄子偏重于修身，主张“放者为之，则欲绝去礼学，兼弃仁义”。处于老庄之间的列子，虽在哲学基础和修身之术上，与老庄并无二致，但在人生必须面对的两个重大问题，即生与死的问题上，与他的前辈老子、晚辈庄子产生了严重的分歧。

老子主张“深根固柢，长生久视”，追求长生不老。庄子则坦然面对生死，认为“生也死之徒，死也生之始，孰知其纪！”因而以逍遥的心境跨越生死，任由遨游。

列子则否定了老子祈求长生的主张，认为万物出于机，入于机，生则顺之，死则捐之，不求任何虚幻。同时否定了庄子混同生死的主张，认为宇宙万物由天命主宰，不是人力所能掌控的。“可以生而不生，天罚也；可以死而不死，天罚也。”“可以生而生，天福也；可以死而死，天福也。”“然而生生死死，非物非我，皆命也，智之所无奈何。”

聚焦生死，即是聚焦现实。

现实太残酷了，残酷不在于天地宇宙，而在于人世！

人的尊卑、贵贱、贫富，是现实残酷的聚焦点。

列子所处的时期，“君臣日失其序，仁义益衰，性情益薄”。儒家的诗书礼乐已失去济世治乱的作用，成为弃之可惜、留之无用、革之无方的祖传摆设，君君臣臣的三纲五常，被满口诗书礼乐的君王、士大夫作为征伐攫利的遮羞布，儒家理论主导的治国方略，在天下檑木滚石、刀光剑影中风雨摇摆。

用什么来拯救这一残酷的现实？天下一片迷惘。

列子于是登场，推出他“体神而独运，忘情而任理”的道家理论，以企打碎主导社会的儒家学说。

为此，列子讲了一个与孔子有关的故事。说孔子在楚国，看见一位驼背老人持竿粘蝉，一粘一个准，就像用手捡拾一样。孔子很好奇，问这位老人有没有技巧。老人讲的技巧是，用丸子叠放在竿头，练到叠放五个丸子而不掉的时候，“虽天地之大，万物之多，而唯蜩翼之知”。此时的状态是，人不会因纷杂的万物而影响专注于蝉的心态，粘蝉就像用手拾取一样毫无遗漏了。

孔子听了老人的讲述，觉得受了启迪，开始给弟子们讲大道理。

老人听了则说：你们这些读书人，还是先清除你们那套旧理论，再来谈论这些道理吧！

在这里，列子的主张旗帜鲜明，毫无掩饰，即摒弃儒家那套旧理论！

只有摒弃，那是不够的，还得有一套取代那套“旧理论”的理论，于是，列子所推崇的“体神而独运，忘情而任理”的道家理论，闪亮登场。

为了论证他这套理论的正确，列子用大量篇幅、诸多寓言故事和历史典故予以佐证。

因为否定的“旧理论”是孔子扛旗的，故本文选择《列子》中与孔子有关的寓言故事和历史典故来说。

例如，孔子泰山游览，见春秋时的隐者荣启期，身穿粗劣皮衣，腰系草绳，在郊野走来，边弹琴边唱歌。孔子的儒学理论，是框定荣启期这样的人是没有也不该快乐的，于是问他为什么快乐？

荣启期回答说：我快乐的原因很多。上天养育万物，人是最尊贵的，我得以成为人，这是第一件快乐的事；男尊女卑，我得以成为男人，这是第二件快乐的事；有人不曾看见太阳月亮在母腹中死去，也有人在襁褓时夭折，我活了九十多岁，这是第三件快乐的事。最后荣启期特地对孔子强调：贫穷是读书人的常情，死亡是人生的必然结局。我处在读书人普遍的常情之中，等候着必然降临的结局，我有什么值得忧虑呢？

孔子受触动了。接下来的故事，就能看到孔子对死亡的态度了。

子贡有些厌倦学习了，禀告孔子想休息一下。

孔子告诉他，人生是没有休息的，唯有躺在坟墓才休息。孔子说：人们都知道活着的快乐，不知道活着的痛苦；都知道年老的疲惫，不知道年老的安逸；都知道死亡的可怕，不知道死亡是休息。古人称死人为归人，那么活着的人就是行人了。远行而不知回归，就是抛弃家庭，不孝。有人离开故乡，抛弃亲人，游荡四方而不知回归，被世人贬为狂荡之人；有人热衷于安定贤明之士，自以为灵巧能干，沽名钓誉，夸张炫耀自己，被世人赞为智谋之人。这一贬一赞都是不对的，只有圣人才知道该赞扬什么，该贬弃什么。

列子在告诉孔子对待死亡的态度后，还要回到他“体神而独运，忘情而任理”的道家理论上，启发孔子的体认。

孔子在吕梁观赏风光，看到瀑布从三十仞高的山上飞落，激起的浪花飞溅三十多里，鱼鳖都无法游过。突然看到一个男子在水中游来游去，孔子以为这男子寻短见，便打发弟子到下游去救他。只见这男子潜游数百步后上岸了，披散着头发在岸堤且歌且行。

孔子大为惊骇，以为此男子是鬼，仔细打量后，看清是人，便问他使的是什么道术。

该男子告诉孔子：自己没有道术，无非是始于本然，再顺应天命成长，最终成就自然天命。游水遵循的规则，就是和漩涡一起卷入水中，随着上涌的波流一起浮出水面，顺着水的出入而不凭主观意识去游。

孔子听不懂，他不知什么叫始于本然，什么是自然天命。

该男子告诉他：我出生于高地而安于高地，这就叫始于本然；我出生于水边而练习于水边，这就叫习而成性；我不知道为何这样做而做了，这就叫自然天命。

活生生的事例摆在孔老夫子面前，这理儿让没有道术的人说得一清二楚，对于孔大圣人来说，还有什么可说的。

我们不得不钦佩列子，他在讲“体神而独运，忘情而任理”的道家理论时，讲的一些道理，似乎人人都有体验，而独独没有深究。

下面，我们不妨沉下心来，从记忆中翻出一些感受，去体验一下列子所讲的道理。

列子说：形体运动不产生形体而产生影子，声音运动不产生声音而产生回响，虚无运动不产生虚无而产生实有……

列子说：精神，是天所具有的；骨骸，是地所具有的。精神离开了形体，各自回归它们的本原，所以称之为鬼。鬼，就是归……

列子说：生命所造就的生物死亡了，但产生生命的本原并没有终结；物体所呈现的形状是实在的，但产生形状的本原并没有形状；声音所发出的声响可以听见，但产生声音的本原并没有发生；色彩所产生的颜色彰著了，但产生颜色的本原并没有显示；滋味所产生的味道被品尝了，但产生滋味的本原并没有呈现。这都是无为的道的作用……

列子说：万物运动流转永无止息，天地也在悄无声息地迁移变化，可谁察觉得到呢？变化的间隙不可察觉，只有等到变化发展的结果出现之后才会明白……

列子说：道不露形迹，永不变灭。掌握此道并穷尽此理的人，心性纯一不杂，元气保养不失，德行与大道相合，与派生万物的大道相通，这样的人自然天性能持守完全，精神没有间隙，外物便不能阻止他了，在水中潜行不会窒息，在火中踩踏不会烧伤。为此列子拿现实的例子予以佐证：喝醉酒的人从车上坠下，虽受伤但不会摔死。这是因为神全的缘故，他既不知乘坐车上，也不知坠落地上，生死恐惧没有进入他的心中……

……

孔子算是听进去了，他对弟子说：会潜水的人即使从未见过船，也立即能驾驶，因为他看待深渊就像土山一样，看待舟船倾覆就像上坡的车子向后退一样。万物倾覆、倒退出现在他面前都无法打动他的内心，又怎能改变他的从容呢？为了说明这一道理，孔老夫子还特地拿赌博的心态做比方。他说：用瓦片做赌注的人就会心思灵巧，用铜钩做赌注的人就会有所惧怕，用黄金做赌注的人就会心智昏乱。赌博的技巧没有发生变化，心存顾虑，心发生变化了，赌博就赢不了。所以，凡看重万物的人，内心就会笨拙。

列子与孔子的对话是虚构的，孔子公元前479年去世，列子公元前450年才出生。列子四十岁之前，邻居都不知道这人是干啥的，有啥道行，他家徒四壁，家人吃不饱肚子，邻居见到他都是面黄肌瘦的样子。四十岁以后，列子才在历史舞台露面，按庄子《逍遥游》的描述，列子乘风而行，逍遥自在，“泠然善也，旬有五日而后反”。他驾风行到哪里，那里便枯木逢春，重现生机。这就是说，孔子死后六十多年，列子才得道成名。所以，他与孔子对不起话来。

但对于出道高人来说，时间的跨度不是对话的障碍，关键是思想的沟通，而这沟通，正是“体神而独运，忘情而任理”的道所起的作用。

列子也认识到，打碎儒家那套“旧理论”，仅搬出孔子来教导一番还不够，还必须请出炎黄祖先的圣贤帮他说话。因为孔子的这套“旧理论”，源于炎黄圣贤。列子很智慧，他由近及远，从源头来打碎儒家那套“旧理论”。

列子第一个搬出的是周穆王，即西周赫赫有名的天子，用八则寓言，分别以化、幻、觉、梦、病、疾、诳等意象来比喻人生的虚幻不实。目睹大道日丧、众生昏乱于世而终不觉醒的列子，通过周穆王之口，说出唯有彻悟“感变之所起者”，才能以虚静坦荡的心怀，面对纷纭变幻的外部世界的道理。

其中有一则寓言是这么写的：秦国逢家有个儿子，小时非常聪慧，长大后却精神错乱，听见歌声以为哭，看见白色以为是黑色，闻到香味以为是腐臭，尝到甘甜以为是苦涩，做错了事以为是对的。总之，天地、四方、水火、寒暑，没有他不颠倒的。父亲到鲁国去给儿子求医，路过陈国，碰上老聃，老聃告诉他：现在普天之下的人都分不清是非，被利害关系弄得昏乱糊涂。在这种情况下，悲哀欢乐、声音美色、臭气香味、是非对错，谁能给予正确的判断标准呢？背上你的粮食，趁早回家去吧！

此外，列子还写了一则当今最先进的机器人也不可能比拟的机器人寓言。

寓言写的是，周穆王西行巡查，有位名叫偃师的人献技，带来一个他制作的“艺人”，这个“艺人”能歌善舞，变化无穷，摸一下他的脸，他能唱歌；抬一下他的手，他能跳舞。表演结束时，“艺人”眨动眼睛，向穆王身边的侍妾暗送秋波。穆王勃然大怒，要诛杀偃师，偃师赶紧拆散“艺人”，让穆王看清全是皮革、木块、胶水、油漆、丹砂等合成的肢体器官。重新组装起来后，“艺人”又活灵活现。穆王试着拿掉他的心脏，“艺人”便不会说话了；试着拿掉他的肝，“艺人”的眼睛看不见了；试着拿掉他的肾，“艺人”的腿便不能走路了。

列子最后写道：制造了云梯的鲁班，和制作了飞鸢的墨翟，听说此事后，终生不再谈论技艺。

列子第二个搬出的是殷汤，即殷朝的建立者。在这里，列子罗列旷古奇闻，笔锋横扫天下，用诸多超逸绝尘的神话传说，如“詹何持钩”“扁鹊换心”等寓言故事，极言天地之广阔无垠，万物之繁荣驳杂，以突破世人的浅陋常识，说明万事万物既不可凭耳闻目见来臆断其是非有无，也不可凭通达大道的至理名言去理解其深刻内涵。

在这里列子虚构殷汤与夏革的对话，揭示了“天地亦物”的宇宙观。还通过大禹与夏革的言论，说明自然界的生息变化及人世间的寿夭祸福，都是无所待而成，有所待而灭，即使博学多识的圣人也未必能知晓其中的规律与奥妙。

为了佐证这些道理，列子再次请出博学多闻的圣人孔子来说事。

孔子在东方游历，见两个小娃娃在争论，便问他们在争什么。原来这两个娃娃在争论太阳什么时候离人近，什么时候离人远。

一个娃娃说：太阳刚升起时，大得像车盖，到了中午却像只盘子，所以太阳刚升起时大，离得近，中午像盘子那么小，离得远。

另一个娃娃说：太阳刚升起时人冷飕飕的，可到了中午，人热得像手伸到汤锅里似的，这不正是因为离得近才热，离得远才凉吗？

谁说的对？请教博学多闻的孔子，孔子觉得这两个娃娃说的都有理，无法判断谁对谁错。

文章的最后写到，两个娃娃笑着对孔子说：谁说你见多识广的！

在用虚拟的故事，通过炎黄祖先的圣贤之口，否决儒家那套“旧理论”之后，列子又上一个台阶，搬出天命与人力进行对决。对决的结果，自然是“天地不能犯，圣智不能干，鬼魅不能欺”。天命超越于人间所有道德、强权、功利之上，它看似无端无常，可人世间的寿夭、穷达、贵贱、贫富全由它来决定。天命说道：彭祖的智力赶不上尧舜，却享年八百；颜渊的才华不在众人之下，却只活了十八岁；孔子的仁德不在诸侯之下，却受困在陈、蔡两国的荒野；殷纣王的品行远不如微子、箕子、比干，却高居在国君的位置上；贤者季札在吴国没有封爵，富于心计的田桓却在齐国专权。倘若这是人力所能决定的，为什么让彭祖长寿而颜渊命短，让圣人困厄而逆者显达，让贤者卑贱而愚者尊贵，让好人贫穷而坏人富有呢？

天命拿出如此硬邦邦的论据，人力自然是辩不过的。

《愚公移山》是列子写的一篇著名寓言，愚公决心很大，带领子子孙孙挖山不止，但太行山、王屋山实在是太大了，纵然一代一代无有穷尽地挖下去，也挖不掉太行山的一个角，要不是愚公的做法感动了上帝，太行山、王屋山是不可能搬走的。用这个寓言来论证，谁的能量更大，不是明摆着吗？

不得不说，如此放任天命，其负面的影响必然是“今昏昏昧昧，纷纷若若，随所为，随所不为。日去日来，孰能知其故？皆命也夫”。于是，“且趣当生，奚遑死后”的论调，特别是“损一毫利天下不与也，悉天下奉一身不取也”的主张，在把握当下的厚味、美服、美色、音声的当生之乐中“邪”说登场。虽然列子拿“名”“实”说事，列举社会上“实名贫，伪名富”的不公平现象，引导人们抛弃造作虚伪，不为功名所误，不为利禄所累，乐生逸身，任性纵情，争做悟道真人，但其放任天命、任性纵情之说，还是给社会造成了很大的不良影响。

《列子》一书的最后一篇“说符”，是呼应首篇“天瑞”的收官之作。“说符”，即“道”与人事的相互应验。文中虽然对“道”与“智”、“名”与“实”、“贵”与“贱”、“时机”与“变通”等多对关系进行了论述，但列子的本意，还是打碎儒家那套“旧理论”，弘扬“体神而独运，忘情而任理”的道学主张。

有一则寓言是这样的。

杨朱家的邻居丢了一头羊，很多人去找，没找着。杨朱问为什么找不着，邻居说：岔路之中又有岔路，不知羊跑到哪儿去了。杨朱为此很不高兴。

心都子借此事问杨朱：兄弟三人在齐鲁游学，拜的是同一位老师，修学完后三兄弟回家，父亲问仁义之道是什么样的。大儿子回答说：仁义首先让我爱惜生命而把名誉放到次要位置；二儿子回答说：仁义使我不惜用生命的代价来成就荣誉；三儿子回答说：仁义教会我同时保护生命和荣誉。这三兄弟都学的是儒学，观点却大不相同，谁对谁错？

杨朱答的是：河边居住的人熟习水性，靠撑船摆渡营生，收入供养上百口人。于是来向他学习的人很多，可几乎一半的人淹死了。这些人可不是来找死的，你认为怎样算对怎样算错呢？

心都子于是感叹："大道以多歧亡羊，学者以多方丧生。学非本不同，非本不一，而末异若是。唯归同反一，为亡得丧。"

拿歧路亡羊与儒学三弟子同师而不同道来说事，列子所揭示的，又回到了"以至虚为宗"的源头。当然，这个源头不是儒家君臣、父子、夫妻的礼制，而是打碎这些礼制的道学之顺其天命、道法自然、清静无为，亦即"体神而独运，忘情而任理"。

《列子》一书，文法宏妙，首尾呼应，寓言故事波谲云诡，恢奇怪诞，辞旨纵横，气伟而采奇，读来让人不忍放手。书中出现的人物，几乎全是炎黄祖宗的先哲圣贤，但人物间的交往对话，却又是"关公战秦琼"似的搞笑。大量的寓言故事，如"杞人忧天""夸父追日""愚公移山""小儿辩日""偃师造倡""薛谭学讴""扁鹊换心""纪昌学射""来丹复仇"等等，恢奇壮阔，如幻如梦，所揭示的道理非常深刻，令人难忘！

春秋末期、战国初期，在儒家礼制风雨飘摇的时代背景下，看清了世态炎凉，参透了生命忽来暂住的道家，倡导顺其天命，清静无为，使得一些有志之士心寒，也使得更多的士子丢掉清心寡欲，追求唯贵放逸。这，无疑是消极的思想引导！但，作为炎黄后人，我们没有资格对两千多年前的道学大师列子指点。那时候的山，那时候的水，那时候的人，还有那时候的世道、民风，我们知道多少呢？

读《列子》，即是读炎黄祖先，读先哲圣贤。

郑伯对礼制的抗争与适应

每次读《郑伯克段于鄢》，都要把书放下一会儿，放下的原因是，感到困惑。

发生在公元前七百多年前郑国统治者母子、兄弟之间的夺权与反夺权斗争，给胜利者郑伯烙下的历史烙印是：虚伪、心计阴暗、故意纵容弟弟灭亡，有违儒家道义。

这可是一场三人演的戏，三个人的巴掌都在拍，怎么把账记到郑庄公一个人头上呢?

我们还是把这三个人分开来说。

先说母亲武姜。武姜是郑武公娶的申国公主。生第一个儿子时难产，脚先出来，差点要了武姜的命。因为这个原因，武姜讨厌他，叫他“寤生”。三年后生第二个儿子，顺产，武姜很是喜欢疼爱。郑国母子、兄弟之间尔虞我诈、互相算计的那场血腥斗争，源于母亲武姜的难产和顺产。

到了确立接班人的时候了，妻子武姜要求丈夫郑武公立顺产的儿子共叔段。郑武公保持了应有的清醒，没有同意，还是立了长子庄公为接班人。虽然这一段的记载只用了十五个字，但立废之间的争执、权衡，甚至使用各种不光明的手段，请人游说等等，少不了。折腾得多凶不好说，至少他们的两个儿子都知道。

长子郑庄公即位后，母亲武姜提出把今河南荥阳汜水西的那片“制”地，作为二儿子共叔段的封邑，郑庄公没有同意。那里原是东虢国的领地，被父亲郑武公吞并，地形十分险要，是郑国的屏障，给共叔段作封邑，容易埋下隐患。母亲武姜又提出把今河南荥阳东南的那片“京”地，作为共叔段的封邑，郑庄公同意了。

按照先王制定的规矩，大的封邑，不超过国都的三分之一，中等的不超过五分之一，小的不超过九分之一。“京”地封邑，大大突破了这个规矩，接近国都的标准。公元前722年，共叔段整治城郭，积聚粮草，整修铠甲和武器，抓紧训练军队，打算袭击郑国国都。母亲武姜打算开启城门，作为内应。这一段的记载用了十八个字。袭击国都干什么？武姜开启城门作为内应干什么？这母子俩是如何谋划的？这些内幕十八个字里看不出来，但留给后人想象的是，一旦成功，江山易主，郑庄公定无好下场。

再说共叔段。整篇文字中，记载共叔段的不多，先是写了一句“既而大叔命西鄙北鄙贰于己”。意思是说，他获得“京”地封邑后，把本属于郑庄公的西北两块边邑，下令既属于郑庄公，又属于他自己，兄弟二人共同拥有。接着写了一句“大叔又收贰以己邑，至于廪延”。意思是说，共叔段把他和郑庄公两人共有的西北两块边邑，全收归到自己门下。不仅如此，还把自己的食邑地盘扩大到廪延，又从郑庄公手里挖了一块。最后写了他打算袭击国都时做的准备工作，以及被郑庄公的军队打败后，先逃到鄢地，后逃到共国。

下面重点说说郑庄公。他是郑国国君，是本文的主角。他在母亲武姜为弟弟共叔段请求封邑时，拒绝了母亲武姜提出要“制”地封邑的要求，母亲武姜提出要“京”地封邑时，他同意了。“京”地封邑很大，超出了先王定下的封邑规矩。但是母亲武姜提的，他拒绝过一回了，不好一而再、再而三地拒绝，只好答应。臣僚们劝谏，他说了一句千古名言：“多行不义，必自毙。”担心臣僚不信，还说了一句叫臣僚们等着看。当共叔段把本属郑庄公的西北两块边邑，同时属于共叔段后，郑庄公回答臣僚的劝谏说，没关系，他会栽跟头。当共叔段干脆把西北两块边邑收归己有，顺手把郑庄公的廪延封地挖走后，郑庄公对前来劝谏的臣僚说，对君不义，对兄弟不亲，土地扩大，反而会垮台。只是在共叔段做好了袭击国都的准备，母亲武姜打算开启城门以作内应时，他才下令攻打共叔段。打败共叔段后，他把一手操纵此事的母亲武姜从国都迁出，安置在今河南临颍西北的城颍封地，并放出狠话，不到死，不相见。但他话一出口，便后悔了。

以上分析不难看出，郑国这一段血腥历史的总导演，是母亲武姜。她生有两个儿子，讨厌大儿子，喜爱小儿子，可以理解；大儿子当了国君，她为小儿子多争取一些利益，也可以理解。但她与小儿子合谋，做了大量的军事准备，打算推翻大儿子的国君地位，这就不可理解了。一旦推翻大儿子的国君地位，小儿子当上国君，会把“京”地作为大儿子的封邑吗？《郑》文传递出来的信息是，绝不可能。母亲武姜的所作所为，在该文中有记载，无评论。但后人读该文，还是能读出是非对错来的。

这是我屡屡读该文感到困惑的原因。

其实，我的这种困惑，也是郑庄公的困惑，更是他努力去适应儒家礼制的一种抗争！

董仲舒说：“《春秋》之法，君主不宣立，不书。”说的是君主立了不该立的不予记载。这是《春秋》立的规矩，也是儒家祖宗的态度。郑庄公是长子，是郑武公生前立的储君，是合法继承人，他与非法篡权者作斗争，不是符合儒学教义吗？

其实不然，儒家理论很多，还有其他教义。儒家君为臣纲，夫为妻纲，父为子纲，以及子女对父母要孝，哥哥对弟妹要悌，长辈对晚辈要慈等等理论，早在孔老夫子之前就有了广泛的社会认知。这可是儒学教义的大规矩。《郑》文不对母亲武姜导演的这场血腥斗争做任何正面或负面的评论，正是儒家理论在该文的反映。孔老夫子说：“身体发肤，受之父母，不敢毁伤，孝之始也。”做子女的，毁伤头发皮肤都是不孝之举，对母亲武姜导演的这场血腥斗争，还能说什么呢？孔老夫子还说：“子为父隐。”父母做了错事，甚至犯了法，做儿女的要隐瞒，说出去了就是不孝。以致有人问曾子：假若你父亲犯了罪，你怎么对待？曾子的回答是：我背起父亲赶快逃跑。孔老夫子还说，父母生病了，做子女的煎好汤药，如果不先尝了再喂，无异于杀害父母。

儒家理论实在是博大精深啊！似我等肤浅之人是无法完全弄明白的。

总之，在这种儒家理论的框定下，郑庄公不听母亲武姜的话，就是错。反过来说，母亲武姜做对了是对，做错了也是对，郑庄公怎么做都不对。在这次夺权与反夺权的斗争中，母亲武姜是总导演，郑庄公和共叔段是演员，他俩必须按照母亲武姜设计的情节接招。在这一出戏中，母亲武姜与弟弟共叔段是利益共同体，郑庄公则是他们实现既定目标而必须铲除的对手，始终处于被动接招的地位。郑庄公拒绝一招后不再拒绝了，在弟弟共叔段与母亲联手向他袭击时，他用接招表明不接招，即不肯俯首称臣，让出君位，而是抓住时机，大举反击，把共叔段赶跑，把母亲武姜迁出国都。如此写就的历史，是不符合儒家理论框定的，只有写成母亲导演的目标实现，郑庄公被杀，才符合儒家的理论要求——母叫儿死儿不得不死嘛！可我们不能忘了，西周以来的诸侯国星罗棋布，共有一千八百多个，到《左传》记事时，只剩下几十个。这近一千八百个诸侯国的消亡，不全是在一次次青铜剑戟的相互砍杀、滚石檑木的相互投掷中消亡的，更多的是在父亲杀儿子、儿子杀父亲、侄子杀叔父等血亲之间的权谋政变中消亡的。相比较看，郑庄公的做法是不是要正义许多呢！

当然，郑庄公在反击弟弟共叔段和母亲武姜的进攻获胜后，把母亲武姜安置出都城，很不恰当，说“不及黄泉，无相见也”，更是混账！好在他用后悔做了些许弥补。

在《郑》文中，颍考叔不得不说。《郑》文不惜笔墨，用一整段文字对他大加赞扬："君子曰：颍考叔，纯孝也，爱其母，施及庄公。诗曰：'孝子不匮，永锡其类'，其是之谓也。"

在我看来，颍考叔帮助郑庄公与母亲武姜和好，是做了一件大好事，值得赞扬。但颍考叔做这件事的方法，附着儒家的虚伪，有必要挑剔一二。

其一，对于郑庄公说的"不及黄泉，无相见也"，颍考叔虽是镇守边关的地方官，但他也"闻之"。"闻之"，是颍考叔去劝说郑庄公的原因。可他把"闻之"包装成"不知"，故意去给郑庄公送礼，郑庄公留他吃饭，他把肉舍下，说要留给母亲吃，以此把郑庄公后悔的事勾引出来。不实在嘛！拐这么大弯干什么？假若他"闻之"便找上门去，劝郑庄公与母亲武姜和好，这多直接，多痛快！

其二，颍考叔给郑庄公出的主意是："阙地及泉，隧而相见。"虚不虚？干吗要劳民伤财挖地道？地道挖好后，要先把母亲武姜安置在地道里，而后叫郑庄公钻到地道里去见面。加上这样一套折腾，有什么意义呢？你颍考叔叫郑庄公快马加鞭赶到城颍，跪到母亲武姜面前，亲切地叫一声妈，重重地磕三个响头，承认错误，保证以后恭恭敬敬地孝顺妈，这多直接，多痛快！

写了以上文字，道出了我的困惑，我也痛快了。

季札阐释的儒家大智慧

公元前561年，吴王寿梦去世，其长子诸樊服丧期满后，打算推荐他的弟弟季札接替君位。原因是，季札“贤而有才”，受吴国上下拥戴。

季札推辞道：你是长子，是合法继承人，叫我继承君位，既不合祖训，又不合我的节操。

诸樊坚持要拥立他，季札便悄悄走了，躲到乡下种地。诸樊一看勉强不过，只好接替君位，号称吴顺王。

从分析看，这次的君位互让，是真实的，没有潜藏阴谋，也没有虚情假意。

哥哥诸樊当上君王，弟弟季札便从乡下回朝，全力辅佐。

从此，季札活跃在春秋的外交舞台，交好诸国，传播友谊，阐释儒家道义，被孔子尊称为“甚德”。

孔子如此尊崇季札，很大程度源于他不争王位。

孔子是礼教的卫道士，他认为礼教就是纲纪，纲纪中最重要的是，君臣官吏的等级划分，等级划分中最重要的是，官吏在社会关系中的名分。礼教的精义，在于分清贵贱，分清亲疏，用以判断是非，处理事物。在孔子看来，礼教的这个规矩，是不能改变的。例如，齐国攻卫国，在新筑会战，新筑小民仲叔于奚聚集兵民，击退齐军，救出卫国执政孙良夫。卫国赏给仲叔于奚一个邑，他不要，提出要一种佩戴在马脖上的红缨。孔子马上站出来说：宁可多封赏他几个邑，也不能让他使用红缨。因为红缨是唯有贵族才能佩戴的，是一种身份、地位的象征。季札不接受王位，凸显了他对儒家礼教的遵从，因而被孔子大赞。

公元前544年，季札出使鲁国，与鲁君同宗的世卿叔孙穆子进行了深入交谈，在全面分析叔孙穆子的所作所为，特别是他目前的处境后，季札直言不讳地说：你怕要不得好死吧！

原因呢？季札说："好善而不能择人。吾闻君子务在择人。吾子为鲁宗卿，而任其大政，不慎举，何以堪之。"最后季札还特地警告：如此下去，"祸必及子！"

不幸言中！叔孙穆子的子孙在阳虎之乱中遭祸。

鲁国是掌管周朝音乐和舞蹈的国家，保存着西周时从民间采集来的诗歌、宫廷和祭祀诗歌，并配成音乐和舞蹈。儒学大家季札到了鲁国，当然不会放过欣赏的机会。

乐工首先演奏的是《周南》《召南》，这是对周公旦、召公奭教化天下的赞歌。季札听后得出结论：周朝的教化已经奠基了，但"犹未也，然勤而不怨矣"。即尚未尽善尽美，人民虽劳而无怨。

接着乐工演奏了《邶》《鄘》《卫》，邶、鄘、卫是周朝的三个诸侯国，是周平王将邶、鄘并入卫国，所以季札的评论单指卫国。他当然想得起来，周公的弟弟康叔，康叔九世孙武公都曾是卫国的贤君，于是赞道："忧而不困者也。"即民众虽有忧虑，但尚未到穷困的地步。

乐工演奏《秦风》后，季札很激动，说这是华夏的声音呀！能够华夏化必能强大，强大到一定程度，就能达到周王朝鼎盛时那样了！他从音乐中预言秦国的未来，一言中的。

乐工接下来演唱的《王》，季札听出了周王室东迁以后的天下政情；演唱的《郑》，听出了郑国风化日衰，民众不堪忍受。因而他预言：作为大国，郑国将最先灭亡。

历史的演绎证实了季札的预言，公元前376年，郑国被韩国灭亡。听到《陈》时，季札说："国无主，其能久乎！"说的是陈国的音乐淫靡放荡，说明国无贤君，不久将灭国。再次言中，公元前478年，楚国灭陈。

看得出来，季札听的不是音乐，而是政治，他从各国的音乐声中，捕捉治国理政的信息和元素，故而能得出与历史发展相吻合的预判。

接下来看舞蹈，当《象箾》《南籥》，即武舞、文舞一跳完，季札便看出是歌颂周文王的乐舞，他的评价是："周之盛也，其若此乎！"有遗憾，感到美中不足。当看完赞美舜之德的《韶箾》后，季札异常兴奋，评价极高，他说："德至矣哉！大矣，如天之无不帱也，如地之无不载也！虽甚盛德，其蔑以加于此矣。"他甚至说，别再跳了，再有其他乐舞，我也不再欣赏了。

懂音乐，是大智慧！

司马迁认为："凡音之起，由人心生也。""乐者，音之所由生也，其本在人心之感于物也。是故其哀心感者，其声噍以杀；其乐心感者，其声啴以缓；其喜心感者，其声发以散；其怒心感者，其声粗以厉；其敬心感者，其声直以廉；其爱心感者，其声和以柔。"司马迁联系人的六种情感变化，解释道：痛苦有感于心时，其声音表现一定是急遽而短促的；欢乐有感于心时，其声音表现一定是宽舒而缓和的；喜悦有感于心时，其声音表现一定是轻快而流畅的；愤怒有感于心时，其声音表现一定是粗犷而严厉的；敬畏有感于心时，其声音表现一定是爽直而庄重的；爱慕有感于心时，其声音表现一定是温和而柔婉的。

这不是常人能听懂的，季札听得懂。

从鲁国出来，季札出使齐国。相近的儒学修养与道德品性，使得他对晏子非常欣赏，临走他对晏子说：您赶快把封邑与政权交还国君，如此才能免于灾祸。晏子照办，在公元前534年栾、高发起的动乱中，晏子幸免于难。

到郑国，见子产，很欣赏，季札对子产说：您很快要成为郑国的执政，“子为政，慎之以礼。不然，郑国将败”。

从郑国到卫国，从卫国又去晋国，中途在卫国孙文子的封邑戚地住宿，刚到馆舍，便听到钟声，季札一愣，脱口而说：奇怪啊！发动变乱而没有德行，必定会受到诛戮。这个人得罪国君而住在这里，害怕还来不及，又有什么可高兴的呢？他住在这里，如同燕子在帐幕上筑巢。国君还没有安葬，怎么可以作乐呢？说罢不宿而去。

在晋国，季札与已经开始瓜分晋国公室的赵文子、韩宣子、魏献子见面，他毫不掩饰地说：晋国的国政将会集中在你们三族。这可以说是预言，但当时还很忌讳。季札的解释是：晋国的国君过分放纵，但晋国良臣很多，大夫都很富有，国政将归于大夫。

季札一路走来，在不同的国家预判了许多事情，都无一偏差，被历史的发展予以佐证。季札非常坦率，凭着自己敏锐的政治智慧，和独到的洞察力，从音乐、从舞蹈、从钟声，以及与人交谈的诸多信息中，捕捉事物的发展规律，揭示事物的发展走向，预测事物的发展结果。可以看出，他的分析、揭示和预判，依据的是儒学大智慧。

公元前515年，公子光杀吴王僚，自立为王，即吴王阖闾。弑君称王，吴国上下民怨沸腾。已经登上王位的公子光也心里打鼓，毕竟弑君这一手很不光彩，加之吴王僚还有一位声名显赫于天下的叔父季札出使未归，他归来后振臂一挥，结果如何，很难料定。恰在这时，季札赶回来了。他回来不是为了抢夺君位，而是为了安定吴国。他说：只要祖先的祭祀不被废除，社稷之神有人供奉，国家不会倾覆，民众不废弃新的君主，那么这个君主就是我的国君。他还说，我不是动乱发起者，谁做国君，我就服从谁，这是祖先立的规矩。说罢，季札到吴王僚的墓前复命哭拜，然后回到自己的职位，等待新国君分配任务。

吴王僚被杀后，僚系公子纷纷逃跑，季札却毫不犹豫地回到吴国。他有资格当吴王，吴国民众也拥护他。但他看中的不是当王，而是社稷的稳定，民众的和平生活。

季札品格高尚，诚实待人，他曾出使徐国，拜见徐国国君。

春秋时的圣人、君子、士人，都是要佩剑的，佩剑不是为了杀人或防身，而是一种身份符号，越是名声大，声望高，佩的剑也越高档。

季札出使徐国，佩的就是一把吴国的宝剑。

徐国的国君非常敬重季札，同时也非常喜欢季札佩戴的那把宝剑，但碍于面子，没有张口。

季札看出来了，但没有立即把宝剑送给徐君。因为他这次出使还有晋国，他想的是，待从晋国返回时，再把宝剑送给徐君。

待季札从晋国返回时，徐君已经去世了。他来到徐君的墓前，祭拜之后将宝剑挂在坟边的树上，了却了自己的一桩心愿。

李白于是诗赞：

延陵有宝剑，价重千黄金。
观风历上国，暗许故人深。
归来挂坟松，万古知其心。

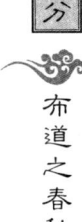

夹缝中挤出的子产新政

春秋时的郑国，在郑庄公手里风光了一把，这之后，郑国便日渐衰败，骑在晋国与楚国争霸的变局墙头，成了一棵墙头草，晋国大势占上风，郑国就倒向晋国，楚国大势占上风，就倒向楚国。晋、楚争霸几十年，郑国在晋、楚之间倒来倒去，结果是，倒向晋，遭楚国收拾，倒向楚，遭晋国收拾，郑国成了晋、楚争霸的出气筒，怎么做都不对，怎么做都得挨打。

郑国南面紧靠楚国，是楚国北上中原称霸的战略要冲；郑国北面紧靠晋国，是晋国抵御楚国北上争雄的战略要塞。虽然其他小国，如蔡国、陈国、杞国等也夹在晋、楚争霸的夹缝之中，也没少挨打，但相比较而言，郑国的地理位置更重要，面积也更大，所以挨打也最多。

在晋、楚争霸的夹缝中，诞生了一位春秋时期的大师级人物——子产。

子产名侨，是郑穆公的孙子，他的父亲子国，任郑国司马。他从小就深深感受到了晋楚争霸对郑国的反复挤对，也就逐渐培养和提升了应对这种挤对的思考和智慧。

公元前565年，子产的父亲子国率军伐蔡，掳获蔡国司马公子燮。这对于郑国来说，是长时间没有的难得胜利，赢得普遍赞誉，举国欢庆。在一片欢庆声中，尚是娃娃的子产却唱了反调，他说："小国无文德，而有武功，祸莫大焉。楚人来讨，能勿从乎？从之，晋师必至。晋、楚伐郑，自今郑国不四五年，弗得宁矣。”

子产唱的这番反调，遭到父亲的呵斥，说你个小孩子懂什么？谈论这些，将会有杀身之祸！

子产说的郑国从今往后四五年不得安宁，不幸言中。

当年冬天，楚国大军向郑国扑来，郑国赶紧表态，顺从楚国，并送上厚礼。

顺从楚国，晋国干吗？郑国只好派大夫向晋国报告：实在是山穷水尽、走投无路才顺从楚国的，没法呀！

晋国的回答是：楚国讨伐郑国，你们就不能派人向我晋国报告一声吗？不报告就顺从，等着吧，我们晋国将率领诸侯在你们城下相见！

转年10月，伐郑来了，晋、齐、鲁等十国军队开进郑国，杞国、郳国也跟着起哄，把郑国路边的栗树都砍了。

郑国没有退路了，顺从晋国，献上厚礼。

楚国的军队又打过来了，刚刚顺从晋国的郑国，只好调转船头，又顺从楚国，献上厚礼。

又转年，即公元前563年，晋国率诸侯国的军队又攻郑来了。

……

挤在晋、楚争霸夹缝中的郑国，因为挨打，在顺从晋、楚两国上倒来倒去，招来晋、楚两国对他打来打去。倒来倒去、打来打去的恶性循环，使得郑国国不像国，民不聊生。

子产就是在郑国倒来倒去、打来打去的惨痛经历中，坚定了小国修文德的治国理念。他如是说：“政如农功，日夜思之，思其始而成其终，朝夕而行之。行无越思，如农之有畔，其过鲜矣。”

公元前543年，子产成为郑国执政，站上了施展自己治国理念的平台。

子产执政后推出的第一项举措，即“作封洫”。

所谓“作封洫”，就是清理田亩，划分田界、水沟，把过去大户人家侵占他人的土地，归还原主的一项经济政策。同时将居民按照户口安排，使房舍和耕地相互适应，以便耕种。

这一治国的章法，必然触动贵族利益，国人也有个适应过程。

郑穆公的孙子子张率先发难，打算挑战子产的章法，提出打猎获取祭品。子产不同意。按照礼制，只有国君祭祀才用新杀的动物，其他人的祭祀不行。子张不予理睬，子产则毫不让步，较劲的结果是，把子张驱逐出国。

国人也不适应，编歌谣骂子产："取我衣冠而褚之，取我田畴而伍之。孰杀子产，吾其与之！"

"作封洫"三年后，国人又编歌谣赞子产："我有子弟，子产诲之。我有田畴，子产殖之。子产而死，谁其嗣之。"

毋庸置疑，"作封洫"，成功了，人民受益！

史载："子产相郑，专国之政；三年，善者服其化，恶者畏其禁，郑国以治，诸侯惮之。"

在此期间，子产大书了两笔，一笔是维护出使尊严，一笔是不毁乡校。

公元前542年，子产相郑简公出使晋国。晋国很傲慢，不仅晋平公不出面会见郑简公，而且把郑国宾客安排在低矮潮湿的宾舍，大门连马车都进不去。子产毫不客气地大耍了一把，下令把宾舍的围墙推倒。围墙一推倒，晋国的大夫出面来质问了，子产不卑不亢地回答说：晋文公当盟主时，宫殿低矮，宾舍宽大。如今把诸侯安排在下人住的地方，车马进不去，如不拆除围墙，我们进贡的礼品搬不进屋，若是被盗，不是加重我们的罪过吗？晋平公于是接见郑简公，礼仪有加，厚加款待，并送了丰厚的礼物。

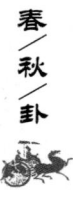

子产"作封洫"的第二年，国人不适应，不仅编歌谣骂他，而且经常在饭后茶余到乡校聚会，对子产的执政说三道四。有人建议关闭乡校，子产不同意。他说："夫人朝夕退而游焉，以议执政之善否。其所善者，吾则行之；其所恶者，吾则改之，是吾师也。若之何毁之？"子产接着解释道：我听说凭借忠善可以减少怨言，没听说用威势可以防止怨恨。如用强硬办法把人们的口堵住，就好比防河水决口一样，决口小的时候不去补，等到决口大了，伤害的人很多，我没办法补救。小决口加以引导，可以让我听到批评后作为药石来加以引导。

乡校不毁，人们在饭后茶余聚集到那里，对子产推出的“作封洫”进行品评挑剔，同时以对子产的咒骂、攻击进行发泄。子产则从人们的品评和发泄中，捕捉到了民众对他改进治国理政举措的深切期望，大写了“不毁乡校”的千古佳话。

公元前538年，子产推出的第二项举措，是“作丘赋”。

丘，原为乡鄙奴隶所居，隶属于采邑主，这样的奴隶完全为采邑主所驱使，不服兵役。子产出台的“作丘赋”，即是所有的奴隶都必须按政府的规定，出军赋、服兵役。

这又触及一些人的利益，惹来不少咒骂。记在《左传》的咒骂是：“其父死于路，己为虿尾，以令于国，国将若之何？”“己为虿尾”，说子产是毒如蝎子的尾巴。子产听后的态度是：“苟利社稷，死生以之。”如果有利于国家，个人的生死无关紧要。

子产“作丘赋”的举措，实施的效果如何，虽然《左传》中没有民谣赞他，但可以肯定，这一举措削弱了权贵的特权，提升了国家对人民的控制权，增加了国家的兵源。

孔子有赞，他说子产“其养民也惠，其便民也义”。

公元前536年，子产推出了治国理政的第三项举措：“铸刑书”。

“铸刑书”，就是将法令条文铸在鼎上，公布于众，作为国家行使刑罚的准则。《左传》读下来，大国小国、国君大夫、学者名士，谈的都是礼制，奉行以礼治国、以德治国，演绎的都是礼制教化的故事，没有人谈法治。子产独树一帜，把法令条文铸在鼎上，公布于众。这一伟大创举本身，就具有重大的历史意义。

“铸刑书”，是用法治挑战春秋奉行的礼治、德治。虽然早在春秋之前，夏朝制订了《禹刑》，商朝制订了《汤刑》，周朝制订了

《九刑》，但在春秋时期的学者名流看来，这都是这些朝代处于衰亡时的产物，且常以“国将亡，必多制”予以佐证。故而当子产“铸刑书”后，晋国的政治家叔向，特地派人给子产送去一封信。信的开头这么写道：“始吾有虞于子，今则已矣。”说的是，原先我对你寄予厚望，现在则不这么看了。原因是子产背离了礼治、德治的原则。叔向认为，制定法律公之于众，民众便会只知道法律而不知道尊长，只知道条律而不知道礼仪，甚至钻法律的空子，规避惩罚，这是国之将亡的做法。

子产没做解释，因为在他的心里，始终有一个纠结，这纠结便是法治和礼治。

“铸刑书”的五年前，即公元前541年，公孙楚聘徐吾犯的妹妹为妻，因为这个女子长得漂亮，公孙楚的堂兄公孙黑也送去聘礼，强行要娶。这二人都是国君的孙子，都得罪不起。徐吾犯不知如何是好，请教子产。子产便说：你妹妹愿意嫁谁就嫁谁。

子产这话说得很现代，尊重女子个人选择，与法治精神吻合。

徐吾犯于是向公孙楚、公孙黑提出，让妹妹自己择婿。

二人都同意。于是，公孙黑打扮得漂漂亮亮地来到徐家，把礼物放在堂屋后退出。公孙楚则穿着戎服来到徐家，左右开弓射了两箭，跳上车离去。

经过比较，徐吾犯的妹妹选择了公孙楚，觉得他更像男子汉。

公孙黑很恼火，怀揣利器，准备刺杀公孙楚。

公孙楚预有准备，把公孙黑打伤了。

这一事件引起郑国高层重视，大夫们商量如何处置时，子产的意见是：“直钧，幼贱有罪。罪在楚也。”解释子产所说的是：双方都有理，在这种情况下，年幼的、地位低的有罪。因公孙黑是公孙楚的堂兄，又是上大夫，而公孙楚是下大夫，所以公孙楚有罪。于是公孙楚被驱逐出国。

在这里，子产的公断就不是法治了，而是礼治。

显然，礼治的公断，违背了公理！

徐吾犯的妹妹是按照子产“愿意嫁谁就嫁谁”的约定，嫁给公孙楚的，符合公理。争妻之事本该停歇了，可公孙黑却去刺杀公孙楚，以此想把公孙楚的妻子抢到手，这就有悖公理了。结果公孙黑没有得逞，反而被公孙楚击伤。公孙楚正当防卫，也符合公理。在公孙楚的所作所为都符合社会公道的情况下，子产却用礼治判公孙楚有罪。

这样的礼治判决对吗？符合公道人心吗？适应社会发展吗？

这个问题，在子产的心里一直纠结、斗争。

公孙楚被驱逐的第二年，公孙黑作乱，子产迅速从边境赶回，历数公孙黑的罪状，其中第二条就是抢公孙楚的妻子。公孙黑自杀后，子产又让他暴尸街头，身上放着陈述其罪状的木简。

至此，子产内心的纠结，有了了断。

公孙黑自杀三年后，子产“铸刑书”，挑战春秋的治国理念，拉开了中国历史上礼治与法治争鸣的大幕。

子产“铸刑书”后，很多人把法令悬挂出来示人，郑国大夫邓析看有空子可钻，便对法令进行修饰，制定了一部《竹刑》，加进了许多个人的私货，甚至把法令弄得很偏颇。子产多次制止，邓析阳奉阴违，小动作不断，对原被告双方挑唆，由此挑起的诉讼很多。比如，郑国有个富人在洧水淹死，被人捞上来。富人家去要尸体，捞人这方要价很高，谈不拢。富人家于是提着礼物去找邓析，请他想个办法。邓析告诉他们：放心，一定帮你们把尸体要回来。转过脸，邓析又找到打捞上尸体那家，给他们出主意，开高价。两边一撺火，把本来就已经很麻烦的事情，搞得更复杂了。邓析则两边骗，两边收，靠哄骗，吃两头。不仅如此，邓析还常常主动找到打官司的人家，以帮助诉讼为由，大肆收礼。收礼之后的诉讼，邓析把白的说成黑的，把黑的说成白的。一些在诉讼中本不获法令支持的一方，为把官司打赢，大把送礼，最后赢得官司。这一来，郑国大乱，民众议论纷纷，吵吵嚷嚷。

子产于是依据法令，将邓析处死，并将他陈尸示众，邓析私自制定的《竹刑》也废弃。这之后，民心才顺服，是非才分明，法令才施行。

公元前522年，子产去世。临终前他对继任者说："唯有德者能以宽服民，其次莫如猛。夫火烈，民望而畏之，故鲜死焉。水懦弱，民狎而玩之，则多死焉，故宽难。"

孔子听说后，流着泪说：子产的话讲得真好啊！政策宽和了人民就会怠慢，怠慢了就要用严厉来纠正。政策严厉会使人民受残害，受到残害又要用宽政来对待。用宽大调剂严厉，用严厉调剂宽大，政事因此调和。他赞道："子产，实乃古之遗爱！"

孙叔敖为相的站立点

孙叔敖，楚国期思县人，其父芳贾任楚国司马，战功显赫，被楚将越椒残杀，之后孙叔敖随母回期思老家避难。

史载，孙叔敖与沈尹茎很要好，他跟随父亲在楚国郢都生活了几年，没有什么显赫的名声。但沈尹茎很钦佩孙叔敖，认为他有才，能做大事。沈尹茎曾对孙叔敖说："说义以听，方、术信行，能令人主上至于王，下至于霸，我不若子也。耦世接俗，说义调均，以适主心，子不若我也。"沈尹茎给孙叔敖出的主意是，你别在郢都混了，先回老家耕田隐居，我在郢都帮你游说。

恰逢父亲被害，孙叔敖便随母归隐耕田。

五年后，楚庄王召见沈尹茎，打算任命他为令尹（相国）。沈尹茎便向楚庄王举荐了孙叔敖。他说：期思有个叫孙叔敖的草野之民，是个圣人，请用他为令尹，我的才华跟他不能比。

楚庄王听劝，派人用自己乘坐的车把孙叔敖接来，任命为令尹。十二年后，楚庄王成为春秋霸主。

在诸多典籍中，孙叔敖留下的治国理政的论述不多，也没有流传至今的至理名言。在我看来，是因为孙叔敖为相的站立点与众不同，他的站立点是民生！

淮河以南的寿春，是楚国粮食主产区，这里产粮的丰歉，对楚国的影响极大。归隐农耕的五年，成天与农田水利耕种打交道，使孙叔敖深深认识到，寿春是鱼米之乡，水源充沛，不怕旱，就怕涝，而洪涝水患是常客，几乎每年光顾，给农业造成的损失巨大，给民众造成的灾难严重。孙叔敖在令尹的位置上，亲自查看了淮河以南、淠河以东大片农田的旱涝情况，又沿淠水而上，翻山越岭，勘测来自大别山的水源。在做了大量的调研准备之后，他下达相令，在淮南一带征集民力，疏沟挖渠，把排涝防旱结合起来，科学调配水资源。选定淠河之东、瓦埠湖之西的大片长方形地带，根据南高北低的地势和上引下控的水流，实施大规模的围堤造陂，堤陂周长120多里，上引龙穴山、淠河之水，下控1300多平方公里的淠东平原，灌田万顷，使楚国的大粮仓从此旱不缺水，涝不淹禾。楚国于是"家富人喜，优赡乐业，式序在朝，行无螟域，丰年蕃庶"。

在建造的围堤长陂中，有一白芍亭，故名"芍陂"。

史载，孙叔敖耗尽了自己的俸禄和家财，吃住在工地，"粝饼菜羹，枯鱼之膳，冬羔裘，夏葛衣，面有饥色"。

清朝夏尚忠记："溯其初制，引六安百余里之水，自贤姑墩入塘，极北至安丰县折而东至老庙集，折而南至皂口，又南合于墩，周围凡一百余里，此孙公当日之全塘也。"

2600多年过去了，"芍陂"依在。北京故宫博物院副院长单士元，参观考察后不禁感慨，吟诗赞曰："楚相千秋业，芍陂富万家。丰功同大禹，伟绩冠中华。"

孙叔敖为令尹时，楚国通行贝壳形状的铜币，叫"蚁鼻钱"。楚庄王嫌这种钱币太轻，下令铸成大币。这一改，商人蒙受巨大损失，纷纷弃商，百姓也觉得不方便。一时间市场萧条，民怨四起。孙叔敖做了大量的市场调研后，面见楚庄王，提议恢复"蚁鼻钱"。楚庄王应允后，只三天，市场便复为繁荣景象。

楚庄王志向高远，凡事追求气派、高大、宏伟，以彰显自己的威风。他觉得楚国的车子太矮小，下令全国一律将车子造高造大。

把车子建高大不是坏事。楚国雨水多，车子矮小，常一下雨便陷泥泽。把车子建得高大，既便于趟过泥泞洼地，又有利于作战运输。但凭君王一令，叫全国的车子一律改大，民众不好接受，必会形成阻力，好事便不能做好。

事要办，还要办好，令尹孙叔敖想出了高招，他对楚庄王说：以君令行事，必会招致民众反感，不如把都市街巷两头的门槛做高，叫低矮的车子过不去。如此，乘坐车子的，到市街做买卖的，低矮的车子过不去，自然就会把车子建高大了。

楚庄王觉得这个办法好，着人把郢都街巷两头的门槛做高，没过多久，楚国的车子全都变成高大的了。

为使百姓殷实，孙叔敖根据楚国的实际，因地制宜，因势利导。

楚国山多，山上草木丰茂，成材的树和竹子很多。孙叔敖劝导百姓利用秋冬农闲季节，上山伐木砍竹，再利用春夏多水季节，通过水道运到市场卖掉。仅这一资源利用，便使得楚国民众收益颇丰。

在孙叔敖的辅佐下，楚庄王登上春秋霸主的高位。春秋时的霸主，更多的是打仗，炫耀武力，在各诸侯国间平事。因此，在军事上的助力辅佐，是各春秋霸主卿相的主要职责。

在辅佐侵伐上，史典对孙叔敖记载不多，只是《左传》记有一事。

楚庄王伐郑取胜后，晋国发兵救郑攻楚。楚庄王于是向孙叔敖问计，是战好，还是退好。孙叔敖答道：要是没有攻打郑国，与晋国交战是可行的。如今已经与郑国打了一仗，接着又去和晋国打，不合适，应班师。

楚庄王同意了，可他身边一个叫伍参的宠臣，反对孙叔敖的意见，坚持与晋国开战。孙叔敖批评伍参说：我们去年讨伐陈国，今年又打郑国，军队已很疲惫，如按你的主张还和晋国打，“战而不捷，参之肉其足食乎？”伍参则仗着楚庄王的宠爱，反驳说：如胜了，证明你孙叔敖是个无谋之人，如败了，我伍参的肉在晋军，你吃得到吗？在这种情况下，楚庄王发扬民主，叫各位将领把意见写到手掌心，主战者写战，主退者写退。摊开手掌一看，二十人主战，只有四位老将，其中包括主帅虞邱主退。楚庄王经过权衡，决定撤兵，原因是虞邱的意见与孙叔敖的意见相同。

伍参不死心，他利用宠爱，对楚庄王大肆鼓动。楚庄王便改变主意，决定攻打晋国，首战便被晋军打败，只好败逃，而晋军紧追不舍。危急时刻，杀出一队人马，楚庄王吓坏了，待近一看，原来是孙叔敖领来的救兵。孙叔敖预有准备，料定楚军必败，便事先做好了救援准备。在救出楚庄王之后，孙叔敖采取“宁可我迫人，不可人迫我”的策略，率军反击，一举挫败晋国中军，使得战局急转直下，晋军被杀得七零八落，在黄河岸边争先抢渡，甚至自相残杀，攀舷砍指，翻船落水者不计其数。后有诗云：舟翻巨浪连帆倒，人逐洪波带血流。可怜数万山西卒，半丧黄河作水泅。

孙叔敖在楚国为相，三上三下。他初为令尹时，父老乡亲前来祝贺。有一位老人，身穿麻布丧衣，头戴白色帽子，却前来吊唁，对孙叔敖说：身份高了，对人骄横无礼，民众就会离开他；地位高了，擅自用权，君王就会厌恶他；俸禄高了，不知足的人，祸患就等着他。老人特地嘱咐他，位高要谦，权大要慎，俸厚要廉。

《列子》也写到，狐丘地方的长老对孙叔敖说：有三件事常会招人怨恨，爵位高的，人们妒忌他；官衔大的，君主猜忌他；俸禄厚的，怨恨就会临头。

孙叔敖回答说：我的爵位越高，我将为人越谦卑；我的官衔越大，我将内心越谨慎；我的俸禄越丰厚，我将施舍越广泛。以此来免除三怨，行吗？

史书典籍特地记下这件小事，目的在于申明孙叔敖的为相定位，他当楚国的令尹，看中的不是高位，也不是丰厚的俸禄，而是民众的营生。升迁和恢复令尹时，他没有觉得是什么了不起的事，免掉令尹时，他也不觉得有什么失落悔恨。“三得相而不喜，知其材自得也；

三去相而不悔，知非己之罪也。”他的职位权力在一人之下，万人之上，却轻车简从，吃穿简朴，妻儿不衣帛，马不食粟，死后家徒四壁，连棺木都置办不起。

在后人传颂孙叔敖的故事中，有一则“贱人贵马”的故事：

相传楚庄王特别喜欢马，他的马享受特殊待遇，披锦绣衣缎，卧特制的软席垫上，马料非得用枣脯不可。对此，朝臣早有议论，但无人敢劝。

一天，楚庄王的爱马死了，他哀痛不已，决定用葬大夫之礼葬马。

这一来，众臣不说不行了，纷纷向楚庄王进谏，劝他收回成命。楚庄王则毫无更改之意，并下一道禁令：有敢再反对以大夫之礼葬马者，处死！

这道禁令一下，众臣全都封口。

宫中一孟姓优人（演员）却跪在朝殿之前仰天大哭，楚庄王问他为何大哭，优孟说：我听说大王您决定用葬大夫之礼葬马，这情薄了。我们堂堂楚国，想办什么办不到呢？因此我请求，用葬君王之礼葬马，这岂不更体面吗？

楚庄王一听很感兴趣，催他继续说。

优孟说：以雕玉为棺，文梓为椁，发动全国军民都来挖墓，再请各国君王都来吊孝，然后，盖座马王庙，庙主封万户邑，如此让全天下的人，都知道大王您是“贱人贵马”的。

楚庄王听到这里，醒过味来，当即取消禁令，将死马处置。

优孟的这一招，便是孙叔敖教的。他与优孟私交深厚。

故事还有续故事。

一次楚庄王设宴，百官陪同，令宫中优人歌舞。优孟一番筹划后，粉墨登场。

他一登场，满朝文武百官惊呆了，楚庄王更是呆若木鸡。突然，楚庄王扑上舞台，抱着优孟说：哎呀呀！这不是我的孙叔敖令尹吗！

优孟对楚庄王说，孙令尹早已离开人世，我这是穿着孙令尹的衣服装扮的。楚庄王说：我特别想孙令尹，不管你是不是，你就做我的令尹吧！

优孟卖个关子，说要跟妇人商量。故意兜一圈回来，对楚庄王说，我家妇人不许我当令尹。楚庄王问，何故？

优孟于是把扮演孙叔敖的用意，用其妇人之口说出来了：如今做官的可分两类，一类清，一类贪。做个贪官吧，遭人唾骂，落个可耻下场；做个清官吧，像孙令尹那样，活着无任何私心，死了也无任何好处。看他儿子，现吃没吃的，住没住的，还不是孙令尹为官清廉造成的吗？

楚庄王于是又醒悟过来，封孙叔敖的儿子为官，还有一片封邑。

这显然是后人为赞美孙叔敖而编的故事。

司马迁《史记》中所写的“循吏列传”，写的第一人便是孙叔敖。他写道：孙叔敖“三月为楚相，施教导民，上下和合，世俗盛美，政缓禁止，吏无奸邪，盗贼不起。秋冬则劝民山采，春夏以水，各得其所便，民皆乐其生”。

第四部分

素描之春秋

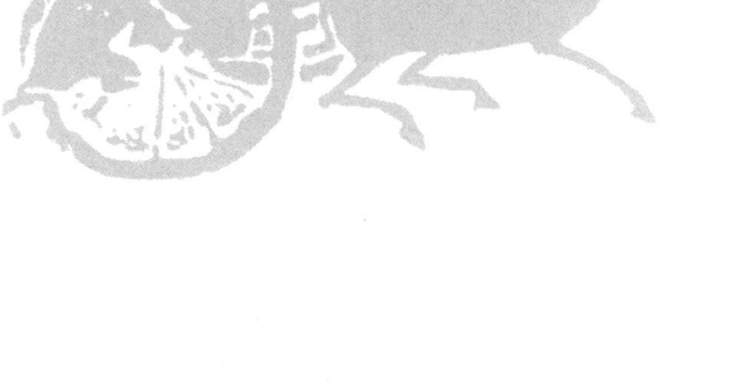

孔子说儿子孔鲤："不学《诗》，无以言。"为什么？

不只是鲁国有史官，各诸侯国都有史官，"君举必书"。他们敢秉笔直书，为后人记载真实的史实吗？孔子说，史官敢！齐国的史官，因为记载"崔杼弑君"，前赴后继，太史伯的脑袋落地，太史仲拿着写好的"崔杼弑君"来了，太史仲的脑袋落地，太史叔拿着写好的"崔杼弑君"来了，太史叔的脑袋落地，太史季拿着写好的"崔杼弑君"来了……

炎黄祖先"无罪推定"的法治理念，早于西方法治先进国家的年头，用手指扳着算不过来，得用计算机来算……

漫游在水里的鱼儿，见到西施浣纱，忘了游水，渐渐沉入水底；天空飞翔的大雁，见到西施浣纱，忘了展翅，掉落地上。华夏史上第一位美女西施，经历多少磨难，才跟范蠡跑的……

还有春秋的战争礼仪、炎黄祖先的见面礼、老祖宗对国宝的看法、拒收礼物的高招等等，今天的我们看来稀罕的事情，春秋都用最原始的素描，做了最精彩、最灵动的诠释。

不学《诗》，无以言

闲下来，读“四书五经”。说实话，有些能读懂，有些读个半懂，多数云里雾里读不懂。先读“四书”，查了不少字、词，以及事件、人物背后的注释，读懂个大概其。接着读《诗经》时，我决定不查字、词，不翻注释，硬读，看自己究竟能读懂多少，是个什么水准。一遍读下来，类似《关雎》《摽有梅》《蒹葭》等平时听得多，谱成曲唱的诗，还行，其余大部分读完等于没读，且越读不懂越烦，成了读书负担。回过头来再读，不认得的字查字典，不懂的词查注释，诗背后的历史纠葛翻资料，读得很辛苦，也很慢。倒是慢功出收获，有所得，也读进去了。

这么一读下来，给我一个强烈的感觉是，中华民族的文化传承，有一股强大的内生动力，这动力，有历朝历代政府的推动，有文化祖宗的讲学、著述，有庶民百姓的口口相传。至今在寻常百姓日常说话中广泛使用的成语、警句，诸如“执子之手，与子偕老”“天作之合”“新婚燕尔”“寿比南山”“投桃报李”“一日不见，如隔三秋”“不可救药”“同仇敌忾”“无所适从”“人无远虑，必有近忧”等等出自《诗经》的成语，人们在说的时候，几乎没人会想到出自《诗经》，更多的人也不知道出自《诗经》。这“没想到”“不知道”说明什么呢？说明中华民族的文化传承，已经融入炎黄子孙的血脉之中，已经习惯成自然了。

孔子曾问儿子孔鲤读过《诗经》没有，孔鲤说没读过，孔子说，“不学《诗》，无以言。”孔子说的是，不读《诗》，就不会讲话。当然，读《诗经》，不能读些成语便罢，更应往懂里读。

我的体会是，要读懂，首先要弄清它的来历。《诗经》是我国第一部诗歌总集，汇集了从西周初年到春秋中期五百多年的诗歌，共305首。《诗经》分风、雅、颂三类。风类，160首，主要是当时各诸侯国的民歌，是庶民百姓创作的。西周初年，中原一带有三千多个诸侯国，各诸侯国拥戴周天子做天下共主。虽然周天子对各诸侯国没有实际的控制力，但作为共主不能不端起共主的架势，搞出一些动静来。于是，周天子创设了一个制度，叫采风，令一些官员摇着铃铛到各地走，专门搜集民歌，再汇报给周天子。按照现在的说法，就是从民歌中了解社情民意。周天子令人将采集来的民歌配成乐曲，制成音乐作品，在社会上广泛唱颂。雅类，105首，是西周王畿的正声雅乐，分大雅、小雅。大雅是诸侯朝觐周天子时进献的诗歌，小雅是周天子设宴招待诸侯时演奏的乐歌。颂类，40首，是在宗庙祭祀时演唱的颂歌。由此可以看出，《诗经》广泛反映了当时社会的各个层面，称得上是古代社会的百科全书。到了春秋战国时期，天下大乱，各诸侯国不再拥戴周天子了，“世衰道微，邪说暴行有作”，风、雅、颂没有了，《诗经》也就没有再延续。孟子说：“王者之迹熄而《诗》亡，《诗》亡而后《春秋》作。”

弄清了《诗经》的来历和分类，实际是获得了读《诗经》的引领，能使人进入当时社会生活的不同层面而加深对诗歌的理解。

要读懂，其次要弄清它创作的历史背景。这对读懂风类诗歌尤为重要。

《诗经》是经孔子之手编定的。分析看，孔子编定前的诗歌比305首要多，据说西周初期三千多个诸侯国，一国一首，就三千多首。孔子之所以编定删减，可能是好些诗歌文学水准低，属白话类的打油诗、顺口溜，诗之无物。而更大的可能性，是不符合儒家提倡什么、反对什么的入选标准。《诗经》之所以被历朝历代推崇，并作为国学教材并入“四书五经”，是因为统治者治国理政需要。

《诗经》提倡什么、反对什么，仅读诗难以完全读懂，必须深入诗背后的历史纠葛中去寻找渊源。我们不妨选出两首诗来做个分析。一首是《新台》，诗如下：

新台有泚，河水弥弥。燕婉之求，籧篨不鲜。
新台有洒，河水浼浼。燕婉之求，籧篨不殄。
鱼网之设，鸿则离之。燕婉之求，得此戚施。

不查资料，仅从字面看，新台不知指什么台；河水不知哪条河；弥弥、浼浼，知道是流水的形容词；“鱼网之设”该说鱼了，却说大雁飞跑了。全诗读下来，不知所云。

再从查生僻字、不理解的词看，泚（cǐ）通玼，鲜明的样子；燕婉，形容美好；籧篨（qúchú）指用竹或苇编的粗席，一折就断，这里指残疾不能俯身的人，也指癞蛤蟆；洒（cuǐ）形容高峻；殄（tiǎn）通腆，形容美好、善意；戚施同籧篨。查完再读，还是云里雾里。

以上是我下的两遍功夫。以我的资质，还是读不懂。

读此诗，下的最后一遍功夫，是翻历史资料。《尚书》《礼记》《春秋左氏传》，以及《东周列国志》等老祖宗的著述中，断断续续把《新台》这首诗的内容说清楚了。

东周时的卫国，卫庄公的儿子公子晋，淫纵不检，品行极差。他还是储君的时候，就跟父亲一个叫夷姜的妾私通，还生了一个儿子叫伋。父亲卫庄公还在位，怕露馅，公子晋就把伋送到偏僻的农村，偷偷养着。卫庄公去世后，公子晋继位，成了卫宣公。当了国君了，谁也不怕了，公然宠信自己的庶母夷姜，带着她公开露面，还把伋从农村接回，立为太子，准备接替君位。伋十六岁那年，经人撮合，聘娶齐国齐僖公的长女宣姜。听说宣姜长得非常漂亮，卫宣公的老毛病又犯了，他把公子伋打发去宋国，自己则在宣姜路过的淇河边造了一个高台，也叫新台。新台造好后，卫宣公在台上等着，亲自迎接儿媳妇。一见这个亭亭玉立、有沉鱼落雁之美的小美人，卫宣公立即倾倒，并直接把她娶为自己的夫人。把儿子要娶的媳妇占为己有，这是十分丢人的事，为百姓不齿，有人便创作了《新台》给予讽刺。

搞清了这段肮脏的故事，再读《新台》，就能隐约读懂它的意思了：淇河边搭了一个新的楼台，河水在下面流淌，美丽的姑娘架设了一个渔网，本想捞鱼，不成想捞上一只癞蛤蟆。虽然我这个理解难以完整涵盖诗意，但总体上不偏。我以为，《诗经》里的每一首诗，通常能理解到这个程度，也就可以算读懂了。

接下来就更有意思了。

孔子在编定《新台》之后，紧接着又编了一首《二子乘舟》。诗如下：

二子乘舟，泛泛其景；愿言思子，中心养养。
二子乘舟，泛泛其逝；愿言思子，不暇有害。

仅从字面理解，该诗写的是两个公子乘船出行，这哥俩关系不错，相互惦念，还有些替对方担忧。这么理解应该没错。该诗读起来很平淡，没有什么特殊。但庶民百姓为什么要创作这首诗呢？它背后有什么故事？孔子选编这首诗的价值取向是什么？搞不清楚。

查了资料才知道，《二子乘舟》是《新台》的下篇，是卫国宫廷肮脏故事的延续。

该诗中的二子，一个就是太子伋。太子伋出使宋国回来，以为父亲为自己把媳妇娶好了，回来一看，傻眼了，原打算给自己娶的媳妇，成了自己的妈（庶母）了。太子伋心里窝火、恶心是必然的，但他长时间寄养在农村，从庶民百姓身上吸取了良好的道德素养，且性格温和敦厚，面对媳妇变妈这一伦理上的颠倒，没有表现出不满、怨恨，仍恪守孝道。宣姜成了卫宣公的夫人后，一连生了两个儿子，长子叫公子寿，次子叫公子朔。同父同母所生的这两个公子，性格截然不同。公子寿性格温和敦厚，与公子伋情趣相投，关系很好。公子朔则狡诈阴毒，野心勃勃，不仅瞧不起公子伋，而且对亲哥公子寿也不放在眼里。公子朔想接替卫宣公的君位，首先要搬掉的当然是公子伋，其次要搬掉的就是公子寿。于是他与母亲宣姜联手，经常在卫宣公面前讲公子伋的坏话，时间长了，卫宣公信了，便下决心除掉公子伋。

如何下手？机会来了。

公元前701年，齐国攻打纪国，齐僖公叫卫宣公出兵支援。岳父叫女婿出兵，女婿不能不听。于是卫宣公叫太子伋出使齐国，并授他标明身份的符节，在太子伋去齐国的路上，安排杀手，叫杀手见到佩戴符节的人就杀掉。就在卫宣公、宣姜、公子朔紧锣密鼓制造这一阴谋时，公子寿得到消息，急忙找母亲宣姜劝说，宣姜则用保父亲、保母亲、保弟弟脑袋的危言耸听，对公子寿封口。在这种情况下，公子寿清楚找父亲卫宣公去劝说也是白搭，便悄悄找到公子伋，把这一阴谋告诉了他，并劝他赶快逃命。公子伋也是经儒学培养出来的一个呆子，他对公子寿说："为人子则从命为孝，弃父之命则为逆子。"怎么劝也没用，公子寿只好另打主意，为太子伋送行。这个送行是生离死别，公子伋知道这一别绝无生还，心情郁闷，大口喝酒，把自己灌醉了。公子寿是有备喝酒，很克制，始终保持清醒头脑。公子伋醉倒后，公子寿解下他身上的符节，留下一封信放在公子伋身旁，驾船出发，朝着父亲、母亲、弟弟设计的陷阱走去。埋伏在途中的杀手，看到佩戴符节的公子寿，便把他的头割下来，装进了一个木盒。太子伋酒醒后，看到弟弟公子寿留给自己的信，信中说，他已取下符节，前去赴死，叫公子伋见信逃命。公子伋赶紧下令开船追赶，迎面碰上杀手开来的船，他跳到船上，看到公子寿的头颅，失声痛哭。他对杀手们说，我是太子伋，父亲卫宣公要杀的是我，你们现在杀的是我弟弟寿，赶快砍下我的头回去复命吧！杀手为了完成君命，又把公子伋的脑袋砍下来，装进一个木盒里。

同时给卫宣公送去两个木盒，两个公子的头颅，卫宣公说了一句人话：“宣姜误我。”

《二子乘舟》32个字，涵盖不了卫国宫廷的这一肮脏，但表达了对公子伋、公子寿的同情和咏颂。

孔子把《新台》和《二子乘舟》编在一起，提倡什么、反对什么的儒家价值取向十分鲜明。对于卫宣公还是太子时就与父亲的妾私通、生子的做法，以及将儿子要娶的媳妇占为已有的做法，孔子是坚决反对的，这不符合儒家的伦理道德，是为世人所鄙视的。对于太子朔觊觎储君之位，与母亲宣姜、父亲卫宣公设计谋害公子伋的做法，孔子也是坚决反对的，这不符合儒家君位传承的规矩，也不为庶民百姓所认同。对于公子寿的善良温厚，不参与父母和弟弟设计的阴谋，并毅然替哥哥公子伋赴死的做法，孔子是赞许的，这符合“朝闻道，夕死可矣”的儒学道义，也为庶民百姓普遍接受。对于公子伋，自己要娶的媳妇被父亲抢占而不表达怨恨，已知父亲设计将自己杀害的阴谋而毅然赴死的做法，孔子是大加赞扬的，这符合儒学君臣、父子、夫妻那套理论，父叫子死，子不得不死。诚如公子伋所说，不死就是不孝，不死就是逆子。

至于庶民百姓看二子赴死，与孔子的角度是不同的。诗歌把卫宣公比作癞蛤蟆，是说这只癞蛤蟆想吃天鹅肉，鄙视这一做法的态度，跃然于诗。诗歌用“中心养养”“不暇有害”对二子所表达的同情、担忧，是天地良心，是世间大爱，是人间真情。

《左传》中，引用《诗经》中诗歌的现象比比皆是，上至国君、相卿，下至大夫、学士，与人交谈、对人劝谏，包括外交辞令，大都引用诗歌。如郑国的子产“作丘赋”，一开始遭国人咒骂，子产的态度是“苟利社稷，死生以之”，并引用“礼义不愆，何恤于人言”的诗，为自己打气。再比如，楚国大夫无宇到楚王宫里抓逃犯，被宫殿管理官员拦住，他见到楚王后，开口就引用《诗经·小雅·北山》：“普天之下，莫非王土。率土之滨，莫非王臣。”用以说明，只要在“王土”之内，哪儿都可以抓罪犯。

孔子对《诗经》的评价是：“诗三百，一言以蔽之，曰：‘思无邪’。”

可以说，春秋时期，用诗歌引申道理，用诗歌强化正义，用诗歌申明大义，是一种普遍现象，也是身份、学识的一种高尚象征。

所以孔子说：“不学《诗》，无以言。”

史官的人格品位

春秋时期，无论是周朝，还是各诸侯国，都设有专门记载各自历史的史官。为了确保历史记载的连续性，史官大都世袭，爷爷是史官，父亲接着为史官，只要国家不灭亡，子子孙孙延续当史官。

孔子作《春秋》，做的也是史官的事。只不过孔子是根据鲁国史官原有的记载，以鲁国的历史为主线，有取有舍地把周朝乃至天下各诸侯国的重大事件一并记载。

史官的品行，决定了历史记载的真实与否，从根本上说，决定了华夏历史的真实与否！

在我看来，春秋离我们太遥远了。周天子分封天下时，一口气分封了多少个诸侯国，历史记载不一，有说一万多个诸侯国的，有说一千八百多个诸侯国的，还有说八百多个诸侯国的，不管怎么说吧，反正是在史书中露面的小国很多很多。例如，春秋中后期的楚庄王，一口气就吞并了三十多个小国。如此众多的大国小国、强国弱国，各国都有史官，负责本国历史的记载，他们能秉笔直书、实事求是地记吗？或者说，他们敢实事求是地记吗？从某种意义上说，历史是国君的历史，国君贤明，史官好当，也好记；国君暴戾，做的事见不得人，史官对他的暴行敢记录吗？

就说孔老夫子吧，他作的《春秋》，涉及鲁国的十二个世代，分为“于所见”“于所闻”“于传闻”三个历史阶段。“于所见”的三世，“于所闻”的四世，“于传闻”的五世。他发明的“春秋笔法”是对于“于传闻”世代的，历史翻去得早，就按实际情况来写；对于“于所闻”的，历史刚刚翻过去，就笔下留有余地了，写得也婉转了；对于“于所见”的，即亲身经历的世代，下笔就隐晦了，“微其辞”“痛其祸”，不直说了，带着浓厚的感情来写。

似孔子这等圣人且如此记载历史，还特地发明了“春秋笔法”，把真实的历史写得很隐晦，害得炎黄后人费了好大的工夫来研究，而那些小诸侯国的史官，敢秉笔直书、真实记载历史吗？

敢！

各国的史官用鲜血和生命，大写了这个“敢”字！为炎黄后人学习历史，提供了信赖依据。

公元前553年，好色之徒齐庄公接替君位。齐国出美女，大夫棠公的妻子就是一个大美人。棠公死后，大夫崔抒娶了这个美人。身为国君的齐庄公，后宫美女很多，但还是垂涎这个美人，经常跑到崔抒的府上，与其偷情。为了羞辱崔抒，齐庄公从崔抒的床上下来时，还顺手把崔抒的帽子拿走送人，炫耀自己把崔抒的女人搞到手了。

崔抒和另一个大夫庆封，在齐国的势力很大，可以说是权倾朝野，随时可以把国君扳倒。崔抒受到这等羞辱，当然不干，于是他寻找机会，对齐庄公下手。

公元前548年，莒国国君访齐，崔抒托病不去上朝，齐庄公则以探病为由溜进崔府，与崔抒的妻子调情，被崔抒早就布下的杀手，开弓射杀。

齐庄公一死，崔抒和庆封执掌朝政，把齐景公扶上国君的位置。齐景公初立，大权旁落，不敢造次，事事听崔抒和庆封的。

国君更替，是大事，需在史书上记载。于是崔抒把记录历史的太史伯叫来，明确叫他记上：齐庄公是病死的。

太史伯断然拒绝，他说：历史是不能胡编乱造的，按照事情的原本记录，是太史的本分。

崔抒万万没有想到，一个小小的太史都敢顶撞自己，顿时火冒三丈，凶狠地问道：那你准备怎么写？难道写我崔抒杀了齐庄公不成？

太史伯平静地回答说：等我写好了，你就知道了。

太史伯写好了，送给崔抒一看，气炸了，竟然写的是："夏五月，崔抒弑君。"

崔抒指着太史伯大吼：你要不想死，就把这个给我改了！

太史伯还是平静地回答说：要杀便杀吧，这个可不能改！

崔抒便把太史伯杀了。

太史伯死后，他的弟弟太史仲接替史官之位。崔抒把太史仲叫去，令他把这段历史重写。太史仲写后送给崔抒，崔抒一看，还是与太史伯写的一样："夏五月，崔抒弑君。"

崔抒大为惊叹，问太史仲：你难道不知道你哥哥是怎么死的吗？

太史仲平静地回答说：太史不怕死，只怕历史写得不真实！

崔抒又把太史仲杀了。

太史仲的弟弟太史叔接替史官之位，写的还是"夏五月，崔抒弑君"。

崔抒又把太史叔杀了。

太史叔的弟弟太史季接替史官之位，他写的还是"夏五月，崔抒弑君"。写完之后，他送给崔抒，说：你越是杀人来掩饰这段历史，这段历史越要出现在史书上供后人阅读，就算我不写，其他人也会写。你杀了太史，却没有办法改变历史！你越是杀人，越凸显你的残暴不仁！这些都是要记载下来的！

太史季说完，主动把脖子伸出来，等着崔抒来杀。

崔抒害怕了，他不得不放下屠刀，为自己狡辩说：我是为了保全齐国的社稷才担起这份责任，但愿看史书的人理解我的苦衷。

恰在这时，另一位齐国的南史氏带着同样写着"夏五月，崔抒弑君"的竹简前去崔抒府上。南史氏认为崔抒这个刽子手，照例会把太史季杀了，于是他前赴后继，明知此番前去还是送死，仍带着写好的竹简前去抗争。听说崔抒已经放过太史季，历史已经如实记载，才掉头回去。

我们今天从《春秋》《左传》上看到的齐国这段历史，是太史家三兄弟用生命和鲜血换来的！

不仅齐国的史官秉笔直书，其他国家的史官也不例外。如公元前607年，晋国大夫赵盾的侄子赵穿，在桃园杀了晋灵公。

晋灵公非常残暴，他在高台用弹弓射人，以观看群臣躲避弹丸取乐；厨师没有将熊掌炖烂，便把厨师杀了。赵盾反复对晋灵公劝谏，晋灵公很是讨厌，派人去刺杀赵盾。杀手一早潜入赵家，见赵盾早早穿好朝服，正闭目养神，等着上朝。杀手很感动，便没有动手。晋灵公还不放过，以请赵盾喝酒为由，埋伏甲士，打算刺杀赵盾，被为赵盾驾车的发现后，掩护赵盾出逃。晋灵公放出猛犬去咬赵盾，又被驾车的挡住。结果赵盾逃出来了，驾车的被杀。在这种情况下，赵盾打算逃离晋国，尚未走出国界，赵盾的侄子赵穿把晋灵公杀了，赵盾于是从晋国边境返回朝廷。

史官董狐记载："赵盾弑其君"，并将史书在朝廷出示，让群臣都看了。赵盾为自己辩解，董狐说：你身为执政大臣，出逃而未走出晋国，回朝又不讨伐逆贼，不是你弑君又是谁？

孔子于是赞：董狐，是个好史官，不以曲意隐讳作为记史的原则。

当然，孔子还说，赵盾是个好大夫，他如果走出国境，就不会蒙上弑君的恶名，太可惜了！

中华民族传统历史文化延绵至今，没有断代，没有灭绝，得衷心感谢誓死捍卫历史真实的炎黄史官！

石碏大义灭亲

卫庄公的宠妾生了个儿子，叫公子州吁，很得卫庄公宠爱，给他的俸禄很高，放纵他的为非作歹，国人很是厌恶。

卫庄公有嫡子，叫公子完，比公子州吁年长，人也厚道。在卫庄公把万千宠爱给予公子州吁的情况下，朝野都担心卫庄公不传位给公子完，而是公子州吁。于是，大夫石碏用“六逆”对卫庄公进行劝谏。

石碏讲的“六逆”是：从继位的法则看，公子完是嫡子，公子州吁是庶子，嫡子为贵，法定继位；从继位的顺序看，公子完年长，公子州吁年少，长子继位，符合继位顺序；从亲疏关系看，公子完是嫡子，公子州吁是庶子，所以嫡子更亲；从历史关系上看，公子完早就是卫君宫中之人，而公子州吁属妾生，进卫宫较晚；从情势上看，朝野认同年长的公子完，而不认同年少的公子州吁；从道义上看，公子完忠厚，公子州吁淫邪。如果不让公子完继位，就是“六逆”，违背常理，后患无穷。

卫庄公倒是表示叫公子完继位，但还是一如既往地放纵公子州吁。

国人更为恐慌。

但也有人视作机遇。

石碏的儿子石厚就视作机遇，密切与公子州吁的往来，什么坏事都敢做。石碏多次对石厚进行训斥，石厚却当作耳边风。他已经傍上了公子州吁，胆子大得收不回来了。

卫庄公去世后，公子完继位，号称卫桓公。

公元前719年，公子州吁杀死卫桓公，自立为国君。于是，公子州吁创作了春秋史上“弑”君的先例。他这个国君，也因此不被各诸侯国认可。

公子州吁当上国君后，国内的民生事宜什么也没有做，便打算报复郑国。因为郑、卫两国多次发生冲突，公元前721年，郑国就发兵打过卫国一次。公子州吁怀恨在心，联合宋、陈、蔡三国，攻打郑国，在郑国国都东门待了五天才回去。

一上台就打仗，国内的事务都没安排，卫国民怨沸腾。于是，公子州吁派石厚向石碏求计，问安定君位的办法。

石碏于是抓住了这个机会。

石碏对石厚说：朝觐周天子，就可以取得国君的合法地位，各诸侯国就会认可。有了合法地位，民众便会顺服。

石厚清楚，周天子正为公子州吁“弑”卫桓公恼火呢，你公子州吁想见就能见吗？

于是，石厚继续向父亲石碏请教：怎样才能见到周天子呢？

石碏抓住这个机会之后的谋划，是连贯性的。他说：去找陈桓公，他正受周天子宠信，而陈、卫两国相互和睦，如去请陈桓公出面，先到周天子那里代为请求，周天子就一定会接见。

讨得这一良策后，公子州吁带着石厚，还带上厚礼，前去陈国。

公子州吁和石厚前脚走，石碏便派人后脚到。石碏捎去话说：卫国地方狭小，我老头子也已年迈，做不了什么事了。到陈国去求情的公子州吁和石厚，是弑君的元凶，拜托你们趁机除掉他俩！

公子州吁是春秋时期弑君第一人，天下共讨之，陈国当然也不例外。因而当公子州吁和石厚一踏进陈国，便被抓了起来，并通知卫国速派人去处理。卫国派右宰丑赴陈，在陈国的濮地杀死了公子州吁；石碏派家臣獳羊肩，将儿子石厚杀了。

石碏就是这样，在华夏史上演绎了“大义灭亲”的千古佳话！

老祖宗的法治理念

公元前547年，即《左传》襄公二十六年载："赏僭，则惧及淫人；刑滥，则惧及善人。若不幸而过，宁僭无滥；与其失善，宁其利淫。无善人，则国从之。"这是调解晋、楚关系的大夫声子所说的一段话。

在这段话里，提出了一个重大的法治理念，即无罪推定。

解释一下这段话：赏赐过分，就怕奖励了坏人；刑罚滥用，又担心牵连好人。如不幸而出现过分，那就宁可多赏而不滥罚。与其对好人赏赐不当，宁可让坏人沾光。没有好人，国家将跟着受害。

声子这段话不是随便说出来的，而是有老祖宗传承的依据。

《夏书》载："与其杀不辜，宁失不经。"意思是：与其可能错杀无罪者，还不如放过有罪的，让其逃过刑罚。

三千年前炎黄老祖宗提出的法治理念，与今天世界上最超前的法治理念，竟然惊人地吻合。

不可否认，法治是春秋时期的"边角料"。春秋信奉以德治国，把法治看成治国的另类。以致郑国的子产"铸刑鼎"，把法令条文刻到刑鼎上以后，晋国的政治家叔向，毫不客气地提出批评，话还说得很难听。

虽然法治在治国理政中不唱主角，但这并不意味着炎黄老祖宗的法治理念落后。

我们不妨再往前翻翻，看看炎黄老祖宗的法治理念。

早在春秋之前，夏朝制定了《禹刑》，商朝制定了《汤刑》，周朝制定了《九刑》。在这些刑律中，有五听、八议、三刺、三宥、三赦的法条。

所谓“五听”，一是辞听，即观察分析当事人的辩辞；二是色听，即观察分析当事人的面部表情；三是气听，即观察分析当事人的气息；四是耳听，即分析观察当事人的听觉反应；五是目听，即观察分析当事人的眼睛。

所谓“八议”，一是议亲，指皇帝的亲族；二是议故，指皇帝的故旧；三是议贤，指有德行的人；四是议能，指有学问有技能的人；五是议功，指对国家有功劳的人；六是议资，指爵位高的人；七是议勤，指享受六百石以下俸禄且勤于公事的人；八是议宾，指宾客或各诸侯国的使节。“八议”主要是针对八方面人的特殊地位、特殊才能、特殊贡献，以及特殊身份，在他们犯罚量刑时，给予特殊关照或从宽处理的商议制度。

所谓“三刺”，即审理诉讼经三种询问程序后判决。一是询群臣，征求大臣们的意见；二是询群吏，征求各级官吏的意见；三是询万民，征求民众的意见。

所谓“三宥”，即犯人可以得到从宽处理的三种情况。一是弗识，指不懂法而犯法，因错误而犯罪；二是过失，指因疏忽大意而犯罪；三是遗忘，指忘记法律的规定而犯罪。

所谓“三赦”，即三种可以赦免的人。一是幼弱，指未满七岁，刑罚上无责任能力的幼年；二是老耗，指八十岁以上年老昏耗的人；三是愚蠢，指生下来就是痴呆或弱智。

此外，还有“法不刑有怀任（孕）新产”的法令，即怀有身孕，以及刚生完孩子的妇女，法律不予惩罚，等。

早在两千多年或三千年前的这些法令，虽然带有浓厚的封建色彩，权贵色彩，但也充分体现了炎黄祖先的智慧，特别是对于法律精神、法学理论，以及执法实践的正确把握。

鲍叔牙的大度与远见

齐桓公称霸，得益于管仲的辅佐。

管仲才华的施展，得益于鲍叔牙的大度和远见。

鲍叔牙与管仲自幼要好，二人家境都贫寒，两人一起玩的时候，管仲处处得到鲍叔牙的呵护。

为了改变家境的贫寒，鲍、管二人年轻时做生意。鲍叔牙发现，管仲虽不会做生意，但他的运气很好，只要他说的生意，准赢，而且赢利丰厚。而管仲在好些事上都表现出不大气，不磊落。比如，一次生意赚了钱，管仲趁鲍叔牙不在，把大部分钱揣进了自己的腰包，被鲍叔牙的家仆看到了。当家仆愤愤不平地把管仲偷钱的事告诉鲍叔牙后，鲍叔牙笑着说：这不叫偷，他家中有老母需要奉养，多拿点是应当的。且在之后的分红时，分给管仲的比自己多。

后二人一起参军，每次打仗，管仲都躲在鲍叔牙身后，且表现出一副贪生怕死的样子，受到一起参战人员的指责。每当这个时候，鲍叔牙都会站出来替管仲说话，且常说的是：管仲并非胆怯怕死，而是家中的老母需要奉养。

经历比管仲多，虑事比管仲也周全的鲍叔牙，凭着自己的大度和远见，看清了一个问题，即管仲的才智和谋略超群，是一位难得的治国之才。

齐僖公当政时，指派鲍叔牙辅佐公子小白，即后来的齐桓公，派管仲和召忽辅佐公子纠。当时的齐国已经露出了乱象，公子诸儿虽立为太子，但他品行卑贱，与自己的亲妹妹乱伦，不被国人看好，即便当上国君也好景不长；排在公子诸儿后面的公子纠，没什么本事，即便当上国君也做不成什么事。有能力当国君的是公子小白，对此，很多人都看不准，鲍叔牙也没看准，唯有管仲看准了。因而当鲍叔牙提出不愿辅佐公子小白时，管仲极力做工作，叫他辅佐好公子小白。

公元前686年，诸儿齐襄公被杀，公孙无知登上齐国国君之位，不几天后又被杀，齐国大乱。

于是鲍叔牙督促公子小白回国抢夺君位。

管仲和召忽督促公子纠回国抢夺君位。

对打的结果是，公子小白赢了，披上了齐桓公的君袍；公子纠输了，与管仲和召忽一起，逃到了鲁国。对打的过程中，管仲挽弓放箭，射到公子小白的衣带钩，鲍叔牙叫公子小白躺在地上装死，躲过了管仲的追杀。

齐桓公登上君位后，做的第一件事，就是叫鲍叔牙当相国。

鲍叔牙拒绝，他推荐的是管仲，并从诸多方面，阐明自己的才华不如管仲。

此时的管仲，跟随公子纠在鲁国避难。

接着又是鲍叔牙出使鲁国，把管仲要回齐国。

管仲在齐相的位置上，施展治国安邦才华，他出台的诸多政策，一开始齐桓公不赞成，众大夫也不赞成，在这种时候，总是鲍叔牙站出来力挺。

管仲感慨道：我年轻时与鲍叔牙做买卖，赚了钱我多拿，鲍叔牙不认为我贪；我曾为鲍叔牙谋划的事情失败了，鲍叔牙不认为我笨；我曾三次出仕为官，三次被君王赶走，鲍叔牙不认为我没出息；我曾三次参加作战，却躲在鲍叔牙的身后，他不认为我怯懦；我曾囚禁在鲁国，又是鲍叔牙把我救出来。生育我的是父母，理解我的是鲍叔牙啊！

齐桓公登上春秋霸主的高台后，召集管仲、鲍叔牙和宁戚喝酒，喝到尽兴时，齐桓公提议鲍叔牙敬酒，并献祝祷之辞。

鲍叔牙遵命，先敬齐桓公。他献给齐桓公的祝祷之辞是：“使公毋忘出奔在莒也。”说的是不要忘记逃亡在莒国受辱的情景。

献给管仲的祝祷之辞是：“使管仲毋忘束缚而在于鲁也。”说的是不要忘记被囚禁在鲁国的情景。

献给宁戚的祝祷之辞是：“使宁戚毋忘其饭牛而居于车下。”说的是不要忘记喂牛睡在车下的情景。

坦率地讲，鲍叔牙献的不是祝祷之辞，说的都是这三人走麦城的事，而且说得也不是场合。

但，这就是鲍叔牙的远见！

史载，齐桓公听后非常感动，与管仲、宁戚起身跪拜，说：“寡人与大夫能皆毋忘夫子之言，则齐国之社稷幸于不殆矣！”

鲍叔牙的大度和远见，成就了管仲，成就了齐国，使齐桓公威风八面地登上春秋霸主的历史舞台。

春秋的战争礼仪

春秋作战，是讲究礼仪的，被称为“军礼”。虽然战争的结果是鲜血横流，尸横遍野，但交战的时间很短，通常只打一两天。不管怎么打，战场的礼节还是要遵守的，如“不重伤”，即对负伤的敌兵，不再伤害；“不擒二毛”，即年龄较大，头上有黑发和白发的，不抓回当俘虏，等等。

公元前638年，宋襄公与楚军的泓水之战，在楚军尚未渡过泓水之前，宋军已经列好阵势。当楚军开始渡泓水时，司马子鱼劝宋襄公下令攻击，宋襄公“不可”；当楚军刚刚过河还未摆成阵势时，司马子鱼又劝宋襄公下令攻击，宋襄公又“未可”。待楚军摆好阵势，宋襄公才下令进攻，结果宋军大败，宋襄公的大腿还受伤。宋襄公的泓水之战，因此一直被后人诟病。

其实，春秋时作战所遵循的礼仪很多，且后人都难以理解。

拿晋、楚争霸之战中的礼仪来看吧!

邲之战，是楚国战胜晋国后称霸春秋的大战。

楚国的乐伯被晋军追击，他张弓还击，向左射马，向右射人，射得只剩下最后一支箭了，突然一只麋鹿出现在面前，他把剩的一支箭射向了麋鹿。晋将鲍癸追上来了，乐伯叫人把麋鹿献给鲍癸，说：现在不是献禽兽的季节，我冒昧地将它作为食物进献给你。鲍癸得麋鹿，停止追击，撤退而去，乐伯等人而免于被俘。

接下来，晋国的魏锜向楚军挑战，楚军的潘党追击他，追到荧泽时，看到六只麋鹿，魏锜射杀一只，献给潘党说：你有军务在身，负责猎取禽兽的人恐怕不能及时供应时鲜，我冒昧地将这只麋鹿献给你。潘党于是下令，不再追击。

战斗中，晋军有的兵车陷入泥坑，出不来了。楚军士兵追上来以后，不是乘机杀戮，而是教晋军把车前的挡板卸掉，把车从泥坑拖出来；马又陷在泥坑里出不来了，楚军又教晋军把军旗拔掉，放在车辕端的横木上，把陷在泥坑的马拉出来，使晋军得以逃脱。临逃跑时，晋军还对楚军大喊：我们可不像你们那样经常逃跑！

再往下看。

晋、楚的鄢陵之战，晋将吕锜射中楚共王一只眼睛，楚共王为报这一箭之仇，召来神射手养由基，但只给他两支箭。养由基用一支箭射杀吕锜，另一支箭在回来复命时交给了楚共王。

交战中，晋国的郤至三次遭遇楚共王的卫队，郤至知道楚共王就在卫队之中，于是三次脱去头盔，赶快离开。

楚共王不知他是郤至，只是觉得这个人很懂战时礼仪，于是派使者送去一张弓，说：战事激烈的时候，有一位身着金黄色皮军装的人，见到楚共王便脱去头盔，快步离开，这是个真君子，是不是受了伤？郤至则说：我跟随晋君来参战，托楚君的威灵，身戴铠甲和头盔，所以无法拜受楚君慰劳的旨意。我并没有受伤，对于君王的问候，我感到惭愧，因为战事的原因，我冒昧地向楚君作揖行礼。说罢向楚国使者作了三次揖才退去。

这次交战，楚国被打败了，但在礼仪上不输。

“晋楚邲之战”，楚国获胜，楚庄王对“武”作“止”“戈”的解释，并引述祖宗的诸多论述，阐明“武”的本意是制止暴力，消弭战争。

春秋是争霸之春秋，交战，只是亮肌肉，让对方看到自己肌肉发达，形成争霸的强势，战争的目的就算达到了。从这个意义上说，战争的本意是“止”“戈”，是为了制止暴力，消弭战争。因而在动用武力的过程中，最高的境界，自然不是动“戈”杀人，而是“止”“戈”弭战。

这，当是春秋时战争礼仪盛行的原因。

晏子“造”的故事

晏子，名婴，齐国人，先后相齐灵公、齐庄公、齐景公，长达半个多世纪。在本书的《晏子与春秋》中，主要探讨了晏子治国理政的做法和理念，本篇主要讲发生在晏子身上的一些故事。因为这些故事是晏子亲身经历的，故用“造”字冠之。晏子“造”的故事很多，本篇主要围绕他为官亲民，以及对个人财富的态度，讲他为官的操守。

欲满则凶

齐景公喝酒，田桓子陪侍，见晏子来了，田桓子便对齐景公说：晏子来了先罚他酒。齐景公问为什么，田桓子说：晏子穿着黑布朝服、麋鹿皮衣，乘坐的车子是陋车，驾车的马是劣马。他这么做是隐蔽君王的恩赐，所以要罚他酒。

齐景公同意。

晏子入席后，齐景公要对他开罚。晏子问为什么，田桓子说：君王赐予您卿相之位让您显贵，给您百万俸禄让您富裕，群臣中没有人能比得了您。可您穿黑色朝服，乘陋车，驾劣马，您这是隐蔽君王的恩赐，所以要罚您酒。

晏子说：是让我先喝酒然后再解释呢，还是先解释然后再喝酒呢？齐景公要求先解释再喝酒。

晏子解释道：君王赐予我卿相之位让我显贵，我不敢为显贵而接受，而是为了执行君王的命令；给我百万俸禄的恩宠让我家富裕，我不敢为富裕而接受，而是为了传达君王的恩赐。接着，晏子讲了古时贤君对臣僚的要求，即认真履行职责，把分内事做好，把百姓的事办好，才是为臣的要务。至于乘陋车、驾劣马，不是臣僚的罪过。晏子最后说：我因为有了君王的恩赐，父亲、母亲、妻系三族都丰衣足食，没有受冻挨饿的。此外，国内的贫困人家，因为我的接济，而能吃上饭的有数百家。请问，像我这样，是彰显了君王的恩赐呢，还是隐蔽了君王的恩赐呢？

齐景公听了很高兴，罚田桓子酒。

这个故事告诉我们：作为一人之下万人之上的齐国卿相，穿裘皮、乘豪车、骑良马，威风八面，彰显不了君王的恩德；只有兢兢业业，把事情做好，让庶民百姓过上好日子，才能彰显君王的恩德。

恤民辞官

齐国连下了十七天雨，百姓人家倒了不少房屋，断粮断炊的也不少，年老体弱的病倒起不来了。而齐景公夜以继日地喝酒，还派人到全国各地，召集善歌善舞者来陪侍。

晏子心急如焚，他把自己食邑的粮食分发给贫困人家，还特地把运载粮食的车马器具摆到路上，然后去见齐景公。他对齐景公说：老百姓饿得连酒糟谷糠都吃不上了，您却日夜不停地饮酒，您的马吃着国库里的粮食，您的狗吃着牛肉羊肉，您三宫里的众多姬妾，都有充足的精粮细肉保障。您还嫌不够，又派人到各地去召集能歌善舞者陪您取乐。我晏婴为相，手捧钱粮簿籍，跟随在百官行列之中，却让百姓饥饿而无处求告，使国君沉湎酒乐、荒废国政而不体恤百姓！我的罪过太大了，特请求辞官回家。

晏子说完，掉头便走。

齐景公推开酒杯，去追。天还在下雨，道路泥泞，无法追上，便驾车追赶。追上晏子后，齐景公下车，与晏子并行在雨中，诚恳地向晏子道歉，挽留他继续为相，并承诺打开国库，给民众分发救济粮。

晏子这才回去，派人巡视百姓。并规定：凡家有蚕桑之业而没有饭吃的，给他们一个月的粮食储备；无蚕桑之业的，给一年的粮食储备；无柴草的人家，发给他们柴草，使之足以应付到雨停为止；凡房屋不能抵御风雨的人家，发给他们钱款。晏子明令：这些事情务必在三天内办妥，否则追究不执行相令之罪。

这三天，齐景公搬出宫舍。

三天后，各路官吏报告完成差事的情况：贫苦百姓一万七千家，支用粮食九十七万钟，柴草一万三千车；房屋被毁坏的二千七百家，支用钱款三千。

三天后，齐景公搬回宫舍，减少膳食，收藏起琴瑟钟鼓等乐器，辞退后宫姬妾侍女三千人，把三名爱妾、四名爱臣赶出关外……

以贫困为师

齐国的庆封、崔抒弑了齐庄公，扶立齐景公之初，庆封当上了齐国的卿相。后因庆封专权作恶，被大夫们攻击而逃亡，庆封的家产被瓜分，也分给晏子一份，晏子不肯接受。

大夫子尾大惑不解，对晏子说：富，是人人所欲求的，为什么您没有这个欲求呢?

晏子说：庆封的食邑之多，足以满足他的欲求，结果导致他逃亡。我的食邑尚不能充分满足我的欲求，如增加我的食邑，把庆封的邶殿分给我，就充分满足了我的欲求，我这就离逃亡不远了。如果是这样，我原有的食邑也就没有了。晏子特地解释说：我不是厌恶富，而是害怕失去富。况且，一个人的富是有定数的，要用良好的道德修为来维持富的定数，使它既不废弃减损，也不无度扩张，这叫“有幅度之利”。

晏子在这里提出了富的定数问题，以及用良好道德修为维持这个定数的问题，与“富贵命定”的思维轨迹相吻合。

齐景公听说晏子不接受庆封的食邑，提出把平阴和槁邑赐给他，在这些食邑中，有十一个社是贸易集市，仅赋税便可使晏子的财富迅速膨胀起来。

晏子拒绝接受，不接受的原因是：齐君喜欢修建宫室，使得百姓的财力困乏；齐君喜欢游乐玩赏，还刻意打扮宫中美女，使得百姓更加贫穷；齐君还喜欢兴兵打仗，使得百姓濒临危亡。民众已经非常痛恨齐君了，所以齐君给我的食邑，我不敢接受。

齐景公问：那我拿什么赏赐给您呢？

晏子主动要了三项赏赐。一是，让渔业盐业进入市场，对关卡集市不收税；二是，对耕地的农民，只收取十分之一的赋税；三是，放宽刑罚，该判死刑的判徒刑，该判徒刑的判罚款，该判罚款的就免了。

齐景公实行晏子所要的三条赏赐，受到天下一致好评。大国君王说：齐国安定了；小国君王说：齐国不会再欺凌我们了。

史载：“晏子相齐三年，政平民说。”

齐景公的一个宠臣梁丘据，看到晏子吃的午饭没有什么肉，很清淡，便报告了齐景公。齐景公于是要把都邑封给晏子。

晏子不肯接受。他对齐景公说：富裕而不骄纵的人，我不曾听说过；贫困而不感到遗憾的人，这就是我。为什么贫困而不感到遗憾呢？因为我以贫困为老师。“今封，易婴之师，师以轻，封已重矣。”

在这里，晏子提出了一个前人没有提过的重大问题：以贫困为老师。

贫困这个老师能教给晏子什么呢？

能教给晏子勤劳，教给晏子节俭，教给晏子亲民、爱民。在贫困这个老师那里，晏子能听到民众的呐喊，看到民众的疾苦，感受民众的艰辛！如此教出来的学生为官执政，就能接上地气！

晏子在家吃饭时，齐景公派人找他说事，晏子便留下一起吃饭。这人没吃饱，复命时跟齐景公说了。齐景公于是派官员给晏子送去千金，还加上集市上的一大笔税款。晏子坚辞不受，送了三次，拒受三次。晏子说：我家三族都不穷，我家的财富还延及朋友，接济百姓。一个人进身为官时从君王那里获取钱财，隐退后得罪士人，死了以后钱财转移到别人手里，这是替人做管家的收藏行为。一匹粗布，一盆家常饭，我心中满足，赏赐就免了吧！

田桓子问晏子：您为什么三番五次拒绝君王的赏赐呢？

晏子回答说：接受君王的赏赐要有节制，这样得到君王的宠爱才会长久；俭朴安居处所，名声就会在外传扬。这是君子之所为，我这是向君子学习。

择宅的吉卦

晏子为齐国卿相之前，就住在靠近市场的一个小房子里，当上卿相之后，仍住那所小房。

齐景公想给晏子换一座大宅，便问：您家靠近市场，知道贵贱行情吗？

晏子回答说：知道。

齐景公问：什么贵，什么便宜？

晏子回答说：假腿贵，鞋子便宜。

齐景公脸色变了。因为是他严刑苛刻，不少罪犯被砍了脚，所以市场卖假腿的很多，且价格不菲。

这次谈话之后，齐景公下令减省了刑罚。

房子没换成，齐景公不甘心，趁晏子出使鲁国，下令把晏子家邻居的房子都拆了，空出地来，为晏子盖大宅。

晏子回国后，待在城外不肯进城，并派人禀告齐景公：满足我的贪欲而给我盖大宅子，这是加重我的罪过。

齐景公回话说：您现在住的地方环境恶劣，房子又小，想改善您的住房，满足我的心愿。

晏子派人回告说：我家的祖先告诫我们："不要用占卜去图好宅基，而要用占卜图个好邻居。"我们很满意现在的住宅。而我的邻居没氏的祖先也占卜，占卜的结果是，与我家为邻，很吉利。我如果扩大宅基，把没氏家赶跑了，不是废弃了人家的占卜吗？这不吉利，我不愿这样做，请恢复邻居的住宅。

君臣二人隔空对话，一来二去很多个回合后，晏子请田桓子帮助做工作，齐景公才勉强同意，恢复邻居的住宅后，晏子才回家。

齐景公还是不甘心，为了叫晏子搬出来，打算在宫内为他建个宅子，他的理由是："寡人欲朝夕相见。"

晏子还是拒绝，理由是："今君近之，是远之也。"过分接近，实际是疏远。

晏子"制造"的这一连串故事，向我们传递了一个重要信息：炎黄祖先择宅，占卜也好，看风水也好，主要是选择好邻居！

孔子也说："里仁为美，择不处仁，焉得知？"孔子说的是，为人处世应以进入仁的核心最美好。假如选择住宅，却不选择仁道，怎么能说得上有智慧呢？

恪守年轻的托付

妻妾成群，是春秋时君王、士大夫、名士的普遍特权，就连家里有些财产的乡佬，也不例外。

晏子作为齐国的卿相，且在相位达半个世纪之久，始终只有一妻。齐景公于是想把自己最宠爱的女儿，嫁给晏子。

为此，齐景公特地提出到晏子家饮酒，以促成此事。

到晏子家喝酒，晏子的夫人少不了忙前忙后。齐景公见到后，问：这是您的夫人吗？晏子答：是。

齐景公于是发出感慨：哎呀！又老又丑。

虽然这话说得极不礼貌，但齐景公说的是实话。晏子夫妇生活了几十年，即便他的夫人年轻时美若仙女，到如今也人老珠黄了。再说，晏子个子很矮，身子可能不足一米五，出使楚国时，楚王羞辱他，不让他从大门进，而是在大门口挖了个小洞，叫他从洞里钻进去。晏子当然不干，他说的是：如果我出使的是狗国，我便从这个狗洞里钻进去。反把楚国羞辱了一顿。当然，这个头矮小，不一定是晏子娶不到漂亮女人的原因，但至少是因素之一吧，毕竟晏子娶妻时，不是齐国卿相。

齐景公接着说：我有个女儿，又年轻又漂亮，让她充实您的内室吧！

这可是“天上掉下个林妹妹”，国君的心肝宝贝，国君亲自上门提亲，这要换成他人，还不得立马跪地叩首，谢主隆恩？

而晏子呢？他立即离座起身，恭敬且严肃地说道：我夫人如今确实又老又丑，可要知道，我与她共同生活的时间很长，我娶她时，她也是又年轻又漂亮。况且人本来就是以少壮托付于年老的，以漂亮托付于丑陋的。我夫人曾经托付于我，我也接受了她的托付，君王你能叫我背弃她的托付吗？

说罢，晏子拜了两拜，以示谢绝。

大夫田无宇路过晏子家，见晏子站在家门口，又见一个头发斑白的女人从屋里出来，觉得好奇，便走向前问：刚从屋里出来那人是谁呀？晏子说是我内人。

田无宇大为惊骇，说：你的爵位很高，食禄也很多，为什么还要这么老的妻子呢？

晏子回答道：我听说，抛弃老妻叫作乱，娶进少妻叫作淫。而见了美色便忘掉大义，处于富贵就丧失人伦，这叫违背道义。我晏婴不做这种事。

晏子在齐国名望很高，自然仰慕的人就多。有个从事手工的女子，仰慕晏子，托人对晏子说，她是东城外的草民，想投身晏子家做个小妾。

晏子不仅不见这个女子，还躬身自省，说：我身负治国重任，为民做主，却有女子想做我的妾，这不说明别的，只能是说明我有好色的表现，在行为上有不庸正之处了。

从此，他更加严谨，更加小心，严加修为。

离相的退法

晏子告老离相，把封邑退还。

齐景公说：齐国从先君丁公到现在，经历了许多朝代，没有一位大夫告老时退还封邑的，您这是坏了齐国的老规矩。

晏子解释道：古代侍奉君王的人，品德厚重的就接受俸禄，以体现君王的圣明；品德微薄的就退还俸禄，以体现臣下的廉洁。我品德微薄，却接受优厚的俸禄，这样做便玷污了我的品行。

齐景公不答应，说：辅佐先君的管仲，告老时，桓公赏赐他三处住所，福泽延及他的子孙。我也要赏赐您三处住所，福泽延及您的子孙。

晏子解释道：管仲辅佐桓公，使桓公的仁义高出天下诸侯，恩德遍施全国。我辅佐您，国家仅等同于其他诸侯，百姓中积聚了不少怨恨。这便证明我不能接受您的赏赐。况且，品德微薄而俸禄优厚，才智昏庸而家境富有，这是彰显污浊而违背道义的。

齐景公还是不答应，晏子便退出。再上朝时，晏子找个机会把封邑交了，还退还了一辆马车。

告老在家的晏子，不久便得病了，他自知寿命不长了，嘱咐妻子："吾恐死而俗变，谨视尔家，毋变尔俗也。"说的是要恪守家风，不能改变。

晏子死前，特地给儿子留了一封遗书，藏在柱子里，嘱咐妻子：等儿子长大了再给他看。

晏子的儿子长大后，从柱子里取出遗嘱。遗嘱写道："布帛不可穷，穷不可饰；牛马不可穷，穷不可服；士不可穷，穷不可任；国不可穷，穷不可窃也。"翻成白话即是：布帛不能竭尽，竭尽了就没有什么可遮身蔽体了；牛马不能竭尽，竭尽了就没有什么可使役的了；士人不能竭尽，竭尽了就没人可任用了；国家不能竭尽，竭尽了连窃国大盗都不会要了。

晏子留下的遗言，与魏国名士白圭论国亡"五尽"类似。所谓"五尽"，即"莫之必，则信尽矣；莫之誉，则名尽矣；莫之爱，则亲尽矣；行者无粮，居者无食，则财尽矣；不能用人，又不能自用，则功尽矣"。白圭认为，一个国家有此"五尽"，必亡。

坦率地讲，晏子留给儿子的这份遗嘱，有些出人意料。在我看来，似晏子这样的大家，留给儿子的遗嘱，似应如何尊儒重道而修身，如何律己而廉洁，富则通达天下，穷则独善其身之类。而他这份遗嘱，更像对齐景公的劝谏。

但连贯起来想，还是觉得蛮妥帖。晏子的一生，是恪守忠恕之道的一生，他始终坚守正直、忠义，不惧强权，不恋相位，不看君王的眼色，率性直谏。而他所作所为的内核，即是遵循事物的发展规律，既不及，又不过，中庸而行。这是他为相半个世纪的成功所在，也是他格外受齐景公宠信之所在，还是他受后世高度崇敬之所在。因此，在他行将告别人世之际，他最想告诉儿子的，即是行中庸之道，既不及，又不过。至于儿子是块什么料，将来能干什么，无关紧要。重要的是遵循为人处世之道。

晏子的一生，"造"了许多脍炙人口的故事，这些故事是鲜活的，以至今天听来，仍有现实意义！

列子“编”的故事

列子为了阐述他的道家学术，“编”了许多故事。这些故事，有纯粹想象臆造的；有传说的；有历史上确有其事，但经他加工改造的；还有用确实存在的史实，佐证他道家学术的。因为“编”，就有“关公战秦琼式”的人物场景，就有天马行空般翱翔的夸张想象，惊诞怪异，把人带入无限的远古、无限的想象空间遨游。

物物相生的玄乎

列子带弟子赴卫，在路旁用餐，有一弟子拂开一堆枯草，露出一个人的头骨。列子对弟子说：只有我和他知道，人是不曾生也不曾死的道理。

接下来，列子阐述了生死变化，即万物生生不息、变化无穷的道理。

他说：物类之中藏有极其微妙的变化密码，如青蛙变成鹌鹑，一得到水的滋润，又会长成细如断丝的𧄍草，还会在水草之间长出青苔；而在高旱之地，青苔便会长成车前草；车前草得到土壤和肥料的滋养，就会长成乌足草；乌足草的根会变成蛴螬虫，它的叶子就会变成蝴蝶；蝴蝶不久又会变成虫，这种虫在炉灶下，变成鸲掇虫；鸲掇虫一千天后变成叫乾余骨的鸟；乾余骨鸟口中的黏液又会变成斯弥虫；斯弥虫又会变为吃醋的颐辂；吃醋的颐辂从黄軦中生出，黄軦从九猷中生出，九猷从蚊蚋中生出，蚊蚋从腐烂的黄守瓜虫中生出……

列子所说的这一连串物物变化，玄妙至极，当今世人闻所未闻。

列子还不收口，继续说道：鹞鹰变成晨风鸟，晨风鸟变成布谷鸟，布谷鸟很久以后又变回鹞鹰；燕子变为蛤蜊，田鼠变为鹌鹑，腐烂的瓜变为鱼，老韭菜变为苋菜，老母羊变为猿猴，鱼卵变为虫子；亶爰山上的野兽自行怀孕，叫作类；河泽边有种鸟，两两相望就能产卵孵化，名叫鶂；男子相思，不娶而有所感应；女子怀春，不嫁夫而自行怀孕。他的证据是，后稷的母亲不就是踩了天帝的足迹而怀上的吗！还有，羊奚草和久不生笋的老竹相结合，老竹便生出青宁虫，青宁虫生出豹子，豹子生出马，马生出人，人老后就返归自然之中……

列子要阐释的道理是，万物的生命都生于大道，死后又复归于大道。问题是，这诸多链接而成的甲生乙、乙生丙，靠得住吗？与现代科学所研究的结论相吻合吗？

也许，这物物相生的密码，炎黄祖先掌握，今天的我们尚茫然不知！

血性物类的感应

列子认为，凡有七尺高的形骸，手脚的功能不尽相同，但头上生发，口中有牙，能直立行走的，就叫作人。人不一定没有禽兽之心，但因形貌相同而亲近。而身上有翅膀，头上长触角，张牙舞爪，高高地飞翔或在地上俯伏奔走的，就叫作禽兽。而禽兽不一定没有人心，但因形貌而被人疏远了。列子拿出的证据是，庖牺氏、女娲氏、神农氏、夏后氏，都长着蛇身人面、牛头虎鼻，有着不同于人的形貌，却具有大圣的品德。而夏桀、殷纣、鲁桓、楚穆，他们的形貌都与人相同，却怀着禽兽之心。

为了论证圣德与圣禽之心的不同，列子拿出大量事例予以佐证。

他说：黄帝与炎帝在阪泉的原野作战，黄帝率领的军队，以熊、罴、狼、豹、貙、虎为先锋，以雕、鹖、鹰、鸢等为旗帜，黄帝有这样的威力驱使禽兽。尧用夔为乐官，击石磬为节拍，百兽纷纷为之起舞；他演奏虞舜的《箫韶》曲九阕，凤凰也飞来朝贺，他以音乐招致禽兽。这说明，禽兽之心，与人没有不同，只是不能与人交流罢了。

列子认为，禽兽的智力并不比人低。雌雄结成配偶，母子相互亲爱；避开平地而藏身险峻，躲开寒冷而趋就温暖，居处则有群体，出行则成行成列，弱小的住里面，强壮的守巢外，饮水时互相提携，找到食物就呼朋引伴。这不正是禽兽智力的体现吗？太古的时候，禽兽与人同居同行，只是到了帝王出现的时候，禽兽见到人才惊恐四窜。人世间出现混乱后，禽兽就更是四散躲避祸害。东方有个介氏之国，国民能懂一些禽兽的语言，而太古时的圣人，则完全知晓万物的性情状态，完全听懂禽兽的语言。介氏国人把禽兽集中起来调教训练，像对待民众一样对待他们。在介氏国，凡有血气的物类，都按照朝会神鬼妖怪、招致八方人民、聚集禽兽昆虫的次序，接受圣人的教化而无一遗漏。

在这里，列子所揭示的是，凡有血性的物类，包括人，彼此间都有感应。人如果顺应道家所提倡的“道”，禽兽也能接受教化，与人和谐相处。

夸父追日与大禹治水

列子讲的故事，把夸父与大禹联系起来了。

夸父追逐太阳的影子，一直追到太阳落山之处的峡谷。这时，夸父渴了，就到黄河、渭河喝水。这两条大河的水被他喝干了，他还是渴，便朝北面的大泽跑去，结果在路上渴死了。夸父丢下的手杖，长成桃树，又连成一片桃林，且不断向外延伸，方圆达几千里。

夸父虽喝干了黄河、渭河的水，但天下的水他能全喝尽吗？物物相生，且数千里的桃林，润泽天地，生出水汽，生出云彩，还是会落下雨来。于是，天下大涝，大禹不得不去治水。

故事讲到这里，就不讲大禹如何治水了，而是讲他巡视九州的所见所闻。

大禹治水巡视，迷失了道路，走到另一个国家，这个国家地处北海的北面，距中国几千万里，叫终北国。大禹在终北国看到的是，这里常年没有风雨霜露，不生长鸟兽、虫鱼、草木。中间有一座山，叫壶领，样子就像个小口的陶罐，山顶有个口子，圆的，叫滋穴。滋穴里的水不断涌出，叫瀵，水的清新香过兰草花椒，滋味胜过甘泉美酒。水从滋穴涌出后，分为四股水道，流向终北国的各个角落，因而全国土地滋润，气候温和，没有瘟疫。人们的性格委婉和顺，不争不夺，不傲不忌，心地纯美，气质谦和。老少同居共处，不分君臣，男女一起游玩，无需媒妁和聘礼；人们沿河岸居住，不耕田也不收获，不织布也不穿衣，不夭折也不病疼，终百岁而亡；这里人丁兴旺，只有喜悦和欢乐，没有衰老和悲哀；人们喜好音乐，结伴而行，轮番歌舞。肚子饿了、精神倦了，就啜饮神瀵的泉水，但啜饮过量便会醉倒，十几天后方能苏醒。用神瀵之水洗澡，皮肤就滋润而光泽，留在身上的香气十几天才能消散。

后来的周穆王被幻化之人带到终北国，在那里住了三年。回国后周穆王怅然若失，精神恍惚，不饮酒也不食肉，连嫔妃侍女也不召见，过了好几个月才恢复正常。

把周穆王与大禹的所见所闻整合起来看，终北国无疑是个西方极乐世界，人们在尘世中渴望的一切美好，都能在终北国实现，且无需做任何努力。列子把这样一个虚幻的美好世界呈现在世人面前，还是在做一件事，即导入他所倡导的“道”，在他看来，只要循着他的“道”为人处世，无比美好的世界才能实现。

天地大观之说

列子“编”的故事，把商汤和夏革扯到一起了。

商汤连问了夏革几个问题，诸如“古初有物乎？”“然则物无先后乎？”“然则上下八方有极尽乎？”“四海之外奚有？”当问到“物有巨细乎？有修短乎？有同异乎？”时，夏革告诉他：

在渤海之东，不知几亿万里远的地方，有片浩瀚的海，深谷无底，叫归墟，天上地下八极九方的水，包括天上银河的水，都流进归墟。而归墟的水从不增多，也从不减少。海上有五座山，一座叫岱舆，一座叫员峤，一座叫方壶，一座叫瀛洲，一座叫蓬莱。每座山高低方圆达三万里，山与山相隔七万里，山上的楼台亭阁全用金玉所砌，奔跑的飞禽走兽皮毛都雪白，珍珠宝玉般的树木长满山，花朵和果实都滋味鲜美，吃了长生不老。山上住的都是神仙、圣人，他们每天在天上飞来飘去。但问题是，五座山都没有根基，常常随着波涛起伏，上下颠簸，来回漂移。仙圣们非常苦恼，便向天帝禀报。天帝担心这五座山漂流到西极，便令禺疆指挥十五只大鳌抬头顶住五座山，这五座山安稳下来了。可是，龙伯之国有个巨人，一抬脚便来到五座山前，一次垂钓便钓起六只大鳌。巨人把六只鳌背在肩上，回去后还烧灼大鳌的甲骨占卜。这一来，岱舆、员峤两座大山漂走了，漂到北极，沉入了海底。天帝勃然大怒，逐步削减龙伯国的版图，使其慢慢狭小；还逐渐缩短龙伯人的身高，使其变得矮小。即便如此，到了伏羲、神龙的年代，龙伯国人的身高还数十丈高。而从中州往西四十万里的僬侥国，人的身高只有一尺五寸；东北极的诤人，身高只有九寸；荆州南面有种冥灵树，以五百年为一春，八千年为一秋。终北国的北面有一片溟海，叫天池，池里有种鱼，鱼背就宽达数千里，鱼的名字叫鲲。那儿有种鸟，名叫鹏，它的翅膀如同天空中无边的云彩。江边生长着一种叫焦螟的虫子，成群聚集在蚊子的睫毛上栖息，人们仔细观察看不见它们的身影，夜里俯首倾听也听不见它们的声音。只有黄帝和容成子，住在崆峒山上，斋戒三个月后，才看到焦螟的身躯像嵩山的丘陵，用元气去聆听，才听到它们的砰然作响，像天上的雷电轰鸣。吴楚两国的柚，果实是丹红的，略带酸味，服用它的果皮和果汁，能治愈痉挛和昏厥。如果把柚移栽到淮河北岸，柚就变成酸涩的枳。夏革最后说，万物的形体气质各有差异，我如何识得它们的大小、长短、同异呢?

列子搜罗旷古奇闻，用超逸绝尘的神话传说，通过夏革之口，极言天地广阔无垠，万物繁荣驳杂，目的是，教育人们突破囿于视听的浅薄常识，消除种种流于事物表象认识的分歧，确立认识世界“默而得之，性而成之”的观念，进而导入他所倡导的“道”。

周穆王的梦游

周穆王是个圣君，所以在列子“编”的故事中反复出现。

圣君周穆王，得一个西方极远国家具幻化之术的人，此人能潜身水火，穿过金石，颠倒河山，移动城池，千变万化，不可穷尽。关键是，此人还能改变人们的所见所想。

周穆王崇敬他就像崇敬神灵，侍奉他就像侍奉君王。让出最好的宫室给他住，拿祭祀用的牛、羊向他敬献，选能歌善舞的美女供他娱乐。幻化之人却认为穆王的宫殿卑微简陋无法居住，食物腥臭无法享用，美女丑陋无法亲近。于是周穆王为他另建新宫，装饰得极致豪华，食物都是各地奉献的上乘佳馔，美女都是从郑国、卫国挑来的绝世佳丽，但他还是不屑一顾。

一天，这个幻化之人邀周穆王到他家去游玩，于是周穆王牵着他的衣袖，腾空而上，来到他家。他家宫殿全用金银构造，珍珠装饰。宫殿耸立于云雨之上而不知下面用什么支撑，耳闻、目见、鼻嗅、口尝，都是周穆王从未接触的东西。他领着周穆王玩游的地方，抬头不见日月，举目不见山河，可光影照耀之处无法逼视，音响回荡之源无法耳听。周穆王感到害怕，要求回家。这个幻化之人将他推了一下，便瞬间坠落人间，睁眼一看，还是原先的宫殿陈设，连喝的酒都尚未澄清。

从此周穆王懵懵懂懂，神情恍惚，三个月才复原，他问幻化之人究竟是怎么回事。

幻化之人告诉他：我与您在梦中神游，何曾动过呢？您习惯于恒久的实有，疑惑于暂时的虚无，事物变化的极致，时光流逝的缓急，又怎能参透把握呢？

于是周穆王怠于国政，也不再迷恋臣卜姬妾，肆意到远方遨游。他乘坐由八匹马拉的车，奔驰千里，来到巨蒐国，国王给他饮用白天鹅的鲜血，用牛马的乳汁供他洗脚。接着出发，登昆仑山观赏黄帝的宫殿，观五彩缤纷的花和祥云。接着又出发，到西王母那里做客，在瑶池畅饮，西王母为他唱歌，他随着音乐和唱，歌声哀婉动人。一天下来，行程万里。

周穆王尽享人间的欢乐，他离开之后，世人都认为他登上仙境了，其实他死了。

毫无疑问，周穆王的梦游，比现实更享受，也比现实更开阔。列子从无限宽广的宇宙天地，引导人们超尘入“道”。

孔子版的“塞翁失马”

列子“编”的大量故事，给后人提供了想象发挥的广阔空间，如杞人忧天、夸父追日、愚公移山、鲲鹏展翅、扁鹊换心等。桃花源记、塞翁失马、疑邻盗斧等，变换不同的场景，不同的主人公后，也出现在他所“编”的故事之中。

下面听列子讲孔子版的塞翁失马。

宋国有个三代施行仁义的人，家里喂养的一头黑母牛，竟然生出一头洁白的小牛犊，不知是凶是吉，便去请教孔子。

孔子说：这是吉祥的好事，可以把它进献给天帝。

宋家人照孔子说的做了。

一年后，宋家的父亲，无缘无故眼睛瞎了。

不久，那头黑牛又生出一头洁白的小牛犊。接连发生这种怪异的事，使得宋家人疑惑恐惧。于是，又去请教孔子。

因为父亲的眼睛瞎了，便派他的儿子去。

儿子不愿去，说上回去问他，他说是吉祥之事，结果您的眼睛就瞎了，还去问他干吗？

父亲说：圣人的话往往先与现实悖逆，过后才会应验。咱家发生的这些事，尚未最终揭晓，不妨再去请教。

儿子无奈，只得按父亲的嘱咐去做。

孔子还是说：这是吉祥的好事，并还叫他们把小白牛进献给天帝。

儿子显然不情愿，但父亲坚持按孔子说的做。

一年后，儿子的眼睛无缘无故瞎了。

可以想见，宋家儿子对孔子说的话彻底不信了，而父亲也许还信，也许半信半疑，也许不信了。

没过多久，楚庄王率军伐宋，包围了宋国的国都，且一围便是很长时间。国人积存的粮食吃光了，柴草烧尽了。没有可吃的了，只得相互交换孩子来充饥；没有可烧的了，只得劈开尸骨当柴烧。成年男子全部登城守御作战，绝大多数战死了。而宋家父子都是瞎子，因不能参战而幸免于难。

关键是，待楚军解除包围，宋人恢复正常的生活后，宋家父子瞎了的眼睛，重又复明了。

列子讲的这个故事，虽所揭示的是祸福相倚的辩证法，但有两个节点，不能不格外注意。

一个是，列子一开头便说，宋家“好行仁义”“三世不懈”。这就是说，宋家是个仁义之家，且坚持不懈。这是祸福变化的前提，多年行善积德，积的是福报啊！

一个是，宋家父亲说的“圣人之言先迕后合”。孔子当然是圣人，但今天我们也可理解为有学识、经历阅历丰富的老人、长辈。年轻人因为学识浅陋，经历阅历简单，所以遇事不能自作主张，还是要多听听老人、长辈的意见。

列子是道家始祖之一，宣扬传播道家学术，是他讲故事的基本出发点。作为炎黄子孙，我们不得不由衷地钦佩他的学识，特别是他寓大道理于故事的丰富想象力。虽然好些故事怪诞离奇，但它留给我们多么丰富博广的思维空间，多么强烈的好奇追索啊！也许当今世界诸多不惑的开解密码，就蕴藏在列子所讲的怪诞故事之中。

吕不韦“讲”的故事

河南商人吕不韦，通过商业化运作，登上秦国丞相高位。公元前239年，也就是秦王政即将亲政的前两年，吕不韦召集天下名士，共同编纂了《吕氏春秋》。作为主持人的吕不韦，已经看清秦国一统天下是大势所趋。统一后的秦国当如何治理，当实行什么治国方略以保秦国长治久安？这是吕不韦谋划的重点。《吕氏春秋》集中体现了他的这一谋划，从哲学、政治、经济、文化等诸多方面，提出了一统天下的秦帝国的治国纲领。虽然该书成书于战国时期，但书中所“讲”的大量故事，却是先秦乃至炎黄老祖宗创作的。

周武王伐纣的故事

——兼论诚信

周武王伐纣之前，派人刺探殷商的情况，刺探的人回来禀报：殷商大概要出现混乱了。

“大概”之说靠不住，于是周武王问：它的混乱达到什么程度？

刺探回答：邪恶的人吃香，忠良的人受打压。

在周武王看来，仅此，还不能说明殷商已经混乱到极点，于是再派刺探去了解情况。

刺探回来禀报：殷商混乱的程度加重了，贤德的人都出逃了。

在周武王看来，殷商的混乱是加重了，但尚未混乱到极点，于是再打发刺探去了解情况。

刺探回来禀报：殷商的混乱进一步加重了，寻常百姓都缄口不语，任何批评的话都不敢讲了，连怨言牢骚都不敢发。

周武王听了很高兴，赶紧找太公望，把殷商的这种情况告诉了他。

太公望听后说：邪恶的人胜过忠良的人，叫作暴乱；贤德的人出逃，叫作崩溃；老百姓不敢讲批评、怨恨的话，叫作刑法苛刻。这么看来，殷商的混乱到达了极点，已经无以复加了！

周武王于是挑选战车三百辆，勇士三千人，发兵伐纣。

周武王的军队到达鲔水时，纣王派大臣胶鬲刺探周武王的军队情报。胶鬲原是殷商的隐士，因为贤能，经周文王推荐为纣臣。

周武王在鲔水接见了胶鬲。一见面，胶鬲就开门见山，问：您的军队将开到哪里去，请不要欺骗我。

周武王答：不骗你，我的军队将开到殷都。

胶鬲问：哪天到达？

周武王答：将在甲子日到达殷都郊外，您回去禀报纣王吧！

胶鬲走后，连天降雨，昼夜不停，军队行走困难，士兵被雨淋得非常疲惫，于是很多将领提出停止行动，等雨停后再走。

周武王不同意，他的理由是：如果不能在甲子日到达殷都郊外，胶鬲将被纣王处死。冒雨进军，按时到达，才能使胶鬲免死。

甲子日那天，周武王的军队抵达殷都郊外，纣王的大军早已摆好阵势，在那里等待开战了。交战的结果是，纣王大败，周武王大胜。

周武王率军进入殷都，安葬死者，救治伤者，安抚民众。这一切安排妥当后，他开始寻找殷商的贤士，多方打听，找到一位德高望重的人，特地登门拜访。

周武王讨教的问题是：殷商灭亡的根本原因是什么？

德高贤士回答说：您如果想知道，那就请明天中午之前再来。

第二天一早，周武王特地约上周公旦，一同来到德高贤士家。可屋内空空，人不见了。

周武王大惑不解，准备派人去找，周公旦拦住了，他说：这位德高贤士已经把殷商灭亡的原因告诉我们了。

周公旦的解释是：这位德高贤士，以讲君主的坏话为耻，但他又不想背弃自己的承诺，不把您提问的答案告诉您，所以，他用自己违背承诺、不守信用的做法告诉您，这就是殷商灭亡的根本原因。

这位德高贤士给周武王的回话方式，只有似周公旦这等炎黄圣贤才能破译。

炎黄先祖就是这样，讲诚信讲到极致，连军队进发的目的、军队到达的时间等最高军事机密，都毫不掩饰地告诉敌方，即便在遭遇连天降雨的情况下，也要以疲惫官兵的艰难前行，捍卫自己的承诺。那位德高贤士的隐晦方式，最终恪守的还是两个字：诚信！

伯夷、叔齐的故事
——兼论节操

孤竹国国君有两个儿子，大儿子叫伯夷，二儿子叫叔齐，国君打算把君位传给次子叔齐，叔齐不接受，要让给哥哥伯夷。兄弟二人都不肯继位，相继逃跑。二人听说西边有个西伯，是位贤人，便决定投奔。当他二人走到岐山之南时，西伯（周文王）已经死了，周武王继位。

周武王宣示周德，派周公旦去寻找商朝贤臣胶鬲，起草了内容相同的三份盟书，把牲血涂在盟书上，内容是让胶鬲俸禄增加三级，官居一等。周武王又派召公去寻找微子启，同样准备了内容相同的三份盟书，把牲血涂在盟书上，内容是让微子启世世代代做诸侯之长，奉守殷的各种祭祀，允许他供奉桑林之乐，并将孟诸作为他的私人封邑。

周武王的这些做法传到伯夷、叔齐耳朵后，两人相视一笑，说：

嗐！跟我们原来听说的不一样嘛！这不是我们要遵从的道。

他兄弟俩还从周武王的宣示中，挑了许多毛病。

一个是，给胶鬲和微子启“行货”，即盟誓中“加富三等”“宜私孟诸”等，属于行贿，这不是君子所为。

另一个是，“扬梦”，即宣扬迷信。周文王伐商之前，其妻太姒做了一梦，梦见商庭长出荆棘，其子姬发取来周庭的梓树，植于宫阙之间，突然梓树化为松柏棫柞。太姒惊醒，告知文王，文王听后叫醒姬发，在明堂拜谢吉梦。在周德宣示中，把这个梦说成是兆示姬发从皇天上帝那里承受了商朝的天命。对于这种公开宣扬迷信的做法，为伯夷、叔齐不齿。

这哥俩说：看到殷商邪僻淫乱，周武王便急急忙忙去纠正它，替它治理，这是崇尚计谋，借助贿赂，倚仗武力，维持威势；把杀牲盟誓当作诚信，企图以此彰显德行；宣扬吉梦来迷惑众人，靠屠杀攻伐攫取利益，这是用悖乱代替暴虐。在这种情况下，与其依附周而玷污自己的名节，不如避开它保持自己的德行高洁。于是，这哥俩向北走去，走到首阳山下，靠野菜树皮充饥。

史载，后有多事之人，见到这哥俩，说你俩不是不食周粟吗？这首阳山是周朝的了，你俩吃的野菜树皮，还是周朝的。二人于是连野菜树皮都不吃了，活活饿死。

吕不韦讲的这个故事，底蕴极其复杂，对周朝开国圣贤的揭露也极其深刻。赞扬伯夷、叔齐，无非是说，这二人看待自己的节操，比生命还重要。

让君位的故事

——兼论道不同不与谋

舜把帝位让给自己的朋友石户之农，石户之农却说：“棬棬乎后之为人也！葆力之士也。”石户之农丝毫没有接替帝位的意思，而是说舜帝不知疲倦，只不过是个勤劳任力之人，品德并不完备。为了表明自己对帝位的态度，石户之农背着家里的用品，他的妻子头顶着一些东西，领着孩子躲到海岛隐居，终身不再见舜。

舜又把帝位让给自己的另一个朋友北人无择，北人无择说："异哉后之为人也！居于畎亩之中，而游入于尧之门。不若是而已，又欲以其辱行漫我，我羞之。"用现代话说即是：君王您真是与众不同啊！你本来居住在乡野，却跑到尧那里继承了帝位。如果仅是如此也就罢了，您却用您的耻辱来玷污我，我对此感到羞耻。北人无择不堪舜以帝位相让的耻辱，跳到苍领的深渊中没有浮起来。

在这两个故事里，吕不韦用石户之农和北人无择拒绝帝位的所作所为告诉炎黄后人，真正的节操高尚、品行坚贞是：看待天下，如同看待天外之物一样；看待财富，如同看到不吉利的事物一样。在这种节操高尚之人眼里，圣贤舜帝，品德并不完备。

接下来，吕不韦又讲了商汤让位给另两人，同样遭到拒绝的故事。

商汤将要伐桀，特地找卞随商量，卞随谢绝道：这不是我的事。

商汤问：找谁可以谋划呢?

卞随答：我不知道。

商汤于是找务光谋划，务光说：这不是我的事。

商汤问：我找伊尹怎么样?

务光答：我只知道伊尹勤奋做事，忍辱负重，其他的就不知道了。

商汤于是找伊尹谋划，最终战胜了夏桀。

接下来便是让位了。

商汤先是把王位让给卞随。

卞随谢绝道："后之伐桀也，谋乎我，必以我为贼也；胜桀而让我，必以我为贪也。吾生乎乱世，而无道之人再来詬我，吾不忍数闻也。"卞随谢绝的原因，是商汤误解了他，以为他贼（残忍），以为他贪，且两次受到污辱。

商汤这一让，让出一条人命，卞随跳颍水自尽了。

商汤不甘心，又把王位让给务光，还从王位如何重要的高度，对务光进行了一番劝说，他如是说：对于王位，聪明的人谋划它，勇武的人实现它，仁德的人享有它，这是自古以来的法则。您居王位，我来辅佐！

务光谢绝道："废上，非义也；杀民，非仁也；人犯其难，我享其利，非廉也。"务光特地强调：废弃君王桀，战争杀死很多人，别人冒作战的危险，我享受战争的利益，这不符合道义。不符合道义，就不能接受利益；不符合道义的社会，就不踏上它的土地。更何况让我为王，处于尊位，我不忍心看到这种情况。

商汤这一让，又让出一条人命。务光背负石块，沉没在募水之中。

讲了这四个故事之后，吕不韦从节操、品行等方面，对四位贤士进行了一番赞赏。继而笔锋一转，又对舜、汤进行赞扬，说这两位圣贤无所不包，无所不容，他们发起的对纣、桀的征讨，是应时而有的迫不得已之为，是把为万民谋利，作为义的最高准则。

吕不韦的这个笔锋一转，是可以理解的。因为他主持编写的《吕氏春秋》，是为秦帝国一统天下而制定治国纲领，不这么把笔锋转过来，就有悖自己主持写作《吕氏春秋》的本意了。

遭遇龙的故事

——兼论不动私念害天理

楚国有位叫次非的人，在干遂得到一把价值连城的宝剑，他爱不释手，他人也极其羡慕。

一次过长江，次非把宝剑别在腰上，还特地用衣裳盖着，端坐在船舱。船到江心，突然两条蛟龙出现在船的两边，顿时狂风大作，浊浪滔天，船上的人都恐惧惊慌，魂飞魄散。

次非问船老大，你划船这么多年，见过两条蛟龙围绕着船翻滚，而船上的人都能活命吗?

船老大也已吓得半死，连连摇头说：从未见过！从未见过！

次非于是捋起袖子，伸出胳膊，撩起衣服，拔出宝剑，对船上的人说：我将跳下水去与蛟龙搏斗，我至多不过成为江中的腐肉和朽骨罢了。如果丢掉宝剑能保全大家，我又何必舍不得宝剑呢？说罢跳入江中，奋力与蛟龙搏斗，终于把两条蛟龙都杀死了。

船上的人都得救了，次非的宝剑也完好无损。

楚王听说后，特地封次非执圭之爵。

孔老夫子听说后赞曰：“夫善哉！不以腐肉朽骨而弃剑者，其次非之谓乎？”

接下来，吕不韦又讲了一个大禹遇见龙的故事。

大禹南巡，渡江时，一条黄龙把他所乘的船驮起。风高浪急，船左倾右覆，船上的人都吓得面如土色。大禹仰面朝天，无限感慨地说：“吾受命于天，竭力以养人。生，性也；死，命也。余何忧于龙乎？”黄龙扯着耳朵听了大禹的话后，摇着尾巴走了。

吕不韦讲的这两则与龙遭遇的故事，所要揭示的道理是，人和物都是阴阳化育而成的。天地本来就有衰微、亏缺、毁弃、隐伏，兴盛、聚积、盈余，人也就避免不了困顿、窘迫、贫穷、匮乏，充足、富饶、显贵、成功，这都是天地万物的规律。面对这样的规律，正确的做法是不动私念而伤害天理，直面现实，安然以对。如动以私念，自顾保命，命就休矣！

遇到危险时不动私念，治理国家，不更需不动私念吗！

屠黍预测的故事

——兼论国家兴衰定律

晋国太史屠黍，带着晋国的图录法典逃到周朝，原因是晋国的国君骄横暴戾，不讲德义。周威王接见屠黍时问：天下诸侯，谁将先亡？

屠黍说：晋国。他讲的原因是：晋君暴戾，使得大夫不敢直言劝谏，屠黍看着焦急，便拿天象的异常，日月星辰的运行不合度数，出现反常的现象，对晋君进行启发。晋君听后，满不在乎地说，这又能怎样？这一招不行，屠黍换了一招，拿人事处理大都不符合道义，百姓烦闷怨恨的情况启发晋君。晋君听后，还是满不在乎地说，这又有什么妨害？屠黍不放弃，又换了一招，拿邻国不服，贤士得不到举用的情况启发晋君。晋君听后，更是满不在乎地说，这又有什么可怕的？最后屠黍再次强调，天下诸侯，晋国先亡！

周威王听了半信半疑。三年后，晋国果然灭亡了。

周威王立马召见屠黍，问：接下来，哪个国家要灭亡？

屠黍答道：中山国。他讲的原因是：上天生人男女有别，这是人伦大义，是人与禽兽不同的地方，也是君臣上下所以确立的基础。而中山国的习俗，以日为夜，夜以继日，男女耳鬓厮磨，相互偎依，没有止息，纵情安逸享乐，唱歌喜好悲声。对于这种习俗，中山国国君不予导化，也不知厌恶，故中山国要接着灭亡。

周威王听了有些相信，但也还是抱定走着瞧的态度。

两年后，中山国灭亡。

这一来，周威王信服了，赶紧召见屠黍，问：接下来哪个国家将灭亡？

屠黍望着周威王，不予回答。

在周威王的再三催促下，屠黍冷冷地说：您接着要灭亡了！

周威王吓了一跳，脑子一片空白，傻傻地望着屠黍。冷静下来之后，周威王遍访国中德高望重的贤士，得到义莳、田邑辅佐，又得到史驎、赵骈做他的谏官，鼓励他们直言相谏，不可隐瞒。根据贤士的建议，周威王签署王令，废除苛刻的法令三十九条。在做了这些以后，周威王再次召见屠黍，并把自己所做的告诉了他，而后问：这样做还会灭亡吗？

屠黍答道：这大概可以保您一生平安吧！

屠黍接着说："国之兴也，天遗之贤人与极言之士；国之亡也，天遗之乱人与善谀之士。"

周威王得以善终。他死后，周王朝分裂为两个小国。

类似屠黍这种神算高人，在《左传》中不时登场亮相，且算得很准。纵观下来，这种神算，其实是遵从社会发展规律的预测，诚如屠黍所言，国家将要兴盛，天降贤士和敢于直言相谏之人；国家将要灭亡，天降乱臣贼子和善于阿谀谄媚之徒。这是春秋时众多诸侯国兴兴衰衰的真实写照，只不过是春秋霸主从"国兴"的角度作了诠释；经常挨打受气的诸侯国，从"国亡"的角度作了诠释。

相面的故事

——兼论识别人的一般规律

相面，是一门古老的技艺传承，虽不入中华文明的主流，但很被古人看重。

楚国有一位相面高手，凡被他相过面的，无不被言中，因而在楚国名声很大。请他相面的人很多。

这个相面高人引起了楚庄王的注意，于是召见。

楚庄王问他相面的技巧，他的回答大大出人预料。

相面高人说：我不是能给人看相，而是能观察他身边的朋友。

楚庄王大为惊异。

相面高人说：但凡给平民看相，我看他身边的朋友，如果都很孝敬父母，忠厚恭谦，敬畏王命，那我就能得出结论，这是个吉祥之人，他的家一定日益富足，自身也一定日益显荣。

看臣僚呢？

相面高人说：看他身边的朋友，如果他的朋友都忠诚可靠，品德高尚，乐善好施，那我就能得出结论，这是个吉祥之臣。他侍奉君主就会日益长进，官职也会日益升迁。

那么，看君王呢？

相面高人说：主要看他的朝臣，如果他的朝臣多是贤臣，侍从多是忠良，君王有了过失，朝臣争相进谏，那我就能得出结论，这是个吉祥之主，他的国家就会日益安定，人民就会日益富足，君王自身也将日益尊贵，天下也会日益归顺。

最后，相面高人再次强调：我不是能给人相面，而是能观察人们交好的朋友！

楚庄王听了大受其益，从此广纳天下贤士，听从朝臣劝谏，自身勤奋不懈，终于站上了春秋霸主的高地。

吕不韦讲的这个故事，特别耐人寻味！时至今日，人们看人、交友，也大都是遵循相面高人所讲的规律。可是，面由心生啊！不同人的心地、心性、心态，无疑会在面相上表露出来。再说，看被相面人身边的朋友，看得过来吗，那得做多长时间的调研准备呢？

但我们能理解吕不韦，他所推荐的这种相面法，主要是推荐给君王看的，对于普通民众，无疑有极大的借鉴意义！

庄子延伸出的故事

——兼论处世之道

庄子带着门徒游历，走进山里，看到有人在伐木，一棵又高又大、枝叶繁茂的树，伐木工不伐，而是在伐比这棵矮小很多的树。庄子不解，问他们为什么不伐这棵又高又大的树。伐木工回答说：这棵树没什么用处。

庄子于是感慨：这棵树因为不成材，而得以终其天年。

从山里出来，走进一个村子，住在老朋友家。老朋友非常高兴，准备酒席，吩咐童仆赶紧杀鹅，款待庄子。

童仆问：一只鹅能叫，一只鹅不能叫，请问杀哪一只？

主人说：杀那只不能叫的。

告别老朋友，庄子继续游历。他的门徒问：山里的树，因为不成材而得以终其天年；主人的鹅，因为不成材而被杀。先生，您说在成材与不成材之间，怎么选择才是对的呢?

庄子笑了，他说：叫我选，就选成材与不成材之间，这似乎是个合适的位置。顿了一会儿，庄子又说：选成材与不成材之间，也不能免于祸患。

接下来，吕不韦又讲了与此相关的两个故事。

一个是，秦国人牛缺，是位知识渊博的儒者，一次他去邯郸，在漻水一带遇上盗贼，盗贼要他袋子里的财物，他给了他们；要他的马车，他给了他们；要他的衣服，他给了他们。没有什么可要的了，盗贼放了他。

牛缺走后，盗贼开始商量，形成的一致意见是：牛缺是天下贤士，我们抢他的东西，他一定会向国君禀报，国君派兵来围剿，我们一定活不了，不如追上去，把他杀了。

盗贼急速追赶三十里，把牛缺杀了。

吕不韦讲这个故事要说明的是，牛缺让盗贼知道他是天下贤士，所以被杀。

另一个是，历史上著名的大力士孟贲，渡河时不排队，挤过人群，抢先上船。船工很生气，也不认识他，便用桨敲打他的头。孟贲忍了，没有发作。船到河中心，孟贲开始发作，他瞪圆双眼盯着船工，头发竖起来了，鬓发也竖起来了。他这个样子极其吓人，人们因想离孟贲远一点儿，相互躲挤，不少人被挤得掉进河里冲走了。

吕不韦讲的这个故事，要说明的是，孟贲因为没人知道他是天下的大力士，所以他一发威，人人都怕。

这一串故事，吕不韦所揭示的是“以时俱化”“以禾（和）为量”“物物而不物于物”，即顺应自然，虚以待物，而不是执守“万物之情”“人伦之传”。用庄子的话说即是：神农、黄帝所取法的处事准则是，“无讶无訾，一龙一蛇，与时俱化，而不肯专为；一上一下，以和为量，而浮游乎万物之祖，物物而不物于物，则胡可得而累？”

庄子特地强调，神农、黄帝所取法的处事准则，不能用于“万物之情、人伦之传”之道。“成则毁，大则衰，廉则锉，尊则亏，直则骫，合则离，爱则隳，多智则谋，不肖则欺，胡可得而必？”这“万物之情、人伦之传”怎么可以依仗呢？

宓子贱治单父的故事

——兼论诚于内行于外

孔子的弟子宓子贱，被楚君派去治理单父。临出发时，宓子贱请求派两个鲁君身边的官吏跟自己一起去。

到了单父，宓子贱叫鲁君派去的两个官吏书写文书，这两人刚拿起笔来写，宓子贱便故意摇晃他们的胳膊，使得这两人的文书写得很不好。宓子贱则大发脾气，挑他们的毛病，说他们文书写得如何差劲，叫他俩回去。而这两个官吏也很生气，认为这是宓子贱故意捣乱所致。

这两个官吏回到鲁君身边后，向鲁君告状。

鲁君听后大发感慨，说：宓子贱是用这种方式，对我进行劝谏啊！他在我身边做事时，他提的主张我不予采纳，而且我听从小人之言，对他进行打压。鲁君认识到，自己对待宓子贱的做法，与他摇两个官吏的胳膊，叫他们写不好文书有什么两样！

鲁君经过一番反省后，派与宓子贱交好的一个官吏去单父辅佐宓子贱，并捎话说：从今以后，单父不归我所有，归宓子贱所有。凡是对单父有利的事情，不必禀报，由你决断。五年后，报告你在单父施政的要点。

三年后，孔子的另一位弟子巫马旗，也是在鲁君身边做事，特地穿上庶民的服装，到单父暗访，夜里看到有人在河里捕鱼，捕上鱼后，又把鱼扔回水里。巫马旗大惑不解，问捕鱼人为什么把捕上来的鱼扔掉。捕鱼人告诉他：宓子不想让人捕捉小鱼，我扔回水里的都是小鱼。

暗访回去后，巫马旗对他的老师孔子说：宓子贱在单父的德政达到了极点，他能让人们在黑暗中独自做事，就像有人在旁边监督一样，中规中矩，不胡作非为。请问先生，宓子贱是用什么办法，使民众的教化达到这种境地呢？

孔子说，我跟宓子贱说过："诚乎此者刑乎彼。"即内心赤诚，就能在外实行。孔子认为，宓子贱一定是在单父治理中，实行了这一主张。

讲完这个故事，吕不韦说：三个月的婴儿，轩冕在前不知道羡慕，斧钺在后不知道害怕，但对慈母的爱却能通晓。这是因为婴儿的赤诚啊！因此说，诚而又诚，才合乎真情；精而又精，才与天性相通。与天性相通，水、木、石的本性都可以改变，何况是人呢！教化民众与治理政事不赤诚，怎能感化人心呢！

狗抓老鼠的故事

——兼论伯乐不是通才

齐国有个擅长相狗的，经他相中的狗，都是狩猎的好助手，猎人的捕获大增。邻居家闹鼠害，便委托他买一条抓老鼠的狗。

一年后，相狗人牵来一条狗，说这是一条好狗。

又是几年过去了，邻居家喂狗很用心，可这狗就是不抓老鼠，邻居家鼠害依旧，便找相狗人，问怎么回事。

相狗人还是说：这确是一条好狗。它的志向在穿梭于荒野丛林，捕获獐麋猪鹿，而不在于抓老鼠。

买它来就是让它抓老鼠的，现在该怎么办呢？

相狗人告诉邻居：把它的腿缚起来。

邻居照办，把狗的后腿拴住。从此，这狗便开始抓老鼠，鼠害也就没有了。

吕不韦讲的这个故事，寓意深远。

首先，对于人才，必须用其所长，使其在“所长”的领域施展才华，否则，便把人才的“所长”埋没了。这是通常寓意。

其次，对于人才，不让其发挥所长，采取措施改变一下，就似邻居那样，把穿梭于荒野丛林的狗的后腿拴起来，狗便开始捉老鼠。条件改变了，“所长”也是可以改变的。这是超越通常的寓意。

再其次，也是最关键的寓意，即是相狗高手不会相捉老鼠的狗。尽管邻居明确提出要一条捉老鼠的狗，可相狗高手寻找了一年，也没找来，找来的，还是一条穿梭于荒野丛林的猎狗。只不过好几年过去了，他才想出一条办法，把狗的后腿拴住，让他变成捉老鼠的狗。

这就告诉我们，“伯乐”不是通才，不同的领域、行当，当有不同的“伯乐”。

赵简子督军的故事

——兼论身先士卒

晋国伐卫，晋卿赵简子统军，抵达卫都外城。双方一开打，军事总指挥赵简子便站得远远的，继而躲到盾牌后面。晋军冲不上去，赵简子于是从盾牌后面走出来，亲自击鼓督战。可任他把战鼓擂得震天响，军队还是原地不动。气得赵简子把鼓槌扔到地上骂大街，说士卒变坏没想到会这么快。

这时负责外交事务的烛过走来，摘下头盔，横拿着戈说：不是士卒做得不好，而是你差劲！

赵简子一听更火了，说我亲自统军出战，你还说我差劲，你说得有道理则罢，没有道理我处死你！

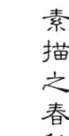

烛过则不慌不忙地说：先君献公，即位五年，兼并了十九个国家，用的是这些士卒；惠公即位二年，纵情声色，喜好女人，残暴傲慢，秦人来袭，晋军溃逃到离绛城只有七十里的地方，用的也是这些士卒；文公即位后，以勇武砥砺士卒，三年之后士卒变得坚毅果敢，城濮之战，五次击溃楚军，围困卫国，夺取曹国，攻占石社，安定周天子的王位，声名显赫于天下，还是用的这些士卒！你想想，士卒有什么变的？变的是统帅！

赵简子听了烛过这席话，如梦初醒，他从盾牌后面走出来，一直走到队伍的最前面，卫军的弓箭都可以直接射到他。这时他拿起鼓槌，只击鼓一通，士卒就全部登上了卫国的城墙。

吕不韦讲完这个故事后说：赵简子击鼓督战，赏赐不增多，刑罚不加重，士卒却乐于效死。这是为什么呢？答案很简单：身先士卒，便是最好的号令！

子罕让邻的故事

——兼论为官当仁

楚国的士尹池出使宋国，宋国的相国子罕在家摆了一桌酒席，给他接风。士尹池往子罕家走去，看到子罕家南面的院墙往里凸起一大块而没有拆了取直。再看，西邻家的积水也流到子罕的院子里，满院子发臭。士尹池大惑不解。子罕可是宋国的相国，而且主管城建，这么点小事怎么不办好呢？

子罕说：我家南面的邻居，是个做鞋的工匠，我曾找他商量，请他搬走。工匠对我说：我家靠做鞋谋生已经三代了，我如果搬家了，宋国来找我买鞋的，就找不到了。如此一来，我家将不能谋生了。我觉得人家讲得有道理，也就打消了这个念头。

士尹池问：那西邻的脏水流进你的院子，又是怎么回事？

子罕说：西边邻居家地势高，我家地势低，水往低处流嘛，所以他家的积水就流到我家来了。这事不大，我也没加以制止。

士尹池从宋国回去复命，正赶上楚王正要发兵攻宋。

士尹池对楚王说：宋国不可攻打，它的君主贤明，它的国相仁慈。贤明的人得人心，仁慈的人得天助。攻打宋国，不仅不会成功，而且会让天下耻笑！

楚王听了士尹池的劝谏，放弃攻宋，改而攻郑。

孔子赞曰："夫修之于庙堂之上，而折冲乎千里之外者，其司城子罕之谓乎？"

史载：宋国处在三个拥有万辆兵车的大国之间，子罕为相时，宋国安然无恙，从未受侵犯，四方边境安宁。子罕辅佐宋平公、宋元公、宋景公三代国君，直到善终。

吕不韦讲的这个故事，意在说明为官当仁慈、为官当让民的重要性。可他万万没有想到，炎黄子孙大都知道发生在清朝的"让他三尺又何妨"的"六尺巷"，却不知道早在两千多年前，炎黄老祖宗就演绎过同样的故事！

这可真是炎黄祖先的文明传承！

在《吕氏春秋》里，吕不韦讲了很多发人深省的故事。好些故事穿越两千多年的时空，在今天的人们听来，仍十分鲜活，非同凡响！

礼之陋说

中华民族是礼仪之邦。礼，被誉为盛大充实而影响久远的一种美德，它主宰万物，役使群物，在人类社会活动中无所不贯，无所不包。

儒家，特别是孔老夫子，崇尚礼，他设坛讲学，教授弟子，高举的就是“克己复礼”的大旗；他编纂《春秋》，就是用“礼也”“非礼”对各诸侯国的做法进行肯定或否定。

中华民族之所以被誉为礼仪之邦，是因为尧舜禹、夏商周时代的炎黄圣贤，根据人们的社会生活需要，总结创立了一套以礼为核心的社会管理法则。

创立以礼为核心的社会管理法则，从根本上说，是为了节制人们日益膨胀的欲望，调节社会矛盾。

司马迁写道：“礼由人起。人生有欲，欲而不得则不能无忿，忿而无度量则争，争则乱。先王恶其乱，故制礼义以养人之欲，给人之求，使欲不穷于物，物不屈于欲，二者相待而长，是礼之所起也。”说的是，人生下来就有各种欲望，欲望得不到满足，就会产生忿恨，忿恨不能节制，就会产生争斗，天下就会变成一团混乱了。古代的圣贤为防止混乱的出现，就制定了节制欲望的礼和体认本分的义。一方面，满足人们适当的欲望，供给人们合理的需求；另一方面，使人的欲望不致于超出物的供给，造成物满足不了人的合理需求。

这可称得上是原始版的社会主要矛盾的表述。礼是调节这一矛盾的杠杆，全社会遵礼，便能“使欲不穷欲物”；失礼，那可就“物屈于欲”了。

司马迁还写道：“故礼者养也。稻粱五味，所以养口也；椒兰芬茝，所以养鼻也；钟鼓管弦，所以养耳也；刻镂文章，所以养目也；疏房床第几席，所以养体也。故礼者养也。”这里着重谈了礼对人的调节养护作用。说的是，稻谷高粱等五味食品，是用来调养人的口味的；椒树兰花的芳香，是用来调养人的鼻子嗅觉的；钟鼓管弦的音乐，是用来调养人的耳朵的；雕琢刻镂所制作的美好纹采，是用来调养人的眼睛的；窗户通明的房间，舒适的卧室，倚坐的小几、蒲席，是用来调养人的身体的。所以礼起一种调节护养作用。

在这里，礼作为人的一种修养，提上了重要议程。

修养什么?

首先是修养名誉节操。炎黄祖宗认为，一个人如果只重视自身生命的苟全，而不注重名誉节操的修养，这样的人一定不能保全其生命；如果只重视苟得之利，而不知礼仪的价值，这样的人一定会蒙受灾祸；如果一味地懈怠懒惰，不能以礼自持，反以为这是安逸舒适的享受，这样的人一定会遇到艰难险阻；如果过分地恣情任性，不顾礼仪的规范，反以为这是放任自然的行为，这样的人一定会落得毁灭的地步。所以圣人用礼义涵盖一切，把人的理性和情性统一到礼仪上来。

孔老夫子在修身、齐家、治国、平天下的论述中，特别强调了“慎独”。即一个人名誉节操的修养，必须一以贯之，人前人后一个样，有人没人一个样，尤其在一个人独处时，不放纵，不逾矩，表里如一。“慎独”要求君子不可片刻与礼隔离，否则，强暴傲慢就会侵入内心。继而认为，一个人内心的厚重，是平时对礼义素养积累所致；一个人气度的恢宏、人格的高尚，是由于礼义深广的内涵所致；

一个人对万物事理的明察，也缘于对礼义的竭尽心力。所以，君子要特别重视礼仪，以加强名誉节操的修养。

其次是修养尊祖敬贤。司马迁写道：“天地者，生之本也；先祖者，类之本也；君师者，治之本也。无天地恶生？无先祖恶出？无君师恶治？三者偏亡，焉无安人。故礼，上事天，下事地，尊先祖而隆君师。是礼之三本也。”说的是，天地是一切生命的根本，先祖是种族的始源，君主师长则是治民的基础。没有天地，哪来的生命？没有祖先，哪里会有后世子孙？没有君主师长，如何治理天下？所以，礼上以事天，下以事地，还要尊敬祖先君师，这是礼的三项重要基础。

炎黄祖宗搞出一套祭天、祭地、祭祖的礼仪，源于对天地、祖先、君师的敬重，其核心是分等级、定名分。“礼者，天地之序也”；“序，故群物皆别”。所谓等级、名分，就是依人的血统传承、贫富贵贱，分出“高下尊卑，皆有定位；品类异同，皆有等级”的社会地位。也即是孔老夫子说的“必正名也”。按照名分规矩，天子受命于天，祭祀祖先时，可以太祖与天相配，其他人就不行。天子下面的诸侯，诸侯下面的士大夫，士大夫下面的官吏，一级一级的祭祖规格不同。这种名分规矩，无形中架构起了一种社会管理体系。

流传至今的祭祀，更多的是祭祖敬贤。按照炎黄祖宗的传统，祭祖用的酒是清水，用的肉是生鱼，用的汤是不加任何作料儿的大块肉骨头煮的高汤，用的主食是米饭。虽然每年、每季、每月的祭祀各有不同，但都是平常食物，不似今天有的人那样，扎豪华别墅烧了送去，烧金锭美钞送去，更有甚者，还糊几辆豪华轿车、几个美女烧了送去。炎黄祖宗讲究的是，祭祀要与祖先当时的生活状况相适应，与子孙怀念祖先的心情相融通。那些送豪宅豪车美女的庸俗做法，老祖宗是不欢迎的。

再次是修养礼尚往来。炎黄祖宗特别重视礼尚往来，虽主张“大礼必简”，但创造出的各种礼仪，如战争礼仪、外交礼仪、饮酒礼仪、婚丧嫁娶礼仪等等，又都极其繁杂。时至今日，诸多礼仪仍在沿用，只是内容和形式大不相同了，但有两种礼仪，在今天的社会生活中应提到修养这个层面来予以重视。

一是见面的礼仪。传统的见面礼仪，如弟子见老师、子女见父母、晚辈见长辈、百姓见官吏下跪这一套，尤其似孔老夫子那般，见弟子时用扛着手杖、持杖拱手、拄着手杖、拖着手杖转身四种方式，表达对四种人的问候礼仪，就大可弃而不用了。但见面客客气气地握手，面带笑容地问候，还是要有的。这一握手、一微笑，反应的不只是内心的亲切，而且是一个人内在的修养，以及对他人的尊重。这也是礼仪之邦对炎黄子孙的题中应有之义。

二是送礼。送礼，本身就是一种对人尊重的表达方式。炎黄祖宗特别讲究送礼，送礼的名目繁多，喜事、丧事、寿辰、升学、升官、乔迁等等，不只是亲属来送礼，街坊邻居也都送礼表达心意。但炎黄祖宗送礼很讲究，规定天子以“畅”（祭祀用的一种清酒）为礼品，公侯以“玉”为礼品，卿相以“羔羊”为礼品，大夫以“雁”为礼品。下级官吏和庶民百姓间的礼尚往来，更多的是表达心意，送的礼物不会太贵重，且绝不会用公款。“有来无往非礼也”。礼尚往来，是炎黄祖宗传续下来的传统，用以增强人们的交往、情感，是不可或缺的。但是，以各种名目设宴的“敛财之礼”、拉关系找靠山的“跑官之礼”、为获取不当利益的“贿赂之礼”，必须坚决杜绝！

乐之陋说

本文说的乐，专指音乐。

炎黄祖宗对音乐十分推崇，认为在所有教化民众的方法中，音乐效果是最大的；认为音乐是动荡血脉、流通精神，而又能调和人心、端正人心最好的工具；认为德性是人性的根本，音乐是德性外观的光华；认为唱歌是拖长了声音的语言；认为音乐达到调和的状态，不用说人，就连鸟兽都会受到感染。

在音乐的起源上，炎黄祖宗是这么认为的：“凡音之起，由人心生也。人心之动，物使之然也。感于物而动，故形于声，声相应，故生变；变成方，谓之音；比音而乐之，及干戚羽旄，谓之乐也。乐者，音之所由生也，其本在人心感于物也。”说的是，音乐起源于人心有感而发。人心本是戚然不动的，其所以动，是由于外物的刺激引起的。人心受到外物感应而产生心意浮动，就形成了声。声与声不但有所不同，而且彼此可以相互应合，于是便产生了清浊高低等声的种种变化。由声的变化加以组合排列，就是悦耳的音了。把不同却悦耳的音组成曲调，再加上盾、斧、翟羽、旄牛尾等舞蹈用的道具，于是就产生完整的乐曲了。

炎黄祖宗继而认为，痛苦的境遇有感于心时，其声音的表现一定是急遽而短促的；欢乐的境遇有感于心时，其声音的表现一定是宽舒而缓慢的；喜悦的境遇有感于心时，其声音的表现一定是轻快而流畅的；令人愤怒的境遇有感于心时，其声音的表现一定是粗犷而严厉的；令人肃然起敬的境遇有感于心时，其声音的表现一定是爽直而庄重的；令人爱慕的境遇有感于心时，其声音的表现一定是温和而柔婉的。并且认为，人的这六种情感表现，并不属于人性所本有，而是有感于外物的影响所产生的。音乐创作所遵循的规律，契合的正是人所处的不同境遇与自然界发生的不同声音的协调和畅。

“治定功成，礼乐乃兴”，这是炎黄祖宗制作礼乐的初衷。认为政治事功完成之后，天下对于如何做人处世的道理，自会日渐要求提升，对个人品德修养的要求，也会越来越高。对于值得喜乐的价值观念，则因为人与人的不同，而产生相当悬殊的差别。在这种情况下，就需要制作礼乐来加以调节。而调节的本意，即是节制欢乐，不使过分；移风易俗，培养良好的社会风尚。

炎黄祖宗认为，人生下来时，情感本是寂静冷漠的，这是自然之性的本来面目；而有感于外物之后，情意就开始波动，这是自然之性的动态变化。这种变化的结果，就是喜欢或不喜欢。而如果受到外物的诱惑不能节制，人的自然天性就会逐渐泯灭。社会上出现的强者胁弱、众者暴寡、智者诈愚、寡者苦怯、疾病不养、老幼孤寡不得其所的乱象，正是一些人的自然天性泯灭的后果。炎黄祖宗推行的王者之道，就是用礼节制人们的心态，用乐和悦宣导人们的心声，用政治教化推行礼乐，用刑罚防止违反礼乐的行为。

礼、乐、政、刑的王者之道，契合的是天地运行之道。炎黄祖宗认为，乐的最高境界是人的性情的调和，这与天地间阴阳和顺以养育万物的规律相因应；礼的最高理想是适当的等差节度，这与天地间自然的高低大小各得其宜的形态相因应。春生夏长的繁荣，是天地自然仁爱的表现；秋收冬藏的肃杀收敛，是天地自然严正义理的表现。音乐的功效是陶冶人的性情，使之趋于美，与天地自然的仁爱相吻合；礼的功效是裁断事宜，使之归于善，与天地自然的严正义理相吻合。

音乐要求敦厚和畅，以内在的精神情态为主体，顺应天时自然的变化；礼仪则要求区别异同，处置适宜，以外在的人事为主体，顺应实物品类的等差。如此，礼乐便能获得明畅而完备的效果，天地万物自能各安其位、各尽其能了。

历史走进春秋时代后，弑君犯上、攻打杀伐、礼崩乐坏等社会乱象，摧毁了炎黄先贤们着力倡导和培植的良好社会风尚，以致有的诸侯国国君说："吾端冕而听古乐则唯恐卧，听郑、卫之音则不知倦。"说的是，当我穿戴整齐在宗庙听古代的雅正之乐时，得常常提醒自己不要打瞌睡；而听郑国、卫国的乐曲时，从来不会感到厌倦。对此，以孔老夫子为代表的先贤们急坏了，于是孔子设坛讲学授徒，高高举起了"克己复礼"的大旗。

司马迁是儒学大家，他特别推崇音乐的教化作用，于是，特地记载了卫灵公去晋国，切身感受到的音乐的神奇效能。

卫灵公去晋国，在濮水的地方停驻下来，半夜里听到有弹琴的声音，便召来乐官师涓，叫他把这乐曲记录下来。师涓记下来后，试着进行了弹奏。到达晋国后，晋平公设宴招待卫灵公。卫灵公说，我在半路听到一些新的乐曲，演奏给你听听如何？晋平公同意，师涓便演奏起来。尚未演奏完毕，晋国的乐官师旷便急忙向前，把琴按住，不让演奏了，说：这是亡国之音，最好不要听下去了！

晋平公问：这支乐曲出自何处？

师旷答：这是一位叫师延的乐官所作的靡靡之乐，他献给了商纣。后来武王伐纣，师延向东逃走，投入濮水而亡。能听到这支乐曲，一定是在濮水之上。且最先听到这支乐曲的，国家一定衰亡！

晋平公说：我最喜爱的就是音乐，希望能听完它。于是师涓就继续演奏到曲终为止。

晋平公听完后问：还有没有比这支乐曲更为动人心弦的呢？

师旷于是演奏了一曲。弹奏第一段时，有十六只黑色的鹤飞聚回廊和门前；弹奏第二段时，所有的鹤都引颈高歌，展翅而飞舞。

晋平公大为高兴，亲自给师旷敬酒，要求再听更动人心弦的乐曲。师旷对他说：您的道义修养不够深厚，不能听这样的乐曲，真要听了的话，将招致不利。晋平公坚持要听，师旷便演奏了一支黄帝时用以大举合祭鬼神的音乐。

弹奏第一段时，白云从西北方翻滚而来；弹奏第二段时，狂风大作，暴雨倾盆。狂风暴雨顿时掀翻了回廊屋上的瓦片，左右侍从都奔跑逃命，晋平公吓得趴在回廊与正屋之间的地上瑟瑟发抖。

史载：从这一刻起，“晋国大旱，赤地三年”。

司马迁继而写道：听赏音乐，有吉有凶，可见乐曲是不可以随便演奏的。

这似乎难以叫人相信。但司马迁的话还是要信的，他是华夏历史上学识渊博的史学泰斗，是他树起了客观、公正、严谨地记载历史的典范！他刀笔之下记载的很多历史事件，隐含了诸多的天地密码，只是炎黄后人尚未破解而已。

诚之陋说

格物、致知、诚意、正心、修身、齐家、治国、平天下，这是孔子总结炎黄祖先“大学之道”的八个步骤。孔子说：“大学之道，在明明德，在亲民，在止于至善。”他的解释是：“古之欲明明德于天下者，先治其国；欲治其国者，先齐其家；欲齐其家者，先修其身；欲修其身者，先正其心；欲正其心者，先诚其意；欲诚其意者，先致其知；致知在格物。”

这是从“明明德于天下”的角度，也就是从最高往最低讲的顺序。

从最低往最高处说呢？孔子的解释是：“物格而后知至，知至而后意诚，意诚而后心正，心正而后身修，身修而后家齐，家齐而后国治，国治而后天下平。”

从上往下，从下往上，形成了“大学之道”的闭合。

孔子最后强调：“自天子以至庶人，壹是皆以修身为本。其本乱而末治者，否矣。其所厚者薄，而其所薄者厚，未之有也。”

孔子强调的“大学之道”八个步骤，其核心是“修身”，而且强调修身要一以贯之。

显然，孔子的“大学之道”八个步骤，是对君王讲的。对于普通百姓来说，“格物”“致知”，离得不近；“治国”“平天下”，离得很远很远。如何按这八个步骤，加强我等平民百姓的修养呢？

我理解，最核心的是“诚意”。

“诚意”的关键是什么呢？

孔子说：“所谓诚其意者，毋自欺也。如恶恶臭，如好好色，此之谓自慊。”不自欺，对于不好的东西，就犹如厌恶腐败的气味一样；对于好的东西，就犹如喜欢美妙的容颜一样。

不自欺——诚的关键！

骗得了别人，骗不了自己，这是“诚”的原点！

人们常以赤子之心作比，赤子之心是什么呢？就是不带任何杂质、不受任何污染、不受任何影响的至诚之心。

吕不韦说：“三月婴儿，轩冕在前，弗知欲也；斧钺在后，弗知恶也；慈母之爱，谕焉。”这都是婴儿的心赤诚啊！吕不韦得出结论：诚而又诚才合乎真情，真情达到精而又精，才与天性相通。与天性相通，水、木、石的本性都可以改变，更何况有血气的人呢？

婴儿之所以赤诚，是因为未受任何污染、影响，完全出于本能！

从不自欺这个原点出发，我们去想吧，他人说你不善，你摸摸良心就自知善还是不善；他人说你使诈，你摸摸良心就自知有没有使诈；他人说你不孝，你摸摸良心就自知孝还是不孝；他人说你是个贪官，你摸摸良心就自知是不是个贪官。几乎为人处世的方方面面，是与非、好与坏、善与恶、诚与诈等等，都在一摸良心的瞬间，能分辨出来。为什么有人“不怕夜半鬼敲门”？因为他摸过自己的良心，没做过亏心事！

我们不妨看王阳明与一个哑巴的对话。

有个哑巴叫杨茂，求见王阳明问学，哑巴识得字，二人用写字问答。

阳明：你口不能言是非，你耳不能听是非，你心还能知是非否？

哑巴：知是非。

阳明：如此，你口虽不如人，你耳虽不如人，你心还与人一般。

哑巴首肯，拱谢。

阳明：大凡人只是此心，此心若能存天理，是个圣贤的心。口虽不能言，耳虽不能听，也是个不能言、不能听的圣贤心。若不存天理，是个禽兽的心。口虽能言，耳虽能听，也只是个能言能听的禽兽。

哑巴扣胸，指天。

阳明：你如今，于父母，但尽你心的孝；于兄长，但尽你心的敬；于乡党、邻里、宗族、亲戚，但尽你心的谦和恭顺。见人怠慢，不要嗔怪；见人财利，不要贪图；但在心里行你那“是”的心，莫行你那“非”的心，纵使外面人说你“是”，也不须听；说你“不是”，也不须听。

哑巴首肯，拜谢。

阳明：你口不能言是非，少了多少闲是非；你耳不能听是非，省了多少闲是非。凡说是非，便生是非，生烦恼；听是非，便添是非，添烦恼。你口不能说，耳不能听，省了多少闲是非，省了多少闲烦恼。你比别人倒快活自在了许多。

哑巴扣胸，指天躄地。

阳明：我如今教你，但终日行你的心，不消口里说；但终日听你的心，不消耳里听。

哑巴顿首，再拜。

无须多说，心即理，存天理，去人欲，至诚至精，人世间的一切是非善恶，瞬间便能依据“诚意”而分辨出来，哑巴也不例外。

孔子认为，“诚”是自我完成品德修养的要素；“至诚”，不但可以完善自己的人格，还可以影响他人完善人格。“唯天下至诚，为能尽其性。能尽其性，则能尽人之性；能尽人之性，则能尽物之性；能尽物之性，则可以赞天地之化育；可以赞天地之化育，则可以与天地参矣。”

所以孔子得出结论：“至诚如神。”

炎黄祖先认为，修养并检验一个人至诚的关键，是慎独。《诗经·小雅·正月》说："潜虽伏矣，亦孔之昭。"君子就是在别人不知道的地方，要求自己更严格。因为针鼻儿那么大点儿的洞，都能把你的言行泄露、放大出去。

《诗经·大雅·抑》说："相在尔室，尚不愧于屋漏。"说的是君子不动而敬，不言而信。

更多的人不可能"治国，平天下"，那就按照炎黄祖先的教诲，修炼"诚意"来"齐家"吧！

善之陋说

善与诚同源，没有诚，就没有善，没有善，也就不可能有诚。

炎黄祖先崇善，且把人事善与不善，与妖异兴与不兴联系起来，与天谴与不谴联系起来。在晏子、孔子、吕不韦、董仲舒的“春秋”里，都把人事善与不善，聚焦到君王贤与不贤上，并反复阐述论证：君王贤，天降瑞，民众睦；君王暴，天谴之，妖异兴。通常消除灾异的做法，便是君王聚贤行善。

夏桀、商纣这两个暴君是如何遭天谴的呢?

史载：太阳出现在天上，却不产生阴影，草木矮小不生长，五谷枯萎不结果；有时一天出现几个太阳，天降血雨、肉雨；夜里同时出现四个月亮，或出现一个大月亮，一个小月亮，而没有一颗星星，妖孽像带子，鬼跳进女墙，兔子生出野鸡，狗猪相互交配，马长出犄角，游蛇忽东忽西四处乱窜，妖人从天而降；君臣互相残害，长幼互相杀戮，父子残忍相待，众人心如禽兽，丧失人伦；民间怪病俱生，瞎眼、秃头、驼背、鸡胸等，一夜之间便会生出许多来……

如何消除天谴呢?

答案就是：君王行善!

成汤时，宫内的庭院突然长出一棵奇异的谷子，傍晚发芽，第二天天亮时，便长成两手合围那么粗了，而且还在长。有人主张占卜，看是什么原因，成汤制止了，他说："妖者祸之先者也，见妖而为善，则祸不至。"成汤于是早上朝，晚退朝，走出宫室，到民间慰问病人，吊唁死者，安抚百姓。三天后，庭院的异谷便突然消失了。

周文王即位的第八年，卧病在床五天，这五天连续发生地震，可震动的范围不出国都四郊。百官恐惧，奏请周文王征发徭役，发动民众加护国都城墙，以此防范灾祸。周文王不同意，他说："夫天之见妖也，以罚有罪也。我必有罪，故天以此罚我也。今故兴师动众以增国城，是重吾罪也。不可。"于是周文王从病榻上爬起来，用慎重的礼法、聘问交结诸侯；整饬辞令、礼品，用以礼贤下士；颁发爵位、等级、田地，用以赏赐群臣；安抚民众，减轻税赋，改善民生。没过多久，周文王的病好了，地震也停止了。

宋景公时，火星出现在星宿的位置。古人认为，火星是执法之星，主天罚。火星与宋国相对应，即是"荧惑在心"，天将降罚于宋国。

太史子韦提议，用祭祀把惩罚转移到宰相身上。

宋景公不同意，他说：宰相与我一起治理宋国，却要把灾祸转移到他头上，这不吉利！

子韦又提出：用祭祀把惩罚转移给百姓。

宋景公一听急了，他说：百姓都死了，我给谁去当国君呢？我宁可自己去死！

子韦于是又提出：用祭祀把惩罚转移到农业收成上。

宋景公还是不同意，他说："岁害则民饥，民饥必死。是寡人之命固尽已，子无复言矣。"

子韦于是起身叩拜，说道：我祝贺您！上天居于高处，却可以听到地上的一切。您有符合最高尚道德的三句话，天一定奖赏您三次。今夜火星一定后退三舍，您也因此可以延寿二十一年。

宋景公不解，问道：你根据什么这样说呢？

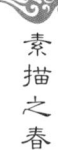

子韦答道：您有三句美善之言，所以必得三次奖赏，因此火星一定后退三舍。每后退一宿，要经过七颗星，一颗星代表一年，

三七二十一年，所以我说您可以延寿二十一年。

为了证明自己所言准确，子韦请求守在宫殿台阶之下观察火星，并说，如今夜火星不退，我甘愿一死。

当夜，火星果然后退三舍。

宋景公在君位四十七年，国内无恙。

举头三尺有神明！炎黄祖先传承至今的一个重大理念，即是恶有恶报，善有善报，行善消灾！

孝之陋说

炎黄祖先对孝的论述很多，几乎涵盖人生的方方面面。

孔子说："孝悌也者，其为人之本与？""弟子入则孝，出则悌，谨而信，泛爱众，而亲仁，行有余力，则以学文。"

孟武伯问孝，孔子说："父母唯其疾之忧。"说的是，对父母能付出自己是孩子生病时那种关爱，才是真正的孝道。

子游问孝，孔子说："今之孝者，是谓能养。至于犬马，皆能有养，不敬，何以别乎？"说的是养活父母，让父母吃饱，与养狗养马让它们吃饱一样，这不是真正的孝敬父母。

子夏问孝，孔子说："色难。有事，弟子服其劳；有酒肉，先生馔，曾是以为孝乎？"说的是在父母面前，始终保持发自内心的恭敬态度不容易。所有的事情，做儿女的服其劳；有好酒好吃的，让长者吃喝，这样就能算是孝吗？"色难"，发自内心的、一辈子不变的和颜悦色，很难。

有人问孔子为什么不从政，孔子说："《书》云：'孝乎唯孝，友于兄弟。'施于有政，是亦为政，奚其为为政？"说的是，《尚书》上说："孝顺，只要孝顺父母，兄弟间相互友爱。"由此对社会风气产生一定的影响，这也算是一种从政形式啊，难道只有做官才算从政吗？

鲁国人林放问礼教的根本，孔子说：“大哉问！礼，与其奢也，宁俭；丧，与其易也，宁戚。”说的是，你问了一个大问题啊！对于礼来说，与其求形式的奢华，宁可简朴；对于丧礼，与其仪节烦琐，不如有真情的悲哀。

孔子说：“事父母几谏，见志不从，又敬不违，劳而不怨。”说的是，服侍父母，对他们的过错要温和地劝导；如父母不听，仍要尊敬而不违抗，并做到操心忧劳没有怨恨。

孔子说：“三年无改于父之道，可谓孝矣。”说的是，在外多年，仍无法忘怀对父母的孝敬，可称得上孝了。

孔子说：“父母之年，不可不知也，一则以喜，一则以惧。”说的是，儿女们对于父母的年龄不能不知道，一方面要为他们的高龄感到高兴，一方面要为其衰老而感到害怕。

孔子说：“夫孝者，善继人之志，善述人之事者也。”“敬其所遵，爱其所亲，事死如事生，事亡如事存。”孔子认为，这是孝的最高境界。

……

再看其他圣贤是怎么论孝的。

吕不韦说，统治天下，治理国家，必须致力于根本。“务本莫贵于孝。人主孝，则名章荣，下服听，天下誉；人臣孝，则事君忠，处官廉，临难死；士民孝，则耕芸疾，守战固，不罢北。夫孝，三皇五帝之本务，而万事之纪也。”

董仲舒说：“《书》曰：‘厥辟不辟，去厥祇。’事亲亦然，皆忠孝之极也。”翻译成白话即是：《尚书》云：“那个国君不像国君，要去掉他的毛病。”侍奉父母也应该这样，这是忠孝的最高道德。

董仲舒还说：“子不尝药，故加之弑父。”说的是，父母吃的药，儿子如果不先尝一下，就给他加上杀父母的罪名。

《尚书》云：“刑三百，罪莫重于不孝。”

……

以上还只是炎黄祖先论孝的九牛一毛，但主要的内容不会偏颇很多。至于父母死后的丧葬之孝，极其繁杂，其中好些做法，也不符合当今的实际，这里就不一一叙述了。

炎黄祖先就如何尽孝，提升到了最高境界、治国的根本、最高道德的高度，可以说无以复加了。但就今天的人们来说，当如何把握呢？

窃以为，要把握三点。

一是改变“色难”。

“色难”古来就有。现如今，管父母吃饱包括吃好不是问题，文化生活包括满世界旅游，也不是问题。问题是，永葆对父母发自内心的恭敬态度难以做到。比如，父母唠叨，儿女不改内心恭敬的态度；自己心情不好，不改内心对父母的恭敬态度；自己做生意赔了，升官被卡了，恋人分手了，家里被盗了，孩子生病了等等倒霉不顺的情况下，始终如一，就是不改对父母内心恭敬的态度。这其实很难很难！好些倒霉的情况下，仍对父母和颜悦色，甚至要强迫自己忍住，强迫自己见到父母的时候，把说话的态度端正好，把笑容挤到脸上来……这当是尽孝的最高境界！

二是心里永远装着对父母的孝敬。

“父母在，不远游，游必有方。”现如今，守在父母身边的子女越来越少，广大农村的“空巢”现象，就很说明这一点。外出打工、求学、找事做，甚至漂洋过海，成了社会“现代”的标志。以致一首《常回家看看》的歌曲，几乎打动了所有人的心。在这种情况下，惦记着父母，就是一门终身不懈的必修课，惦记着父母的安康，惦记着父母的温饱，惦记着父母的喜怒哀乐……这当是尽孝的心灵修为！

三是温和地劝导父母。

《礼记》言：“孝子之有深爱者，必有和气；有和气者，必有愉色；有愉色者，必有婉容。”孔子说过“父为子隐，子为父隐”。但这得看隐什么，父母杀人纵火了，能隐吗？古人也说过“没有不是的父母”。这是从通常意义上讲的。人这一生，喜怒哀乐的事都经历过，人老了，眼前的事记不住，过去的事忘不了。有些陈谷子烂糠一经翻出来，便会招来麻烦。且人老了，显固执，错了的事，年轻时能放下，老了反而抱住不放了。在这种情况下，尽孝就必须和颜悦色给父母讲道理，今天讲不通，明天接着讲，明天讲不通，后天接着讲。也许再怎么讲也未必讲得通，但要怀着一颗孝心，坚持和颜悦色地讲下去……这当是尽孝的岁月常态！

占卜之陋说

文王囚而演周易。《易经》问世后，迅速成了天子、诸侯乃至各大世家必备的占卜依据，征战要占卜，发布政令要占卜，建宅要占卜，男婚女嫁要占卜……占卜在春秋的各类典籍中，着墨很多。

孔子五十岁时研习《周易》，因而发出“五十而知天命”的感慨。他说：“国家将兴，必有祯祥；国家将亡，必有妖孽。”这种预兆可以通过占卜用的蓍草和龟甲显现出来，在人的四肢间也有流露。灾难或福气将降临时，好的一定可以预先知道，不好的也一定可以预先知道。

晋楚邲之战之前，晋国荀首占卜，结果是“在《师》䷆之《临》䷒，曰‘师出以律，否臧，凶’”。说的是《师》卦卦形为《坎》下《坤》上，《临》卦卦形为《兑》下《坤》上。“坎”象征众，“兑”象征柔弱，因此“坎”变为“兑”，是众变为弱之象。占卜是要从卦象中寻找顺势利好或破解不吉之策的，荀首在卦象中得到的破解之策是，出师必以法制号令指挥军队，否则这个仗打不赢。结果在作战中，号令不统一，各吹各的调，晋军大败。

在《左传》的诸多占卜中，如果对君王不利，而对民众有利，贤明的君王都会选择对民众有利的卦象。

公元前614年，邾国准备迁都至绎地，邾文公命史官占卜，占出的结果是，“利于民而不利于君”。

邾文公说道：如果有利于百姓，也就是对我有利。上天生了百姓而设立国君，就是要有利于百姓，百姓有利，我也在其中。

左右大臣齐劝：不迁都您就能长寿，迁都您就得折寿啊！何必要迁都呢?

邾文公说：君王活着就是为了百姓，我或早死或晚死，那是命中注定的。百姓如果有利，那就迁都吧，没有比这更吉利的了！

邾都于是迁往绎地。也是巧了，迁都后不久，邾文公便死了。

在《左传》及其他典籍中反复出现的占卜，有一种情况很值得留意，那就是，占卜得到的卦象很好，而事物发展的最终结果却走向反面。炎黄祖先对此的解释是：卦象虽好，但如果不忠、不善、不孝，好卦也兑现不了，而且走向反面。

鲁国季平子的家臣南遗，他的儿子叫南蒯，子承父业，仍在季氏家做家臣。在季氏、孟氏等大家族瓜分鲁国公室时，南蒯背叛季氏，跑到鲁君那里，提议“以费为公臣”，代替季氏。为此，他占卜，得《坤》卦变《比》卦，即六五爻由阴变阳。爻辞说“黄裳元吉”。

这无疑是一个吉卦，且是大吉。南蒯很兴奋，送给子服惠伯看，问“如果要做事，是否吉利？”

惠伯看后说：我学过《周易》，“忠信之事则可，不然，必败”。

惠伯对南蒯的卦象解释道：这卦象外面强大内里温和，是忠诚；用和顺来占卜，是信，故“黄裳元吉”。所谓“黄”，是内衣的颜色；所谓“裳”，是下部的服装；“元”则是善的首位。但要看到，心中不忠诚，就与颜色不相配；在下而不恭敬，就与服装不相配；做事不善，就与准则不相配。外与内和谐就是忠，办事讲信用就是恭，做到忠、信、和就是善。《易经》所揭示的规律是，内心美就能配黄，做善事就能配元，在下位恭敬就能配裳。这三者齐全了，才可以合于卦辞的预测。

结果与惠伯分析的一样，南蒯子因为不忠而没有成功，落得个众叛亲离。

《左传》还用诸多占卜佐证了这样一个问题：人作恶，吉卦帮不了忙，且作恶之人心知肚明，知道吉卦也没有好结果。

公元前575年，鲁襄公的奶奶穆姜，命令鲁成公与诸侯结盟，她则在宫中与孙叔侨通奸，密谋夺取季、孟两大家族的财产。事情败露后，穆姜被打入东宫（冷宫）。

穆姜占卜预测，得到《艮》卦变为八。太史给她解释说：这叫《艮》卦变《随》卦。随，是出去的意思，兆示您一定能离开东宫。

穆姜不同意太史的分析，她说：《周易》说随，元、亨、利、贞，确没有灾祸。元，是身体的最高处；亨，是嘉礼中的宾主相会；利，是道义的总和；贞，是以诚信办事的主体。本来得《随》卦是没有灾祸的，但我的情况不同。她接着说：我身为妇人而参与作乱，处于低下的地位而没有仁德，不能说是“元”；我的所作所为使国家不安定，不能说是“亨”；密谋夺取他人的财产而害了自身，不能说是“利”；不安本分与他人私通，不能算是“贞”。如果我具备了元、亨、利、贞四种德行，得到《随》卦，就可以没有灾祸。可我四种德行俱无，难道能合于《随》卦的卦义吗？我自取邪恶，不可能出去了。

穆姜反倒给太史上了一课。

太史是从卦象上，看事物未来的走向。

穆姜则是从自己的所作所为上，看事物未来的走向，她心知肚明，自己作恶多端，违背道义，占卜得到再吉利的卦象，也不可能获得吉祥！

穆姜所讲的，更是《周易》。

宝之陋说

何为宝？何为国宝？说法不一，也说不清楚。

宝，通常是指价值极高的东西，常以“价值连城”来比喻其价值分量。如今，大熊猫被誉为国宝，流传下来或出土的一些文物，如青铜器、陶瓷等，被誉为国宝，包括一些字画、家具也被誉为国宝。国宝一说莫衷一是，各有各说。因为很珍贵、很稀罕，从根本上说是以为很值钱的原因，民众家中祖上留下的一些老古董，被视作宝贝，有的还拿到电视台鉴宝栏目，请专家评估其价值。更有一些想一夜暴富的人，到民间搜寻宝物，甚至不惜冒违法杀头的风险，掘墓挖坟，寻找宝物，走私出售。

炎黄祖先是如何认定宝物的呢?

《左传》及史典中多有记载，下面择其一二，共同欣赏。

春秋时期，首推的宝物，便是玉，不仅天子、公侯、上卿、大夫喜欢，而且平民百姓也喜欢。人死了，有钱没钱的人家，都要往死者口里塞一块玉。

在上上下下把玉作为宝看待的春秋天下，楚国人的看法却大相径庭。

楚国大夫王孙圉出使晋国，晋定公设宴招待，赵简子作陪。赵家是参与瓜分晋国公室的大族，大权在握不说，且十分富有。赵简子于是身佩叮咚作响的鸣玉，参加宴请，并问王孙圉：赵国的白珩还在吧？

白珩是系在玉佩上的横玉，质地纯粹，世所罕有。

赵简子还问：白珩作为楚国的国宝，有多长时间了？

王孙圉回答道：楚国从未将白珩当作国宝！

赵简子瞪大眼睛，大惑不解。

王孙圉接着说：楚国视作国宝的，一是大夫观射父，他使用的外交辞令，使得出使各诸侯国的使者，听不到攻击楚王的话；二是左史倚相，他能清楚地讲述先王的遗训典籍，挑选历史上成和败的故事，讲给楚王听，使楚王不忘先祖大业；三是云梦泽，那里生产金、木、竹箭，盛产龟甲、珍珠、兽角、象牙、虎皮、犀革、鸟羽、旄牛尾等，可以用于制备军赋，还可以作为馈赠给各诸侯的礼物。这些都是楚国的国宝，至于白珩，那不过是先王留下的玩物，不是什么国宝！

赵简子无语了。

王孙圉接着说：在我看来，视作国宝的有六种：明君圣人能议定百事，用于国家发达，这就可视作国宝；用作祭祀的玉，能够让鬼神庇荫五谷，使国家没有水旱之灾，这就可视作国宝；龟甲能够昭示吉凶好坏，这就可视作国宝；珍珠能够防御火灾，这就可视作国宝；金属能够防御兵乱，这就可视作国宝；山林薮泽能够提供国家财用，这就可视作国宝。

王孙圉最后说：至于叮咚作响的鸣玉，楚国虽是蛮夷邦国，也不会把它当国宝看的！

显然，赵简子的国宝，属私，利私；而王孙圉的国宝，属公，利国。

在这里，王孙圉把对国家有利的人才，视作国宝，点明了国宝的核心价值所在，这也正是他与赵简子看待国宝的根本分歧！一个国家、一个民族，只有似王孙圉那般，视于国于民有依仗、有动力、有利益的人才为宝，这个国家、民族才有希望，才有兴旺！

至于炎黄祖宗留下的文物，尤其是寻常人家祖上流传下来的一些老古董，视作宝物无妨，但视作国宝，当与炎黄祖先的视角对接。

下面，再对接看看炎黄祖宗对个人持宝的视角。

宋国有人得到一块宝石，送给相国子罕，子罕不接受。

送玉人说：我拿这块玉石给玉匠看过，玉匠说这确是一块宝玉，才敢拿来送给您。

子罕说出了一句金光四射、光耀千秋万代的话：“我以不贪为宝！”

子罕接着说：我以不贪为宝，你以玉为宝，如果你把玉给了我，你我都丧失了宝物，不如各自保有各自的宝物吧！

送玉人说：我一个庶民，怀藏玉璧，不可能走出所在乡里，请让我献给您，以免我一死。

送玉人说的是实情。他一个庶民，藏有一块价值连城的宝玉，藏的就是个祸害，不仅官吏的眼睛会死盯着他，而且盗贼的眼睛也会死盯着他，他从此无有宁日，且小命不保。

子罕一想有道理，便把送玉人在自己府上安置住下，同时请来玉匠，把宝玉加工完毕后出售，把售玉的钱交给了送玉人。

当然，作为庶民，无法接受任何贿赂，不具有贪污受贿的任何条件。但有这个条件的官吏，似子罕那般，奉行“以不贪为宝”，其站立点，就不仅是天下道义的底线了，更是民众期待的高地！

子罕就像玉，纯洁、光鲜！

古人的见面礼

古人初次见面要送礼，由于人在社会中所处的地位不同，所具备的品德也有高低上下之分，因此在见面时所持的礼物，也就不同。天子以“畅”为礼品，公侯以“玉”为礼品，卿相以“羔羊”为礼品，大夫以“雁”为礼品。所送的礼物都有不同的寓意。

天子用的“畅”，是古代祭祀时用以浇到地上的一种香酒，通常用郁金草和黑黍酿造而成，也称“秬鬯”。《说苑·修文篇》载:“天子以鬯为贽，鬯者，百草之本也。上畅于天，下畅于地，无所不畅。故天子以鬯为贽。”祭祀，是古代一种最高的礼仪，以表示对祖先、鬼神、天地的恭敬。祭祀时用的香酒，属百草之本，非常纯粹而毫无渣滓，自然也就成了天子见面送礼的上品。在古人看来，秬鬯酒与圣人类似，圣人具有朴实完美的纯粹仁德，又具有超人的聪明才智。圣人自身所选择的都是善言，表现在事业上的都具有光彩。积聚香美的秬鬯酒，它的芬芳之气通达上天。所以天子用它作为见面时的礼物，且用它侍奉上天。

公侯以“玉”为见面礼，寓意是君子的品德可以和玉相类比。在古人看来，玉极其清洁而不遮蔽自己的缺陷，里面有瑕疵污秽，就一定在外面表露出来。故君子不隐蔽自己的短处，不知道的事就向别人请教，不会做的事就去学习，这些都是仿效了玉的品德。君子的品德如何与玉类比呢？古人是这么看的：玉润泽而不污秽，这就像具有“仁”的品德而极其清洁一样；玉有棱角而不伤人，这就像具有“义”的品德而不伤害人一样；玉坚硬而不会被磨灭，温润而不柔弱，可以折断却不可以弯曲，这就像君子的品格一样，恪守道义，宁折不弯，心地洁白而不被玷污。所以公侯用玉作为见面时的礼物。

卿相以“羔羊”为见面礼，寓意羔羊的吉祥，而且与卿相的品德可以类比。比如，羔羊有角而不使用，这和爱好仁德的人相似；捉住羔羊时它不鸣叫，宰杀它时也不啼哭，这和为“义”献身的人相似；羔羊吃母羊奶的时候，一定会跪下来吃，这和懂得“礼”的人相似。所以卿相用羔羊作为见面时的礼物。

大夫以“雁”为见面礼，也有其深含的寓意。有德行的人在民众之上，就像大雁飞在高高的蓝天；行进时一定要按先后次序相随，并且一定要排成整齐的队伍，就像大雁在蓝天飞翔一样，一会儿排成个“人”字，一会儿摆成个“一”字。所以大夫用雁作为见面时的礼物。

炎黄祖先尚德崇吉，常常将外物与人的内心修为相比拟，包括取外物之名的发音，与象征吉祥相连。如门楣上刻五个蝙蝠，意喻“五福临门”；一只猴子骑在马背上，意喻“马上封侯”，等等。在中华文明的大库里，类似的比拟、象征文化，成了耀眼的组成部分，流传至今，渗透到人们日常生活的方方面面。

拒礼的最佳范本

中华民族是礼仪之邦，礼仪的一大特色，是礼尚往来，且有“有来无往非礼也”之说。逢年过节、娶妻嫁女、乔迁添丁等，亲朋好友、乡里乡邻都来送礼道贺，丧葬的礼数更是驳杂繁冗，讲究极多，形成了数千年接续传承的人情社会风尚。这可以说是炎黄文化、华夏文明的重要组成部分，无可厚非！

但与这种风尚并行的给官吏送礼之风，也接续传承。官吏家有喜事，以贺喜之名“提前打人情基础”的送礼大行其道；自家有难事，捧着笑脸“疏通打点”的送礼漫延风行；特别是有些人为升官晋爵，不惜搜刮民脂民膏，给掌权官员送大礼铺路。礼的送法也五花八门，怪招奇出，严重玷污了与华夏文明相向而行的社会风尚。

可以肯定的是，好些心系民生的廉洁官吏，为拒礼、退礼，不仅大伤脑筋，而且得罪不少人，伤了一些送礼人的感情。

《左传》为炎黄后人的各级官员，提供了拒礼的最佳范本！

鲁国有位德高望重的隐士叫颜阖，鲁君想请他出来做官，便派使者带上礼物去找。颜阖家在一个陋巷，找到他时，他穿着粗布衣衫，正在喂牛。

鲁君的使者问：这是颜阖的家吗？

颜阖答：是我家。

使者遵鲁君之命寻找的是一位高人，见颜阖这副穿着，而且还喂牛，觉得疑惑，便说：我怕把您的名字听错了，等我回去问清了，再来找您。

使者回去问清了，带着厚礼再来找颜阖时，屋在人不在，颜阖不知跑到哪里去了。

礼不要，官也不要，颜阖这一做法所揭示的，不是为了不收礼而不做官，而是宁可官不当，也不收礼。因为有些人送的礼，拒收或退还，后果很严重，很可能叫你这个官当不长；还因为不做官没人给你送人情往来之外的“非分之礼”，而那些想升官、想办事的人，送的几乎都是“非分之礼”，如果坚守宁可这个官不当了，也不收礼的原则，“非分之礼”才能顶得住，拒得了。

司马迁还写了一个拒礼的最佳范本。

鲁国相卿公仪休，特别喜欢吃鱼，有人投其所好，给他送鱼。

公仪休拒收。

送鱼的人说：听说您很喜欢吃鱼，送给您鱼为什么不收呢？

公仪休答：因为我喜欢吃鱼，所以才不收鱼。现在我担任相职，我的俸禄很高，买得起鱼。如果我接受别人送的鱼，有损操守，很可能丢掉相位，到那个时候，我既买不起鱼，又不会有人给我送鱼了。我就是这个原因，不收你的鱼。

公仪休的这一做法，是另一个视角的深刻揭示。它告诉炎黄后人的各级官吏，你这个官职不属于你，封建社会属于皇帝或你的顶头上司，你利用职权收礼受贿，罢你的官事小，砍你的脑袋，株连你三族、九族，事就大得无法收场了。现如今是人民当家做主，你的官职属于人民，你利用职权收礼受贿，你的官位不保，你揣着贪腐之钱逃到世界的任何一个角落，都得抓回，你的贪腐所得将全部没收，关键是，你的家人，甚至三族都因为你抬不起头来！

所以，各级官员向我们的老祖宗颜阖、公仪休学习吧！

民愤的正效应

楚平王在蔡国时，发生了一件很浪漫的事，郹阳封人的女儿私奔到他那里，生下儿子。楚平王即位后，立儿子建为太子，派伍奢担任太子建的师傅，费无极任少师。太子建很敬重师傅伍奢，而对少师费无极不喜欢，且常常表现出对他的不尊重，甚至是厌恶。

太子建厌恶费无极是有历史缘由的。

公元前527年，费无极看到楚平王对蔡国大夫朝吴很信任，心里不舒服，想除掉朝吴。这本是与费无极扯不上任何利害关系的事，费无极的龌龊本性，使得他要对朝吴下杀手。

蔡国很小，是楚国的跟班，楚国有公子常年住蔡国，楚平王还是公子时，就常住蔡国，后楚平王在蔡国起事，朝吴先是做蔡国民众的工作，背叛楚灵王，拥戴楚平王；后又亲自率军入楚，帮助楚平王抢得王位。因为这个原因，楚平王对朝吴很信任，特地派朝吴回蔡国镇守。对朝吴支持楚平王回国篡权的情况，身在蔡国的太子建是清楚的。

费无极当然也清楚，他没有别的，只是看不得楚平王对朝吴的信任。于是，他使出阴招，先是对朝吴说：楚王只信任你，所以把你安排在蔡国。可是你年纪不小啦，却职位不高，这是丢人的事，我来帮助你提升职位。转过脸去，费无极找到朝吴的上司说：楚王只信任朝吴，你却位在他之上，这种情况不会长久，如不早作打算，必然蒙受祸难。这一挑唆，把这些人的火挑起来了，他们一合计，把朝吴赶走了。楚平王很愤怒，要进行追究，费无极又信口胡编，说朝吴已经有了二心，赶走他是为了剪去蔡国的羽翼，否则蔡国就会背楚而飞走。

楚平王信以为真，可蔡国上下都知道这是费无极陷害朝吴。

公元前523年，费无极又出阴招，对楚平王说：太子建该娶妻了。楚平王为太子建聘了个秦国女子，派费无极前去迎亲。费无极见这个秦国女子很有些姿色，便鼓动楚平王自己要了。楚平王也是那种好色之徒，听了费无极的鼓动，把儿媳变成了自己的夫人。

这一来有点麻烦了，楚国上下都知道这事是费无极干的，太子建更是心知肚明，因而对费无极越来越厌恶，厌恶得费无极心生害怕。经过一番盘算，费无极又使出一个阴招，他对楚平王说：晋国称霸诸侯，是由于与中原诸侯国临近，而楚国地处偏僻，不能与晋国相争。要是在城父大规模修建城宫，派太子建常住那里，与北方通好，这样君王收服南方，通好北方，就可以获得天下。费无极这番鬼话，可能是激发起了楚平王称霸的野心，欣然同意，派太子建住到城父。

楚国上下都看清了，这是费无极设的圈套，把太子建从楚平王身边支走。

太子建住到城父不到一年，费无极沿袭他的阴招，对太子建往死里整。他对楚平王说：太子建和伍奢正在谋划反叛，而且得到晋、齐两国的支持，马上就要起事了。

楚平王于是逮捕伍奢，并派城父司马奋扬追杀太子建。

奋扬也清楚，这是费无极无中生有的陷害，因而他一出楚国，便派人告知太子建赶快逃跑。太子建跑到了宋国，奋扬便叫城父大夫把自己捆起来，押回楚国复命。

楚平王问：叫你去杀太子建，话出自我之口，进入你的耳，没有人知道，太子建怎么跑了？

奋扬答：是我通知他跑的！

问：你怎么敢回来？

答：我回来复命，再说也无路可逃。

坦诚使奋扬免于一死。

费无极的阴毒尚未施展完，他对楚平王说：伍奢的两个儿子都很有才，如果逃到吴国，必定成为楚国的隐患。故而建议：以赦免伍奢为诱饵，把他两个儿子骗回来。

显然，这是将伍奢父子一网打尽的毒计！

伍奢的长子伍尚回来了，次子伍子胥逃到了吴国。伍奢、伍尚的人头落地。

如此罪恶深重的费无极，却似恶贯尚未满盈，还要继续施恶下去。

楚平王去世后，立了个七八岁的娃娃楚昭王，大权旁落到了费无极手里，他勾结另一个恶棍鄢将师，继续施放阴毒，残害楚国忠良。

公元前515年，费无极开始对左尹郤宛下手。郤宛为人正直，待人温和，很受国人喜爱。当时的楚国风雨飘摇，令尹子常又是个贪得无厌的人，费无极便利用子常贪财、信谗的特点，借手杀人。

费无极惯用的阴招是两边使诈，构建陷阱。

他先对子常说：郤宛想请您喝酒。

又对郤宛说：子常想来您家喝酒。他喜欢皮甲兵器，您把家里好的皮甲兵器放到门口，子常过来喝酒时，要是看上了，您就送给他。

两边说妥后，费无极假装急迫地赶到子常家，说：我差点害了您了！郤宛准备对您下毒手，皮甲兵器都安放在门口，您千万不要去！

子常派人到郤宛家查看，果然看到皮甲兵器摆放在门口。于是对鄢将师下令，进攻郤宛，火烧其家。

郤宛没有退路了，只好自杀。

鄢将师下令焚烧郤家时，左邻右舍的人不干，把搬来的茅草都搬走扔了。鄢将师又调人，硬是把郤家烧了，把郤家老少全杀了。不仅如此，鄢将师顺带又杀了与郤宛有关系的三族，杀得血流成河。

烧郤家，左邻右舍把茅草扔掉；连带杀另三族时，很多人都站出来痛斥费无极的累累罪行。楚国有资格分得胙肉（祭肉）的人，“莫不谤令尹”，指责他被费无极操纵，残害忠良。在楚国上下一片指责声中，令尹子常下令“费无极与鄢将师，尽灭其族，以说于国”。

费无极这个恶棍，终于被杀了！

真不敢想象，一个人的心里，怎么会有那么多的阴毒！

诚然，费无极心里阴毒的激发、使诈，是昏君听信他的谗言造成的。君不明，则有谗臣。这是历史的定律！

诚然，春秋时的百姓，任由掌权者欺压、宰割，几乎形不成任何反抗之力。但是，民心是天公之心，地良之意，虽遭强权压制，仍能释放出巨大的正能量！

试解“灭烛绝缨”之谜

楚庄王即位后的头三年，不理朝政，不出军令，只是沉溺于声色犬马，骄奢淫逸，被大夫伍举说成是待在高山上的一只鸟，三年不飞，三年不鸣。

但他一飞冲天，一鸣惊人，创作了“灭烛绝缨”的千古佳话。

楚庄王从声色犬马中拔出腿来，就率军灭了今地处湖北的庸国，接着侵陈伐宋，连连告捷。胜利班师后，他大摆宴席，款待文武百官。庆功酒从中午开喝，一直把太阳喝下山，把星星喝上天，点着蜡烛继续喝。

突然，一阵大风吹来，把蜡烛全吹灭了。

一片黑暗之中，有人对楚庄王最宠爱的妃子无理，争执中妃子扯下了那人的帽缨。

蜡烛重新点亮之后，宠妃拿着帽缨向楚庄王告状。

这个案子很好破，只要察看一下谁的帽子上没有帽缨，对宠妃无理的人就找到了。

想来楚庄王在群臣对他的歌功颂德中没少喝酒，但他在听了宠妃拿着证据的控告后，做出了一个令常人想都想不出来的举措：下令全部吹灭蜡烛，然后又下令把各自的帽子全部抛向空中。

黑暗中，帽子乱飞。

于是，楚庄王再次下令，点燃蜡烛，继续喝酒。

满地的帽子，谁是谁的就分不清了。

众多臣僚中，只有楚庄王、宠妃和那个帽缨被扯掉的人，知道楚庄王为什么要这么做，众多臣僚以为是楚庄王又搞出一个喝酒的花招，觉得好玩。

喝花酒，酒后失德，酒后放纵，在《左传》中多有记载，因此而引发的血案很多。但酒后失德，失德到楚庄王的宠妃身上，失德之人的胆子真是贼大。而抱负宏大，最终登上春秋霸主高地的楚庄王，为何对把淫荡之手伸向自己宠妃的人，采取保护性措施呢?

这无疑是个不解之谜!

但在三年之后，历史做过一个诠释。

晋楚开战，楚军陷入重围，楚庄王命悬一线。关键时刻，楚军冲出一位猛将，率兵杀入晋军，硬是杀出一条血路，把楚庄王解救出来。

楚庄王惊喜万分，问这位猛将姓名。这位猛将说：三年前那次宴会，我酒后失德，冒犯了您的宠妃。是您宽宏大度，“灭烛绝缨”，没有叫我当众出丑。从那时起，我便时刻准备报此大恩，即使肝脑涂地，也在所不惜!

这无疑是一个很好的诠释，《左传》中类似善有善报的诠释很多，多得令人感觉雷同，雷同得令人感觉疑惑。

另一种诠释是这样的：花花公子出身的楚庄王，身边美女多的是，其中一个美女受到非礼，他不在乎。这样的诠释有悖常理。因为这不是身边美女多不多的问题，而是对楚庄王尊重不尊重的问题。对楚庄王的宠妃非礼，实质是对楚庄王的蔑视。这不要说发生在后来的春秋霸主楚庄王身上，发生在任何君王身上，都是大不敬，都有灭顶之灾。比如周穆王，那可是周朝先祖的圣君。偃师用草皮木材制作的一个“艺人”，给周穆王献艺，表演结束时，这个“艺人”向周穆王身边的侍妾暗送了一个秋波，周穆王便勃然大怒，要诛杀偃师。可见不在乎之说，是站不住脚的。

我的诠释是这样的：楚庄王有高超的阅人能力，能把一个人的德性与自制力区分开来。楚庄王之所以成为春秋霸主，说明他具有极强的人格吸引力，能把方方面面的人才汇聚到自己的身边。众多人才来到身边，必须知人善任，发挥他们的才华。因而每个人的德性、才华、性格特点，他应该比较了解。尤其是，他一定看清了，人的德性与自制力是不成正比的。德性好，自制力强的人有；而德性好，自制力差的人也有；德行差，自制力强的人也有。那个酒后对楚庄王的宠妃非礼的人，因为酒的作用突破了他的自制力，使得他不由自主地做出了可能招致灭顶的行为。这种酒后失德，不能就此判定他是道德的败类。因而在关键时刻，楚庄王释放宽容，用“灭烛绝缨”放了酒后失德之人一马。

事实证明，那个酒后失德之人，并非道德败坏之人，他在楚庄王“灭烛绝缨”那刻起，便时刻准备肝脑涂地，报此大恩。试想，他若良知尽失，能在楚庄王被晋军包围的关键时刻，冒死拼杀去营救吗？

范蠡的智者之隐

公元前498年，越王勾践不顾范蠡等大夫的坚决反对，率军攻打吴国，结果被吴军击溃，勾践带五千残兵退守会稽，被吴军团团包围。

眼看越国覆灭在即，勾践流着眼泪对范蠡说：后悔没听从你的忠告，落到如此田地，该如何是好呢?

范蠡给勾践出的主意是：向吴王夫差俯首称臣，争取时间，以图复兴。

勾践于是派大夫文种出使吴国，对吴王夫差说：勾践乞求您允许他做您的奴仆，他的妻妾做您的侍妾，越国大夫的妻妾，做吴国大夫的侍妾。

吴王夫差想答应文种的请求，被伍子胥阻止。勾践看这条路走不通，感到失望了，打算杀掉妻子儿女，焚毁所有珠宝，亲率五千残兵与吴国决一死战。大夫文种阻止，劝他向吴国太宰伯嚭行贿，买通伯嚭去做吴王夫差的工作。在给伯嚭送去大量的珍宝和美女后，这一招奏效了。

范蠡负责给吴王夫差选送美女，在众多美女中，有一个诸暨的美女叫西施，天生丽质，亭亭玉立，漫游在水里的鱼儿，见到西施浣纱后，忘了游水，渐渐沉入水底，飞翔的大雁，见到西施浣纱后，忘了展翅，掉落地上。

范蠡见到西施后，怦然心动，深深地被西施的美貌和气质所打动。而西施呢，早就听说过范蠡，知道他品德高尚，才华横溢，心里很是倾慕。见到范蠡后，也怦然心动。虽是选美中的短时间接触，二人便产生了感情。

越王勾践给吴王夫差选送美女之事，史书有记载。而范蠡与西施的爱情故事，历史上众说纷纭，不少学者认为是历史的虚构。《越绝书》载："西施，亡吴后复归范蠡，同泛五洲。"这里的"复归"，说明范蠡与西施曾有过爱情故事。《吴地记》载：西施随范蠡私奔。《中国人名大辞典》设有"西施"条目，说："越王勾践败于会稽，范蠡取西施献于吴王夫差。吴亡，复归范蠡，从游五湖。或云吴亡，沉西施于江，以报鸱夷，未知孰是。"

据传，西施被选上后，护送途中路人争相围观，造成交通堵塞，寸步难行。护送西施的范蠡，见此盛况，心生一计，安排西施住途中小楼，而后四处张榜：欲见美女者，付金一文。告示贴出，四下轰动。西施登楼，凭栏而立，飘飘然似仙女下凡。观赏者排成长龙，争睹西施芳容，纷纷慷慨解囊，有的看一遍不过瘾，接连付金再看。三天下来，所得金钱无数。至越都后，范蠡将所得全部上交。因此西施更加敬佩范蠡，两人遂结为生死之交。

但范蠡清楚，给吴王夫差选送美女，是为了挽救越国，国不立，家何存！一咬牙，还是忍痛割爱，把西施送给了吴王夫差。

至于西施，她只是一个被挑选的美女，自己无任何自主权，只能任由他人摆布。

西施的美丽，使得她一进入吴王夫差的宫殿，便成了夫差最宠幸的女人。

被越国美女弄得神魂颠倒的吴王夫差，不久便放越王勾践回国。

据载，回国后的勾践，睡觉睡柴垛，名曰"卧薪"；每次用餐前，都要舔一下悬挂在座椅前的苦胆，名曰"尝胆"。以此激励自己奋发图强。

勾践想叫范蠡当相国，范蠡辞谢了，他对勾践说：领兵打仗，文种比不上我；但管理国家，我比不上文种。让文种当相国，我去吴国做人质。

从此，勾践一改过去的治国理政做法，鼓励民众生育，大力发展经济，训练敢死的军队，他还礼贤下士，网罗人才，越国迅速强大起来。

公元前473年，趁吴国国内空虚，越王勾践率军征伐吴国，吴王夫差带残部退守姑苏城，被越军团团包围。勾践的围法非常特别，不是派军队围守，而是在姑苏城四周筑起城墙，派军队在城墙上巡守。三年后，吴王夫差自杀，吴国在春秋史上消亡。

吴国灭亡后，范蠡被勾践封为上将军。在君臣齐聚的欢庆宴上，范蠡注意到，在如此欢庆的时刻，勾践显得心事重重。为什么？范蠡回府后，对这些年跟随勾践的情况，特别是勾践的为人、心胸进行了反复思量。当他想起勾践卑躬屈膝地给吴王夫差当车夫的样子，想起勾践为了表达自己的忠心，在吴王夫差病后亲自尝他拉下粪便的样子后，范蠡不由得打了个寒噤。勾践当时的那副卑劣嘴脸，他与文种都在场，都看到了。如今勾践灭了吴国，披上了所谓春秋霸主的战袍，他能不去想自己在吴王夫差那里做的丢人的事吗？吴王夫差死了，看到的只有他和文种，勾践就不怕他和文种说出去吗？即便他二人不说，他在吴王夫差跟前那副卑劣嘴脸，范蠡、文种嘴上不说，心里会看得起他吗？想到这些，范蠡心里一阵一阵发冷。经过一番缜密的思考后，范蠡主动向勾践请辞归隐。勾践于是声泪俱下地挽留，并提出越国由他与范蠡共治。

范蠡主意已定，趁着夜色，驾一叶扁舟，带着从吴国回到身边的西施走了。

范蠡走后，给大夫文种写了一封信，说：“飞鸟尽，良弓藏；狡兔死，走狗烹。”他劝文种赶快辞职归隐。文种觉得问题没有那么严重，拿不定主意，但也辞病在家。

勾践于是找了个茬儿把文种杀了，他对文种如是说：先生教给寡人伐吴之术共七种，寡人只用了三种就把吴国灭了，还有四种在先生手里，你要不要到先王那里在自己身上试试？

范蠡改名换姓，和西施一起过日子，在齐国做鸱夷子皮生意，不多久，便积累了巨额财富。

齐王听说后，特地派人前去拜访，想请他到齐国为官。范蠡于是散尽家财，与西施和家人再次悄然离去，走到陶地，自称陶朱翁，很快又发达了。

春秋上演“弑”的不同版本

周天子一口气封了一千八百多个诸侯国，进入孔老夫子《春秋》的，只有五六十个，这些无疑是从西周走到东周的强国。强国之间的兼并征伐，是《春秋》的重头戏，与此相配套的，是臣杀君、弟杀兄、子杀父的篡权大戏。孔老夫子的“春秋笔法”，管这类杀不叫杀，而叫“弑”。“弑”所表明的态度是“非正常”，有违儒家礼制。春秋被“弑”的国君，达三十多个。

春秋反复上演的“弑”，有形形色色的版本，本文只能选几个有代表性的进行分析。

先看鲁隐公被“弑”。

鲁隐公在本书多篇文章中写到，他的世子地位被国母的儿子允取代后，降格为庶子，因为父亲鲁惠公去世早，世子允还是个三岁娃娃，鲁国王室把他推举为摄政者。

摄政国君不好当，是替正宗国君暂时占位的，不被朝野大夫、名流尊重，尤其是鲁惠公哥哥、弟弟的子孙，这帮公子一开始就不把鲁隐公当回事。比如，当年宋、卫、陈、蔡四国围攻郑国，鲁国是不参与的。可在四国联军中，就有鲁国的军队，是公子翚带去的。带兵出去打仗这种大事，公子翚跟鲁隐公连个招呼都没打。孔老夫子编纂的《春秋》，特地记载了此事。再比如，郑国攻打卫国，请邾国帮忙，郕国联系鲁国一同出兵，鲁隐公因被郑国俘虏囚禁过，不同意出兵，可公子豫不予理睬，跑去跟郑国、郕国会盟了。诸如此类的越权行为实在是太多了，鲁隐公只好忍了再忍。为摆脱摄政的困境，鲁隐公把妹妹嫁给了纪国国君，获得了纪国的支持；超规格主持国母仲子的葬礼，以讨好世子允；尤其是与郑、齐结盟，白得郑国祭祀泰山的汤沐邑祊地……鲁隐公的国际地位提高了，在国内的声誉也起来了，但时间过得太快了，他摄政十一年了，世子允已十四岁，是时候把国君的帽子还给他了。

恰在这时，公子翚找到鲁隐公，提出由他去干掉世子允，鲁隐公继续执政，事成之后，鲁国上卿的位置就由他来坐。

鲁隐公是个厚道人，他始终把自己看作摄政者，从未想过从世子允手里抢国君帽子。于是，他严厉训斥了公子翚，叫他再也不能提这件事。

公子翚吓傻了，一身一身地冒冷汗。思来想去，他转身找到世子允，说鲁隐公提出让自己来杀他，还开出了让自己当鲁国上卿的条件。

这回世子允吓傻了，顿时冒了一身冷汗。他一个十四岁的孩子，在这种情况下能拿出什么主意，只好按公子翚的计划行事，在鲁隐公外出祭祀时，把鲁隐公杀了，连同鲁隐公借宿的一家人全部杀掉，以掩世人耳目。

鲁隐公就这么被"弑"了。

再看宋殇公的被"弑"。

宋国的先人是商朝王族，源于纣王一脉。周武王灭商建国，为展示自己的大度包容，把商族的遗老遗少安置在今河南商丘一带，史称宋国。宋穆公为宋国国君时，考虑到宋国源于商纣的尴尬身份，与邻国打交道谨慎小心。宋穆公去世之前，做出一个重大决定，不把君位传给世子冯，而是传给自己的大侄子公子夷。原因是他的哥哥宋宣公去世时，没有把君位传给儿子，而是传给了他。宋国的大司马孔父嘉坚决反对，宋穆公不仅不听，而且决定把自己的儿子冯送到郑国去，并对儿子提出要求：我活着，你不要回来见我，我死了，你不要回来哭丧。

公子夷接替君位，史称宋殇公。宋殇公这个国君当得心里不踏实，他总担心世子冯从郑国跑回来把他的君位抢了，于是，他的全部心思是与郑国打仗，想以此逼迫郑国出手，把世子冯杀掉。打仗他不在行，第一次开战，召集蔡、陈、卫，四国伐郑，围了围郑国新郑的东门，没捞到什么好处；第二次再战，割了郑国一些稻子回来了，总算捞了点好处。而郑、齐、鲁三国联盟打着“替天子讨不庭”的旗号，一战，宋国的郜邑、防地就不姓宋了，改姓鲁了；再战，宋殇公行欺骗手段，明明是去打郑国，却骗卫、蔡去打戴国，明了真相后的卫、蔡不干，只好按行骗的说法去打戴国，结果给郑国送了个顺手牵羊的大礼，宋、卫、蔡费了好大劲把戴国攻下来，郑国一反击，把戴国收入囊中。

宋国是春秋初期的强国，但在宋殇公的脚下，步子走乱了。

国家的大步子走乱了，小事就会乱了大局。

宋国的最高行政长官太宰华父督在街上散步，看到一个美妙少妇从车子里探出头来。大街上美女在车子里探头看热闹，是平常琐事，小得不能再小了，可在当时的宋国，却演绎出了一个惊天谋杀案。

华父督见到并倾心的这个美女少妇，是宋国最高军事长官孔父嘉的妻子。孔父嘉掌管宋国军队，他反对宋穆公传位给宋殇公，但在反对无效的情况下，成了宋穆公的托孤大臣。华父督虽是宋国最高行政长官，但地位在孔父嘉之下。看上比自己地位高的孔父嘉的妻子，想弄到手，难度相当大。

但华父督还是找到了办法。

很快，宋国掀起了反战浪潮，矛头直指主管军队的司马孔父嘉。孔父嘉没有意识到这是阴谋，更没有把这一阴谋与自己的妻子联系起来。打不打仗，不是军队长官定的事情，是国君定的，他作为仗怎么打的具体组织者，丝毫没有想过反战浪潮会给他造成什么危险。他不参与该战不该战的争论，照常检阅军队车马。紧随他检阅而来的广泛传闻，是孔父嘉准备攻打郑国。宋国愤怒了，人们冲进太宰府，要求华父督出面制止。华父督一看时机成熟了，振臂一呼："杀孔父嘉以宁民！"愤怒的人群跟随华父督冲到孔父嘉的府上，一通乱拳杂腿，把孔父嘉打死了。

孔父嘉漂亮的妻子当然没有一同打死，正是因为她，宋国才掀起的反战浪潮，也正是因为她，华父督才振臂一呼，把她的丈夫孔父嘉乱打致死。不过，华父督最终没有得到她，她上吊死了。

顺便说一句，一百五十多年后，孔父嘉的六世孙，在七十岁高龄的时候，与一个十七岁的少女，生下一个男孩，这个男孩姓孔，名丘，字仲尼，是他编纂的《春秋》。

华父督杀了孔父嘉并没有收手，他听到了风声，宋殇公打算利用问询的机会，对他下手。于是，他一不做二不休，先下手为强，再次高举反战的大旗，鼓动愤怒的人群，冲到宋殇公的宫里，同样用乱拳杂腿的手段，"弑"了宋殇公。

世子冯于是从郑国回来，接替君位，史称宋庄公。

下面，我们再看齐襄公是怎么被"弑"的。

齐襄公就是那个与亲妹妹齐姜乱伦，并在事情败露后，在酒桌上叫公子彭生把妹夫鲁桓公"扶"死的那位。

公元前693年3月，在鲁国独守空房的国母齐姜跑了，跑回了齐国。

齐姜如果跑到别的国家，与什么男人厮混，引不起天下舆论大哗，跑回齐国，明摆着又是跟哥哥齐襄公乱伦，这一来刺激了人们的舆论神经，各种各样的演绎、猜测漫天飞播。

齐襄公肯定是不在乎的，齐姜那种说爱就爱的人，更是不在乎。但作为齐姜的儿子鲁庄公，就不能不在乎了。父亲被舅舅"扶"死了，母亲跟舅舅又是这种不干不净的关系，如今母亲又跑了，跑到舅舅那里去了，鲁庄公能像看别人家笑话那样，打个哈哈过去吗？

这鲁庄公的心里是怎么痛苦纠结的，没人知道。作为儿子，他还是想尽最大的努力，把母亲齐姜弄到身边来。

当年夏天，周天子给鲁庄公布置了一个任务，叫鲁庄公主持天子嫁女的庆典。鲁国是掌管周朝礼仪的诸侯国，主持天子嫁女的庆典，该当应分。但天子女儿周姬要嫁的男人，不是别人，正是舅舅齐襄公。这又是个棘手的问题。在鲁国的祖庙里举行庆典，舅舅齐襄公来接亲，列祖列宗的牌位上，就摆着被舅舅齐襄公“扶”死的父亲鲁桓公的牌位，这是哪门子事！鲁国人怎么看？天下人怎么看？

不能用这种庆典侮辱鲁国的列祖列宗，鲁庄公想了一个办法，在宗庙外修建了一个行宫，在行宫里举行天子嫁女的庆典。庆典如期举行，新娘来了，但新郎齐襄公没来，周天子也没挑礼，鲁国只好把新娘送到了齐国。

鲁庄公盘算的是，天子的女儿嫁给舅舅齐襄公，母亲齐姜就该从舅舅那里回来了。

鲁庄公还是年轻，他失算了。嫁给齐襄公的周姬，早就对齐襄公与齐姜的兄妹乱伦有所耳闻，住进齐国后宫后，就不是听闻了，而是亲眼所见。俗话说，眼不见心不烦，眼见了，能不烦吗？不久周姬便郁闷死了。

齐襄公没有正宗夫人了，与妹妹齐姜的鬼混更是肆无忌惮。只是齐姜的儿子鲁庄公，暗无天日，心在泣血。但他泣血的时间也不算很长。

公元前685年，齐襄公派管至父、连称两位大夫，到齐国边境葵丘驻守，说好了一年后轮换，一年过去了，没人去接替，管、连二位便派人到齐都，请求轮换。齐襄公大手一挥，再干一年。管、连二位大夫郁闷了，说好一年，有个盼头，又来一年，还有头吗？经过一番谋划，二人勾联上齐僖公的侄子，即齐襄公的堂弟公孙无知，一起执行“弑”齐襄公的计划。

把公孙无知拉进这个“弑”的圈子，是有原因的。齐僖公很喜欢这个大侄子，给他的待遇与世子一样，对此，还是世子时的齐襄公非常恼火。齐僖公去世后，齐襄公继位，第一个剥夺的就是公孙无知的世子待遇。公孙无知正憋着气寻找报复机会，被管、连二位一拉，毫不犹豫地入圈了。第二个被拉进这个圈子的是连称大夫的堂妹，也是齐襄公的小妾，齐襄公与齐姜鬼混，把一群小妾晾在宫里，成了深宫怨妇的小妾，也恨不能给齐襄公以教训。这四人是“弑”齐襄公的合理搭档，公孙无知是齐国公子，由他牵头，表明的是齐国君王更替的调整，不是外人篡权；管至父、连称是齐国大夫，大夫参与进来，是听从指挥，该当应分；至于小妾，主要承担打探消息的任务。他们选择在齐襄公打猎时，让人装扮成野猪，被杀公子彭生的阴魂附着在野猪身上，突然出现在齐襄公面前，把他吓蒙了再杀掉。不成想齐襄公胆子挺大，挽弓搭箭，正中“野猪”，“野猪”中箭后，站立起来，发出同人一样的哭喊。这下齐襄公怕了，扔下弓箭，赶快逃跑。公孙无知无法收场了，只好领着人冲进宫里，杀了警卫，“弑”了齐襄公。

孔老夫子刀笔之下“弑”君的不同版本，雷同的剧情很多，他之所以反复刻写，除了记载春秋那段历史的需要之外，可能还有更深刻的思考。不同版本剧情雷同的“弑”君大戏反复上演，不正是说明“礼崩乐坏”吗？不正是论证不“克己复礼”不行吗？

齐僖公的靓女外交

春秋时的齐僖公，是一位高明的外交家，在他的斡旋下，郑、齐、鲁结盟称霸，各自获得巨大利益。也许是外交的屡屡成功，使得齐僖公在谋划外交布局中，把自己两个漂亮女儿也派上了用场。

齐国出美女，春秋第一美女庄姜，就是齐国的公主。《诗经》描写过这位美女，诗写道："螓首蛾眉，巧笑倩兮，美目盼兮。"当时春秋各国广传一句话，叫作"岂其娶妻，必齐之姜"，说的是男人要娶妻子，必须找齐国女子。

齐僖公两个女儿，宣姜和齐姜，就是两个绝世美女，自然成为天下君王、王子追逐的目标。卫宣公在世子伋举行成人礼之后，抢先到齐国提亲。

卫宣公提起的这桩亲事，在本书《不学〈诗〉，无以言》篇里写过，因为卫宣公抢夺儿媳的为老不尊，因为宣姜为亲儿子争取世子地位的阴谋使作，两个同父异母兄弟世子伋和公子寿同时被害。对此，孔老夫子在编纂《诗经》时，特地选了民间讽刺这一事件的两首诗，谱成乐曲，广为传唱，世代流传着进行道德批判。

作为外交大家的齐僖公，不会不知道卫宣公还是世子时，与父亲的小妾夷姜偷情，并生下儿子伋、儿子顽这种事，他之所以同意自己的女儿嫁给伋，还是源于他外交利益的谋划。当时伋立为世子，已经是卫国法定的接班人，他品行端正，在卫国人气很高。齐僖公的女儿宣姜嫁过去，过些年后成为国母，不能不说也是外交的巨大成功。但谋划不如变化，齐僖公没想到卫宣公这么无耻，把嫁给世子伋的宣姜留在新台，肚子搞大了才回到国都。生米煮成熟饭了，女儿宣姜也已是国母了，认了吧！

齐僖公是个特要面子的人，第一张靓女外交牌打成这样，心里窝囊极了。好在他还有个漂亮女儿齐姜，如何打第二张靓女外交牌，他煞费苦心，运用其外交家的特有目光，满天下寻觅，盯上了郑庄公的儿子世子忽。

世子忽是齐僖公用眼、用心反复审查过的。周郑交质，世子忽在洛邑当人质，他宠辱不惊，为人处世很有分寸，在洛邑赢得良好口碑；卫、宋、陈、蔡四国发起对郑国的讨伐之战中，世子忽沉着应战，独当一面，颇有大将风度。女儿齐姜嫁给世子忽这种男人，靠得住，在他齐僖公外交上的收益，也将颇丰。为此，齐僖公亲自找到世子忽，向他推荐自己的女儿。世子忽一口拒绝，其理由是，齐国是周天子封的侯爵级国家，郑国是伯爵级国家，自己高攀不起。

齐僖公碰了一鼻子灰，没辙，转而再找吧。再找，齐僖公的外交筹码就有些降了，因为女儿一天天长大，再等下去，等成资深美女，就不好嫁了。掂量来掂量去，齐僖公选中了年纪相当的鲁桓公，并亲自出马，上门提亲。鲁桓公满口答应，成了。为表示对女儿出嫁的重视，齐僖公亲自将女儿齐姜送到了鲁国的讙地。按照春秋礼仪，女儿出嫁，父亲只能站在家门口送一下，不能出家门，更不能出国门。齐僖公送出家门，送出国门，送到鲁国去了，被孔老夫子批评为“非礼”。

齐僖公的靓女外交总算成功了，一个女儿成了卫国国母，一个女儿成了鲁国国母，自己是两国国君的泰山大人，站在这样的国际地位上，齐僖公当然想的是收获外交利益了。经过一番盘算，他打算召集两个国君女婿，一起出兵，把齐国旁边总捣乱的小小纪国收了。但这个外交专家忽视了一个大问题，纪国的国母是鲁桓公的亲姐姐，鲁国不仅不出兵，而且和纪国大搞军事演习。齐僖公不得不放弃攻打纪国的计划，转而琢磨怎么整一整小女婿鲁桓公。

公元前684年，齐国召集郑、卫两国，把鲁国揍了一顿，直打到鲁国国都，引起鲁国极大的震慑。这一仗打下来，齐僖公觉得小女婿鲁桓公再也不敢跟老丈人作对了。

齐僖公又失算了，他低估了他的小女婿。

公元前701年，郑庄公死了，世子忽与公子突抢班夺权，大打出手，国内大乱。鲁桓公抓住这个机会，与郑国加强往来，建立良好关系，瓦解了齐僖公的一个强大帮手。

面对这种局面，齐僖公不得不暂时消停下来。但外交家的脑子不会消停下来，思来转去，瞄上了卫国。卫宣公去世了，他的大女儿宣姜生的儿子公子朔继位，成了卫惠公。这个卫惠公年纪小，历练少，不受卫国人待见，如不帮他想出一些硬招，君位难保。

齐僖公帮卫惠公的情况，《左传》如此记载："初，惠公之即位也少，齐人使昭伯烝于宣姜，不可，强之。"

这段记载必须做一些解释。

"齐人"，指齐僖公。"昭伯"，就是被害死的世子伋的同胞兄弟公子顽，也就是卫宣公还是世子时，与父亲的小妾夷姜生的另一个儿子。顺便说一句，小妾夷姜早被卫宣公气得上吊死了。这个"烝"字比较隐晦，难以完全解释明白，用现在的话叫"泡"，泡妞的"泡"。"宣姜"就是齐僖公的大女儿，卫国的前国母。下面的"不可，强之"，就好理解了，公子顽不同意"烝"宣姜，齐僖公强迫他上床。宣姜虽是绝世美女，但这么多年过去了，已经人老珠黄，充其量只能算作资深美女。再说宣姜已经取代夷姜成了父亲卫宣公的正室，虽不是公子顽的亲娘，但也是娘一级的人物，叫儿子和不是亲娘的娘上床，无疑是会遭遇反抗的。

反抗没用，老家伙齐僖公太强势了，公子顽带着满肚子的愤怒，还是与宣姜上了床，用春秋时的流行语，"烝"了宣姜。

这后来的事就是奇迹了。公子顽带着满肚子的愤怒与宣姜上床，一上去就不下来了，不仅愤怒变成了喜悦，而且一气呵成生下三男两女，长大后的三个儿子分别是齐子、戴公、文公，三个国君，两个女儿都是国君夫人。

这可是齐僖公在外交上怎么谋划也谋划不到的巨大成果，后来齐僖公的儿子齐桓公九合诸侯，称霸天下，不能不说与齐僖公出的这一怪招有关联。

公元前694年，女婿鲁桓公击败丈人齐僖公。这一年冬天，齐僖公死了。有人说，齐僖公是被小女婿鲁桓公气死的。也有人说，齐僖公是外交家，老谋深算，他是不会被气死的，若真是被鲁桓公气死的，等着吧，鲁桓公不被齐僖公气死才怪呢！

这话还真说准了。

齐僖公死后，世子诸儿继位，史称齐襄公。周天子提出将女儿嫁给齐襄公。听到这个消息，鲁桓公觉得这是修复鲁、齐关系的绝佳机会，急忙收拾行李，准备出发。他的妻子，也就是齐僖公的二女儿齐姜，提出也要去。国君去齐国修好，国母回娘家看看，合情合理，鲁桓公毫不犹豫地答应了。

临行之前，鲁国大夫申繻对鲁桓公说：妇人有老公，男人有老婆，不互相亵渎，这叫有礼，如果换了，定有败事。这说的什么？莫名其妙！鲁桓公把申繻呵斥一顿走了。鲁桓公见到齐襄公，恭贺大喜，交了礼金，气氛十分融洽。鲁桓公还兴致勃勃地参观了齐国都城临淄。回到馆舍后，有人给他报告了一个惊天消息：

大舅子齐襄公与他的老婆齐姜卿卿我我，出轨上床了！

这个消息如五雷轰顶，顿时把鲁桓公轰蒙了。他俩是同父同母的亲兄妹啊！这不是乱伦吗！

冷静下来，鲁桓公想起两件事：

一件是，齐姜出嫁，齐僖公把她送到鲁国的“非礼”，这“非礼”背后的隐因，是不是齐僖公知道他们兄妹乱伦，担心齐姜出嫁闹情绪，才违背礼制把她“押送”到鲁国呢？

另一件是，鲁桓公与齐姜生了一个男孩，因出生日期与鲁桓公是同一天，孔老夫子在编纂《春秋》时记载：“九月丁卯，子同生。”孔老夫子“春秋笔法”的一大特点是，特别注明日期的事，背后定有隐因没有写明。这背后的隐因是什么？《春秋穀梁传》的解释是，因为这个孩子长得不像鲁桓公，记下他的出生日期，是好让大家算一算，十月怀胎，往前推十个月，就能算出这个孩子是不是鲁桓公的。

鲁桓公扳着手指一算，算出了满腔怒火，他质问齐姜：同儿是不是你跟诸儿生的野种？

齐姜不作解释，找哥哥齐襄公去了。

齐姜一走，齐襄公便请妹夫鲁桓公赴宴，饭桌上，齐襄公谈笑风生，好像什么事也没发生过一样。而鲁桓公呢，憋着一肚子窝囊气，大舅子扯东扯西扯的什么，他一句也没听进去，只顾自己给自己灌闷酒，不大一会儿，便酩酊大醉，端不起酒杯了。齐襄公叫来公子彭生，让他“扶”着鲁桓公回馆休息。

公子彭生上来一“扶”鲁桓公，鲁桓公便薨了。

孔老夫子编纂的《春秋》记载：“公薨于齐。”

专门解释《春秋》的《左传》作者左丘明加了几个字：“使公子彭生乘公，公薨于车。”

司马迁的《史记》记载得要更详细一些：“十八年春，公将有行，遂与夫人如齐，申繻谏止，公不听，遂如齐。齐襄公通桓公夫人，公怒夫人，夫人以告齐侯。夏四月丙日，齐襄公飨公，公醉，使公子彭生抱鲁桓公，因命彭生折其胁，公死于车。”

鲁国对国君不明不白地死去，没有多少关注度，只是鲁桓公的儿子同提了一个小小的要求：把杀人凶手捉拿归案。齐襄公马上派人把公子彭生的人头送到了鲁国。

真不知九泉之下的齐僖公，对把女儿作为外交筹码运作的如此结果，是否料到，是否满意。

夏姬流出的祸水

夏姬，郑国人，郑穆公之女，嫁给陈国大夫御叔为妻，生子，名夏徵舒。

史书没有记载夏姬如何美丽，但从诸多头面人物对她的垂涎看，当是一个大美女。

春秋时的女人，但凡牵扯上国君、大夫，或多或少都会演绎出一些故事，如通奸，如换妻，如乱伦，如老子给儿子择妻，见未来的儿媳漂亮，便留下来自己享用，等等。史书还记载，但凡如此演绎出来的故事，结果都以流血收场。

夏姬演绎的是祸水，且流淌得很久、很长。

夏姬嫁给御叔后，与陈国的三个男人通奸，一个是陈国的国君灵公，另两个是陈国的卿大夫，即执政的孔宁、仪行父。陈国的军政和外交大权全集中在这三个人手里，夏姬则把他们全揽上了床。

当然，这三人与夏姬通奸，不可能约好了一同上床，都会择机行事。开始是陈灵公，他从夏姬的床上下来时，拿了一件夏姬的贴身内衣，第二天上朝时还特地穿上。孔宁和仪行父发现后，也分别从夏姬的床上下来时，拿一件贴身内衣，再上朝时，三人都穿上。都穿上是为了什么？当然是为了炫耀，炫耀的，少不了与夏姬淫乱的细节。

不顾廉耻到如此地步，必然引起众大夫的反感。于是，大夫泄冶对陈灵公说：国君和卿大夫宣扬淫乱，百姓就无所效法了。再说，这种事宣扬出去，不会有什么好名声。国君您还是赶紧把夏姬的内衣收藏起来吧！

看得出来，泄冶对这事不是谴责，而是劝导，劝导的隐意是：你们与夏姬通奸就通奸吧，别炫耀出去。

陈灵公把泄冶的话告诉了孔宁、仪行父。这二人提议把泄冶杀了，陈灵公也不制止。于是，第一个人头落地的，即泄冶。

孔子于是搬出《诗经·大雅·板》“民之多辟，无自立辟，其泄冶之谓乎”进行评价。在这里，孔子没有谴责陈灵公等三人的不道德行为，而是批评泄冶多嘴，引火烧身。

往下看，夏姬的祸水是如何流淌的。

杀了泄冶之后，陈灵公与孔宁、仪行父更加放肆。公元前599年的一天，三人相约到夏姬家喝酒取乐。几杯酒下肚，陈灵公指着仪行父说：夏徵舒长得像你！仪行父则说：也像国君您呀！说罢哈哈大笑，继续喝酒。

史书没有记载，夏姬的儿子夏徵舒，是不是在给他们端菜斟酒，反正是夏徵舒非常愤怒，在马厩布置杀手，在陈灵公等三人从夏家离开时，发箭射杀。

第二个人头落地的，即陈灵公。孔宁、仪行父死里逃生，逃到了楚国。

公元前598年，楚国对杀死陈灵公不满，进攻陈国，不知有多少人头落地，但第三个人头落地的，即夏姬的儿子夏徵舒。

攻下陈国，把陈国降格为楚国的一个县（后又恢复陈国，受到孔子赞赏）后，楚庄王也被夏姬的美色所打动，打算把夏姬带回楚国后宫。申公巫臣站出来反对，他反对的理由是：“国君诸侯，以讨伐也；今纳夏姬，贪其色也。贪色为淫，淫为大罚。”所谓“大罚”就是很严重的惩罚，要倒大霉。楚庄王后宫美女多的是，不在乎再添一个夏姬，放弃了。

楚庄王不要了，令尹子反想要。

巫臣对子反说：夏姬是个不祥之人。你看吧，她命里克夫，她的丈夫御叔早就死了，接着陈灵公被杀，夏姬的儿子夏徵舒被杀，孔宁、仪行父逃亡，陈国因此被灭亡。你想想，有什么不祥能与夏姬比呢！你要是娶了夏姬，将来也会不得好死！

看得出来，巫臣阻止楚庄王和子反娶夏姬，用的都是同一招：吓唬！用不祥进行吓唬。结果是，把他俩都吓唬住了。

楚庄王觉得夏姬是陈国的乱源，总得有个安置吧，于是，一张嘴，把夏姬给了楚国的连尹襄老。

襄老延续了夏姬的不祥，在公元前597年的“晋楚邲之战”中身亡，连尸体也没能找回来。

这时的夏姬又守寡了，按捺不住，便和襄老的儿子黑要上床了。

巫臣讲了夏姬的诸多不祥，阻止楚庄王和子反娶她，背后隐藏的一个巨大阴谋是，自己娶夏姬。夏姬不祥，是讲给别人听的，吓唬别人用的，他不怕夏姬的不祥，他要把夏姬搞到手。

于是，巫臣背地里给夏姬示意：你回到郑国，我去娶你。

接着，叫夏姬去找楚庄王，说襄老的尸体在郑国，她要去郑国亲自迎接。楚庄王也不知道襄老的尸体在哪里，便征求大夫的意见，巫臣认为夏姬说的可信，并七连八扯地讲了诸多可信的理由。于是，楚庄王放夏姬回郑国迎接襄老的尸体。

公元前591年，楚庄王去世，楚共王继位，准备发起阳桥战役，派巫臣出使齐国。巫臣则带上家人和财产，打算举家并携财产出使。大夫申叔跪觉得奇怪，说：肩负军事重任出使，应是戒惧之心，而巫臣流露出“桑中幽会”的喜悦之情，大概是他要带着别人的妻子私奔吧。

申叔跪看准了，巫臣没有去齐国，而是直奔郑国，拉上夏姬跑了，跑到了晋国。晋国正与楚国为争霸而拉锯，巫臣又掌握楚国的军事机密，故而巫臣一到晋国，便得到重任，让他做邢地的大夫。

楚共王看清了，巫臣被晋国重用，必为害楚国。于是，提出送重礼交换巫臣，晋国不干，只是把襄老的尸体交还楚国。

别忘了，夏姬说襄老的尸体在郑国，并说一定要亲自迎接。可她和巫臣逃到晋国后，面对躺在晋国的襄老尸体，不说迎接的事了。

巫臣为了报答晋国，主动请求出使吴国，给吴国带去三十辆兵车，送给吴国神射手，教吴军使用兵车，教吴军编排战斗阵型，教吴军骚扰、疲惫楚军的战法。史载，吴军因此强大，一年内，楚国的军队被吴军从南到北、从东到西“调动”七次。楚国疲于奔命，跟着吴军的指挥棒转，国力、军力损耗巨大。

楚国把账记在巫臣头上，杀了巫臣家三族，还把襄老的儿子黑要也杀了。这一杀，多少人头落地，就无可计数了！

按说，这个账也记不到夏姬头上，但这股祸水的源头，是夏姬！

晋国的叔向想娶巫臣和夏姬所生的女儿，叔向的母亲以“甚美必有甚恶”的民谚反对，老太太说：上天把美丽会集在她身上，必然是要用她来狠狠地败坏别人！

其实，美丽是爹妈给的，上天给的，无法选择。但拥有美丽的所作所为，是可以选择的！

夏姬选择淫乱，故而祸水流淌。

◎附　录

附录两篇文章。

一文是，我就《郑伯克段于鄢》发表过一篇文章，闫五一先生读后写的与我交流的文章。五一先生读了大量的古籍，他又擅长思改，且常把我国的某一历史事件，与古希腊、古印度，包括西方国家同期发生的历史事件进行比较、分析，从中寻找历史发展的巧合，特别是这种“巧合”背后人类发展史的密码。五一先生在该文中，特地对孔子作的《春秋》，以及由此延伸并扩展的左氏、公羊、穀梁等人的《春秋》进行了比较分析，这对于加深理解《春秋卦》一书很有助益，故收入本书。

一文是，我写的《黄河壶口——龙上水》。这是一篇即兴写的散文，读下来与《春秋卦》内涵吻合，故作为附文收入。

在历史追问和思想嬗变中理解《郑伯克段于鄢》

——答傅剑仁先生

闫五一

盛夏之初，剑仁先生相告，他在《长城》杂志发表了《文化笔记》，嘱我提出意见。赶忙着人奔走书店购买未果，感叹雅文化之置于高阁，国人忙于刷屏而怠于阅读。后从杂志社购得，一阅为快。共七篇散文，分别是：《黄河壶口——龙上水》《好邻居汉文帝》《孔子的率真》《感悟〈诗经〉》《读〈郑伯克段于鄢〉的困惑》《天地皇陵待涅槃》《王阳明“超狂入圣”的秘笈》。概因本人生于贫家，少无家学积淀，及长忙于升学考试，大学以法学为务，从业又以公文为职，业余粗读文史，焉能提笔成文，抒己之见，只能是拜读而已。剑仁先生能够理解我今年夏天格外繁忙，迟迟未复。久居剑仁先生部下，得到诸多关怀，不提一点儿拙见，今后谋面难于启齿。好在去年以来，本人纠结于业余看书、练字不能兼得，遂毛笔小楷抄录《古文观止》，开篇《郑伯克段于鄢》仍历历在目。于是遍检诸文，在暑热已退，蝉声渐消的初秋，草成此文，完成仁兄之嘱托。

《郑伯克段于鄢》是《春秋左传》一书的名篇，是《春秋左传》开篇讲的第一则故事。清朝浙江绍兴人吴楚材、吴调侯于康熙三十三年（1674）选定的《古文观止》开篇也是这个故事。

春秋，首先是一部书名，后来成为历史学上的名称。鲁国史官把当时周朝的各诸侯所发生的重大事件，按年、季、月、日记录下来，一年分春、夏、秋、冬记录，人们便把这部编年史称为《春秋》，孔子据此加以整理，成为儒家的经典之一。当时，其他诸侯国也都有史官，记录各自的历史，晋国的称为《乘》、楚国的称为《梼杌》。鲁国史书《春秋》文字简练，有时仅一字，“僖公三年六月：雨。”有时二三字，“僖公八年夏：狄伐晋。”最多七字，“定公四年春三月”，叙述不超过45个字。最初原文18000字，现存16000字。秦以后，原本已经失传。由于鲁国史书《春秋》所记录的年代自鲁隐公元年（前722），至鲁哀公十四年（前481），共242年，大体与一个客观的历史发展时期相当，历史学家便把《春秋》这个书名，作为这个历史时期的名称，把周平王迁都洛阳后的东周分为春秋、战国两个时期。春秋时期，周朝王室一统天下，各诸侯国虽有冲突，但大体上能和平相处。战国时期，周王室地位严重下降，尤其是周桓王十二年（前708），由于边境问题与郑国发生争执，桓王率军讨伐郑国，郑庄公不仅领兵抗拒，而且打败王师，一箭射中周桓王的肩膀，周王室的威信严重下降，周朝家天下的天子地位已名存实亡。各诸侯国大肆进行征战吞并，直至秦国重新一统天下。由此可见，郑庄公敢于冒天下之大不韪，抗周射王，对内却对其母亲武姜、弟弟共叔段一再忍让，直至其“多行不义必自毙”（这是《春秋左传》的一句名言，孔子作《春秋》时是否有这句话，无从可考），完全是从斗争策略上考虑的，根本没有从道德层面去衡量该怎么去做才对。

《春秋》作为鲁国的史书，没有对历史事件的评价，孔子整理时，加入了自己的观点。孔子作《春秋》一书的年代，一直没有定论。除非有重要考古发现，随着时间的推移，恐怕难有定论了。后来有人给《春秋》作传，据《汉书·艺文志》载，共五家，分别是左氏、公羊、穀梁、邹氏、夹氏，汉以后《邹氏春秋》《夹氏春秋》失传。《春秋左传》成书于战国初期（约前403～前386），据传是鲁国太史左丘明所写。公羊、穀梁二传口耳相传，直至汉初才成书，当时称为今文，与先秦时期的文风有较大差别。最流行的是《春秋左传》，大概是这部书文史结合，亦文亦史，“情韵并美，文采照耀”（钱穆语）的原因。《春秋左传》不再是客观地、单纯地记录历史，而是生动地再现历史，渗透了主观的历史追忆，是一部杰出的叙事文学著作。最早为《春秋左传》作注解的是晋朝时的杜预《春秋左传注》，唐宋时期，很多人不仅对秦秋经传难以理解，就连杜预的注解也看不懂了，于是一些专家又纷纷作注疏。宋明时期以濂（周敦颐）、洛（程颢、程颐）、关（张载）、闽（朱熹）为代表的理学大家，以儒学为根本，贯通儒、道、佛三家，形成新儒学，主要是解释义理，有别于之前儒家注重训诂，追寻孔子的本义。到清朝时，由于严重的文字狱，使文人不敢妄发议论，于是退守返古，考据训诂、音韵小学大兴，完成了文化史上的重大工程《十三经注疏》。中国古代对图书的分类是经、史、子、集，其实，先有史，后有经，经是对史的评价，加入了主观因素。当然史也不完全是客观的，主观因素隐含其中。《春秋》来自于史，历代又对《春秋》都做了大量的注解，虽以儒学为正统，如何评价历史事件和人物，都与当时的政治、经济、文化环境有关。儒学现在不再是主导人们世界观的唯一标准，如何评价历史，尤其是先秦史，自然是仁智各见了。

儒家思想作为意识形态的正统，确立于两汉，以董仲舒“罢黜百家，独尊儒术”为标志。孔子所处的时代在政治、军事上是诸侯征战的时代，同时，在文化上是百家争鸣的时代，是中国古代思想转型超越的时代。

余英时先生（师从钱穆、杨连升，唯一在哈佛、耶鲁、普林斯顿三所大学任教授的中国人）在他的新书《论天人之际——中国古代思想史起源试探》中提出，中国向内超越，产生了以儒家为代表的中国古代思想体系。余英时受德国人卡尔西奥多·雅思贝尔斯“轴心时代”观点的启发，先写了一篇论文，后又成书。雅思贝尔斯（1883～1969），马克思逝世同年此人出生，存在主义哲学家、神学家、精神病学家，他在1949年出版的《历史的起源与目标》中，提出“轴心时代”的观点，即公元前800～前200年，尤其是公元前600～前300年之间，是人类文明的轴心时代。轴心时代发生的地区大约在北纬30度上下，就是北纬25度至35度之间。这段时间在这个区间，各个文明都出现了伟大的精神导师——古希腊的苏格拉底、柏拉图、亚里士多德，以色列犹太教的先知摩西等，古印度的释迦牟尼，中国的孔子、孟子、老子等。他们提出的思想，原则上塑造了不同的文化传统，也一直影响着人们的生活。而且更重要的是，虽然中、印、中东和希腊之间有千山万水阻隔，但他们在轴心时代的文化却有很多相通的地方。比如，都产生了“终极关怀”的觉醒。换句话说，这四个地方的人们开始用理性的方法、道德的方式来面对这个世界。同时，也产生了宗教。他们是对原始文化的超越与突破。超越的不同类型，决定了今天西方、印度、中国、伊斯兰不同的文化形态。而那些没有实现超越和突破的古文明，比如埃及、巴比伦文化，虽然规模宏大，都难以摆脱灭绝的命运，成为人类文化之化石。而这些轴心时代所产生的文化一直延续到今天，每当人类社会面临危机或实现新的飞跃的时候，我们总是回过头去看看轴心时代的先哲们是怎么说的。

孔子之前的时代，是礼乐文化思想，关注的是天与人之间的关系，认为最高统治者是天降使命，因此，周王称为天子。礼以“事天”，乐以“礼神”，一些学者称为“巫文化”，具有宗教性质，但超出西方宗教的范畴。夏、商、周之礼乐思想在于外求于天，礼之本外求于天，“礼以顺天，天之道也”。后来人们发现，尽管诚于事天，但仍战乱频繁。尤其是统治者难于以礼乐牧民，这就是孔子所说的礼乐崩坏，人心涣散。孔子作《春秋》，不是历史，而是对历史的审判，表达自己的道德标准和政治理想。孔子以仁为本，以“仁”说“礼”，是轴心突破的始点。先人们从天人关系转向，开始关注人与人之间的人际关系，认为江山的巩固、秩序的良好，不在于城池之牢固、祭祀之虔诚、铜鼎之大小、关隘之险峻，而在于人人之修德。一些学者认为，战国后期青铜器明显减少，是因为各国为了军事上的胜利，将青铜器用来制造兵器了。个人认为，正是由于向内超越的突破，礼乐文化及其制度完成了历史使命，商、周时期大规模铸造钟鼎、彝器等青铜器，到战国后期越来越少，更符合历史和文化发展的规律。

郑伯克段于鄢发生于鲁隐公元年（前722），孔子尚未出生。孔子在《春秋》中之所以说："郑伯克段于鄢"（后来成为这个故事的篇名），而不说"兄克弟于鄢"，是因为孔子认为"段不弟"（不像弟弟），故不言弟；"郑伯"是官称，不言兄，讥讽"寤生"（即郑庄公、郑伯之名）失教，不教育弟弟，反而纵容成恶；称"克"而不说成杀、伐等，是说兄弟二人之争像是两个君主之战。这其中已经渗透了孔子兄友弟恭的儒学思想和道德标准。即使是西汉确立儒家思想为正统，也只是用于牧民，建立宗族等级秩序。自古帝王"有国便无家""内王外圣"，明示儒学，暗用法家。只要当了最高统治者，以巩固执政地位为最高目标，为了皇位，不惜弑父杀兄，完全把儒家思想抛之天外。

至于颍考叔巧妙劝说郑庄见其母亲武姜，达到"其乐融融"（《郑》文之语）的效果，而且"阙地及泉，隧而相见"，那么费事地挖地道去见。这究竟是不是鲁国史官记述的齐国发生的事实，我相信，按照鲁国史官当时只记各国大事，且极其简练，不会记这些琐事。不排除后人为附会儒家思想，追加的"历史"。

这样理解《郑伯克段于鄢》，也许少一些困惑。

黄河壶口——龙上水

2011年深秋，在西安参加一个会议，会后去了延安，又去了黄河壶口。

中午时分，朝壶口走。那天晴，眼睛能看出好远。远远看到的壶口，似两山之峡冒烟，越走越近时，烟变成了彩虹，一忽儿彩虹从天际直插峡谷，转眼间彩虹又架在峡谷之间，定睛细看，浓烟腾雾中花团锦簇，五光十色，飘浮不定，正愣神呢，脚下剧烈的颤抖，隆隆的巨响从峡谷底下传来，似大地破壳，岩石崩裂。

我愣过神来，脱口说了一句：龙上水。

龙上水，是小时候听我奶奶说的。

每当天空像一口大锅罩着大地，天边跳跃的闪电撕裂锅底时，奶奶就会说："龙上水呢。"

年少好奇，缠着奶奶问什么是龙上水。奶奶给我念叨过好多遍，一遍与一遍不一样，至今不知龙上水是怎么回事。

在壶口边脱口说出龙上水后，我自己对自己进行过多次追问，闲时也做过一些思考，两年过去了，没理出个头绪来。于是，我决定再去壶口。

2014年11月21日，我来到壶口，实地对"龙上水"进行感触。

壶口，长约5公里，宽的地方50余米，窄的地方30余米，深在10至

20米左右，当地百姓叫它“十里龙壕”。《山海经》载：“盖河势北来，至此全倾于西崖之脚，奔放而下，约五六百尺，悬注漩涡，如一壶焉。”俯瞰龙壕，活像一条摇头摆尾的巨龙，壶口是龙头，孟门是龙尾，枯水时节，它像是一条巨龙从地下腾空升天后留下的龙壕，丰水时节，它活像一条在急流中翻滚的巨龙，张开大口，在壶口吸水。

往上看，壶口上边龙王辿一带，是一片宽约400多米宽的水面。我这回又是中午到壶口，天气晴朗，水面被风吹得像撒满了金子。满眼闪烁的水面金波，冲击我想象的是，这么大一片流淌过来的金子，竟然全部被张着大口的巨龙吸走了。

金子是需要淘洗的，十里龙壕就是筛选淘洗金子的龙腹。壶口上游丰盈的水量，流到壶口时，恰像一把巨型茶壶倒水，倒得水花飞溅，响声震天，天摇地动，雾气飞腾。那气势，那声响，明摆着就是不把金子淘洗得闪闪发光而不罢休。

再往上看，就是看“黄河远上白云间”“黄河之水天上来”了。黄河发源于青海巴颜喀拉山北麓约古宗列盆地的涓涓细流，一路走来，沿途吞下数十条大小河流和上千条溪水，越走越宽阔，越走越浩荡，越走越壮观。流经青海和四川交界的松潘高原时，它遭遇了巍然屹立的岷山。穿岷山，对于已经浩荡如虹的黄河，似乎不是难题，把从上游上千条河流小溪汇聚起来的水在岷山脚下停歇个三五年，岷山就会乖乖地给它开道。但它没有这么做，它有它的追求，有它要去的地方。于是它猛然昂首，急转一百八十度，摆头向西北奔去，一路呼啸高歌，连续荡过拉加峡、野狐峡、龙羊峡等一串险峻山峡。之后，在青海河源停歇下来。这里是藏族同胞聚居的放牧区，地广人稀，杜甫的那声长叹——君不见青海头，古来白骨无人收——把远古那片穷荒绝地的悲怆想象叹给了后人。这，恰恰就是黄河要奔向那里的原因，它要在这片荒蛮的土地沉寂下来，在吸收原始纯净的同时，留下炎黄子孙生存、发展的足够能量。当然，这里不是久留之地，还得往前走。再往前走，黄河流经四川、甘肃、内蒙古之后，在吕梁受阻，它又一次猛然昂首，甩头向南，似天帝助它挥剑，愣是把山西、陕西相连的黄土高原一劈两半，乘势掰开山西吉县、陕西宜川的高原余坡，在壶口注入十里龙壕。

出了壶口，黄河面对的是它一路走来的最终追求——炎黄儿女起源和繁衍生息的适宜之地。蛮荒时代的炎黄祖先自身的极其脆弱，要求起源的条件极其苛刻，没有肥沃的土地不行，没有风调雨顺不行，没有适宜的冬暖夏热不行。天下有这样的好地方吗？有的，黄河知道。于是，它浩荡向东，汇聚起约古宗列盆地的涓涓甘露、河源藏区的纯美洁净、黄土高原的肥沃土壤，一路奔涌，尽情铺撒，撒了山西撒陕西，穿过崤山穿中条山，抵达小浪底之后，黄河遭遇了一片浩浩荡荡的大海。这里天很蓝，风很柔，鸟儿飞，鱼儿跳，海面虽然巨大，但海水不深，属于一片浅海。如果把海水挤走，再铺上肥沃的土壤，就是炎黄儿女起源繁衍最理想的处所了。这，正是黄河一路穿山劈岭寻求造化的最终追求。于是它将汇聚的水土泥沙向这片浅海铺撒，一天一天，一年一年，从北向南，从西向东，硬生生把海水挤走，把地平线抬高，撒出了炎黄子孙起源、繁衍、生息的大舞台——华北大平原。

写到这里，我们还得回到壶口。

黄河为什么要选择在壶口龙上水？

我们往上翻，翻到炎黄子孙的起源处去看看。

先看炎黄子孙的老祖宗，三皇五帝中的三皇。史书对此说法不一，有说伏羲、祝融、神农的，有说伏羲、神农、共工的，有说伏羲、神农、轩辕的，有说天皇、地皇、人皇的。大史学家司马迁的《史记》避开三皇，直接从“五帝本纪”写起。几百年之后的唐朝学者司马贞，为《史记》补写了“三皇本纪”，写的是伏羲、女娲、神农。我们知道，人类最初是母亲当家，母系社会不结束，就不会有父系时代的诞生。这就是说，三皇中不管另两位是谁，女娲应是其中一位，而且是三皇之首。

再看女娲与壶口龙上水的关系。在晋南及陕北高原的广大地区，世代流传着“人根之祖，出在吉州”的说法。在壶口东北约20公里的一片大山，叫人文祖山，这里山势雄峻，古树参天，自然风光旖旎秀美。人文祖山北面主峰叫风山，山上有一风洞，洞旁有个简陋的寺庙，叫孔山寺，当地百姓叫透窟窿寺。北魏郦道元《水经注》载：“上有穴如轮，风气萧瑟，习常不知，当期冲飘也，略无生草，盖常不定，众风之门故也。”巧的是，古人的姓氏，来源于所崇拜的图腾或所居之地，人文祖山北面主峰叫风山。上古女娲、伏羲都姓风。《火经注》还说，风山，据说为女娲姓氏的发祥地。更巧的是，位于吉县城西北下岭村沟底的柿子滩，有距今大约一万年前人类活动过的遗址。女娲与伏羲的活动年代，也是距今大约一万年前。1980年的考古发掘，不仅发掘了大量旧石器时代的兽骨化石，而且发掘了许多新石器遗迹，证明我们的祖先不仅在这里生活过，而且已经由狩猎时代进化到农耕时代。

这是巧合，还是真实的历史传承？没有文字记载，我们只好去听民间传说。

世代传承在壶口两边父老口中关于女娲、伏羲的传说很多。

传说很早很早以前，刚刚直立行走的炎黄祖先糟蹋粮食，上帝很恼火，令大地干旱三年，予以教训。住在柿子滩的一户风姓人家，生有一男一女，男的叫伏羲，女的叫女娲。二人珍惜粮食，家有积蓄。兄妹俩每天吃饭时，蹲到大门外，顺手给石狮喂上几口。一天，石狮开口说话，叫兄妹二人骑到它的背上逃难。石狮说：上帝听说天下饿死很多人，叫龙王爷赶紧给人间下雨。龙王爷是个棋迷，埋头下棋把降雨的事给忘了，人间饿死的人更多。上帝责怪下来，龙王爷慌了，急调风伯、云母和雨师，迅速给人间下雨。雨师问下多大，龙王爷呵斥说，你尽管下，越多越好。这一来人间的灾祸更大了。石狮正说着，大雨倾盆而下，兄妹二人赶紧爬上狮背。这雨连下了七七四十九天，下得大地一片汪洋，把所有的人都淹死了，唯有女娲、伏羲兄妹二人在狮背上安然无恙，水涨多高，石狮就升多高。四十九天后，石狮把兄妹二人放在风山就不见了。他俩正不知所措，天空中传来声音，叫他们兄妹结成夫妻，繁衍后代。二人正犹豫，天空中又传来声音：如果你们俩不同意，就只好由天定了。你二人站到山的两边，一人拿针，一人拿线，对着扔，如果穿在一起，你们就得成亲。于是，女娲拿针，伏羲拿线，对着山头扔去，不偏不斜，针线穿在一起。女娲、伏羲还是犹豫，天空中又传来声音，叫二人隔沟蹚磨扇。他俩站在一条山沟的两边，各往沟里推下一扇磨盘，结果两扇磨盘滚到沟底时正好摞在一起。事已至此，女娲、伏羲只得服从天命了，成亲居家，生儿育女，世代繁衍，孕育着炎黄芸芸众生。壶口两旁的人们把女娲、伏羲成亲的地方叫作人祖山，山上盖了庙，把他二人尊为"人文初祖"。每年十月初四，人祖生日这一天，人们敲锣打鼓，上山朝拜。

虽是传说，但有远古的发掘佐证，黄河选择在壶口龙上水，与炎黄子孙的"人根之祖"吻合了。

这之后的黄河壶口龙上水，便有文字记载丰富人们的想象了。

《吕氏春秋》载："昔上古龙门未开，吕梁未发，河出孟门，大溢逆流。无有丘陵沃衍，平原高阜，尽皆灭之，名曰'鸿水'。禹于是疏河决江，为彭蠡之障，干东土，所活者千八百国。此禹之功也。勤劳为民，无苦乎禹者矣。"《淮南子》载："上有远古，龙门未辟，吕梁未凿，河出孟门之上，大溢逆流，名曰洪水，禹疏通之，谓之孟门。""洪水漏，九州干，万民皆宁其性。"《孟子》载："昔者，禹抑洪水而平天下。"

上述记载有两个关键词，一是大禹治水，二是凿开龙门。

先看大禹治水。《史记》载，尧帝命鲧治水，鲧用"堵截之法"来治，到处筑堤垒坝，结果洪水一来，堤毁坝垮，洪水还是泛滥不休。舜帝继位后，巡狩考察治水情况，所见到的是劳民伤财水患不止，所听到的是民怨沸腾怨声载道，便把鲧在羽山处死了。舜帝命鲧的儿子禹治水，禹用“疏导之法”，把堵塞流水的堤坝打开，让水顺流而下，过去洪水患滥的五湖治理好了，九条堵塞的大河疏理通了，“万民皆宁其性”。

大禹治水，必治黄河，治黄河，必治壶口。这在司马迁的《史记》中是找不到文字记载的。但在壶口一带至今仍保存的“姑父庙”“禹帽山”“睡女峰”等历史文化遗址，以及附着在这些遗址上的民间传说，把大禹治水与黄河壶口龙上水联系起来了。

附着在“姑父庙”与“睡女峰”上的民间传说，是姊妹篇。

姊篇讲的是，壶口上游有个衣锦村，村里最高处的山圪墩上有一棵老榆树，没人知道这棵老榆树活了多少年。树下有个小庙，庙里供着大禹像，衣锦村的人不叫大禹庙，而叫“姑父庙”。传说大禹治壶口时，借宿在衣锦村的一户周姓人家，这家有老两口和一个十六七岁叫女娇的姑娘。夜里洪水来袭，大禹把周家三口救到榆树上，还救出一对男女青年到榆树上。洪水退去，村里的人全被卷走了。大禹为这对男女青年举行了婚礼，周家把女儿许配给大禹。大禹婚后三天便去治水，风餐露宿，栉风沐雨，凿孟门，劈龙门，疏吕梁，导岐山，三过家门而不入，终于把黄河水引入了东海。衣锦村的人在老榆树下为大禹修了庙，塑了像，他们以大禹是自己的亲戚而自豪，管大禹庙叫“姑父庙”。

妹篇讲的是，在壶口的西边，山上有一座峰，似一位睡着的少女，秀发高挽，双胸耸立，叫“睡女峰”，也叫“睡女娇”。传说大禹婚后三天便去治水，女娇已经怀孕，肚子大了以后，女娇找大禹报喜，见大禹恢复黄熊真形，操着钎，执着斧，跳浪进退。女娇大惊，翻身就跑，大禹急忙恢复原形，随后猛追，女娇突然倒地，霎时化作一块巨石。大禹抚摸着巨石放声恸哭，巨石突然破裂，蹦出一个男孩儿。因这孩子是启石而生，故取名“启”。

这些世代流传的神话故事，是对大禹在壶口治水历史记载简单的深化、补充、佐证。

再看另一个关键词，凿开龙门。讲凿龙门，就得讲“鲤鱼跳龙门”。北魏郦道元《水经注·河水四》载：“《尔雅》曰：鳣，鲔也，出巩穴，三月则上渡龙门，得渡为龙矣，否则点额而还。”说的是，黄河下游的鲤鱼，每年三月逆水而上至龙门，能一跃跳上去的就成龙，跳不上去的，就会碰得额破腮裂而返。黄河大鲤鱼头上的黑点，便是跳不过龙门的标志。

今天的很多人，把河津县与韩城之间的禹门口当作龙门，是不准确的。清朝吴炳先生的《壶口考》载：“是古来谈龙门者，核其实，多指壶口，盖缘壶口毗连龙门，均经大禹疏凿，举龙门即以该壶口。”鲤鱼跳龙门，实际是跳龙上水的壶口。因为鲤鱼跳起之前，要“冲破龙门三级浪”。壶口下游的禹门口，离壶口数百里，这里河面又宽又平，能够行船，没有三级浪。壶口就不同了，它有三级浪。第一级是从上游冲进壶口时的浪，浪花高达几十米；第二级是水落下后在潭底激起向上翻滚的浪；第三级是河水在龙壕下泄时翻搅的浪。鲤鱼想成龙，先要冲破这三级浪，到达壶口后，还要跳几十米才能过关。这对鲤鱼来说，实在是太难了。当然，轻而易举一蹦就跳上去，龙就成灾了，炎黄华夏哪还会有龙的传人，全是龙的传龙了。

好了，我们还是回到黄河壶口龙上水吧。

在我看来，龙上水，就是龙吸水。苍茫大地，要用水孕育锦绣，要用水孕育勃发。龙上水，就是龙在积聚、平衡华夏江山所需要的锦绣、勃发。中华巨龙在黄河壶口上水，是最佳选择，也是上天的安排。起源于青海约古宗列盆地的黄河，虽然在来到壶口之前，已经穿山荡石，铺就了美丽富饶的银川平原、河套平原，积攒了炎黄子孙起源繁衍和生息的广度，但毕竟这些盆地太小，冬暖夏热的生存条件有些欠缺。唯有华北大平原，它的广阔，它的肥沃，它的四季分明，它的风调雨顺，它的万物勃发，才是炎黄子孙起源、繁衍、生息的最佳选择。鸟瞰黄河，它更像是一条从东海上岸的巨龙，先是把荡漾在华北大平原苦涩的海水吸干，排入东海，而后一路向北，在女娲、伏羲繁衍炎黄子孙的壶口筑一条龙壕，昂起龙头，张开龙口，把从青海约古宗列盆地汇聚起来的大小河流和小溪的甘露，在青藏高原扎陵湖、鄂陵湖沉寂过滤后，再卷着黄土高原的肥沃土壤，统统吸入龙腹，经过一番淘洗筛选之后，向华北大平原铺撒，为炎黄子孙起源、繁衍、生息奠基。

现如今，黄河两岸居住着1.3亿炎黄子孙，最早从黄河两岸走出去，用双脚丈量中华民族原始版图的炎黄祖先，已经走出国门走遍全世界，成了人类同一种性人数最多的民族。既如此，从东海上岸的巨龙，还要在壶口上水吗？

回答是肯定的！

《穆天子传》载："孟门即龙门之上口也，实在黄河之巨扼。"宜川民间谚语说，壶口"九里三分深，一年磨一针，声震四十里，烟雾溅湿人"。说的是壶口瀑布每年要上移一根针长的距离。

古之记载和民谚告诉我们，壶口的位置原先在孟门，随着斗转星移，壶口一寸一寸地由孟门上移了大约3公里还多。壶口往上走，年复一年地往上走，它告诉我们什么呢？它告诉我们：在黄河壶口上水的巨龙，是活的，它深潜地下，日夜不歇地对坚硬的岩石破壳，不时昂起头来，喷出水花，喷出彩虹，喷出花团锦簇。天边传来轰隆隆的雷声，是它在地下破石，天边划出一瞬一美的闪电，是它在昂头喷水。

龙，是炎黄子孙的精神图腾。龙，集凤凰的美丽、马的矫健、牛的敦厚、狮的威猛、鹰的宽广、蛇的聪灵于一身，它的神异在于，体长，有鳞，有角，能走，能飞，能泳，能兴云降雨，而无所不能。炎黄子孙自诩龙的传人，所彪炳的，是龙才具有的素质、美德；所展示的，是龙才具有的胆识、能量；所追求的，是龙所期冀的——中华民族伟大复兴！

如此，黄河这条巨龙，能停止在壶口昂头，能停止在壶口上水吗！它必定要朝上走！

后　记

春秋，是中华民族思想、理论、文化宝库，距今虽近三千年，但这个宝库里的宝藏，取出一件来，仍金光闪闪，受用无穷。

读春秋，再凭借自己的理解，写一本书，是我今生的一大愿望。如今书成，即将付梓，却忐忑不安。

因为春秋之博大精深，不是我这等学识、悟性的人，所能完全把握的，挂一漏万难免，先贤们说话、办事的意蕴不能准确理解难免，甚至时间节点、人物出现差错也难免。但我做到了认真，还在笔端的取舍之间，倾注了我对炎黄祖宗深深的崇敬。

《春秋卦》的成书，给了我连贯的思考，接下来，读书写作的方向，便是《战国谣》；再接下来，便是《秦汉诀》。特地说明：写战国、秦汉的书尚未动笔，先把书名公布出去，不是做广告，而是以此约束自己，说话要算数，非不可抗拒之因素，必须兑现自己的承诺！